Berthold Leibinger

Wer wollte eine andere Zeit als diese

Berthold Leibinger

Wer wollte eine andere Zeit als diese

Ein Lebensbericht

MURMANN

Dieses Buch wurde klimaneutral produziert:

Print CO2 kompensiert
Ident-Nr. 107810

Die Deutsche Bibliothek – CIP-Einheitsaufnahme
Ein Titelsatz für diese Publikation ist bei
der Deutschen Bibliothek erhältlich.
ISBN 978-3-86774-103-3

3. Auflage, Januar 2011

Umschlaggestaltung: Rothfos & Gabler, Hamburg
Herstellung und Gestaltung: Eberhard Delius, Berlin
Satz: Reihs Satzstudio, Lohmar
Gesetzt aus der Galliard
Druck: Freiburger Graphische Betriebe, Freiburg
Bindung: Lachenmaier GmbH, Reutlingen
Printed in Germany

Besuchen Sie uns im Internet: www.murmann-verlag.de

Ihre Meinung zu diesem Buch interessiert uns!
Zuschriften bitte an info@murmann-verlag.de
Den Newsletter des Murmann Verlages können
Sie anfordern unter
newsletter@murmann-verlag.de

Inhalt

1945, die Stunde null – Quo vadis?

Da standen wir, vielleicht hundert Buben, 11 bis 16 Jahre alt, an einem trüben Oktobermorgen im Hof unserer Ulrich-von-Hutten-Oberschule in Korntal. Der Ruf, dass die Schule wieder beginnen würde, hatte nicht alle erreicht, und die, die älter als 16 waren, waren noch Soldat gewesen – viele in Gefangenschaft oder tot.

Zwei Lehrer waren da – Wilhelm Simpfendörfer und Fräulein (das gab es damals noch) Pröbius. Die alten Hilfslehrer, die uns im Krieg unterrichtet hatten, waren, aus welchen Gründen auch immer, nicht erschienen. Einige jüngere dagegen durften wegen ihrer politischen Vergangenheit nicht kommen. Simpfendörfer, Mathematiker und mit einem mächtigen Kopf und Leib ausgestattet, war vor 1933 Politiker im Christlichen Volksdienst gewesen. Später machte er Karriere in der CDU und wurde Kultusminister – übrigens als Nachfolger von Theodor Heuss. Vorerst erklärte er uns, dass er sich freue, uns nach sechs Monaten wiederzusehen. Alles sei freilich nun ganz anders, und wir fingen jetzt mit Gottes Hilfe wieder neu an. Pröbius, die Gute, stand dabei und sagte nichts. Sie war Zeichenlehrerin, eine feine Person. Sie mochte mich, allerdings habe ich sie in meinen Flegeljahren ein paarmal schlecht behandelt, wofür ich mich heute noch schäme. Es ist eigenartig – Jugendsünden kann man einfach nicht vergessen.

Was Simpfendörfer wirklich sagte, weiß ich nicht mehr. Aber so ähnlich wird er geredet haben, hier in Korntal, der nun wieder ganz pietistischen Gemeinde. Über dem Haupteingang unserer Schule stand »Die Furcht des Herrn ist der Weisheit Anfang«. In der Hitler-Zeit hatten Lausbuben das »s« in »Weisheit« in ein »ch« verwandelt. Das war auch so gemeint.

Ulrich-von-Hutten-Oberschule in Korntal.
Dort war ich von 1941 bis 1950.

Da standen wir, gerade einmal 14 Jahre alt, meine alten Schulfreunde Karl August Zeller, Helmut Flohr, Kurt Killinger, Roland Seyfert, Gunther Gommel und andere, und aus Weichheit war nun wieder Weisheit geworden. Wir kamen aus unterschiedlichen Familien. Die Väter waren Lehrer oder Beamte, Pfarrer, mittlere Angestellte oder Kunsthändler, wie mein Vater. Hitler und seinen Ideen näher oder ferner stehend.

Solides Bürgertum, in das deutsche Schicksal verwoben, zuerst aber um das eigene Wohl besorgt.

Was war in unseren Köpfen übrig nach zwölf Jahren Propaganda? In den abstrusen Vorstellungen Hitlers waren wir doch die geborenen »Werwölfe«, also diejenigen, die den Krieg – auch nach der deutschen Niederlage – im Untergrund fortsetzen würden. Nach zwölf Jahren Indoktrination, zwölf Jahren Großdeutschland, Heldentum und Sieg und Führerstaat – und nun: Sollten wir weiterhin »hart wie Krupp-Stahl, flink wie Windhunde und zäh wie Leder« sein? So, wie es in unserem Führerzimmer im Haus der Hitlerjugend, dem sogenannten HJ-Heim, an der Wand geschrieben stand? Wie oft hatten wir die Worte des Führers gehört und auch bei den unzähligen Feiern im vergangenen Großdeutschland melodramatisch vorgetragen? Nichts war geblieben.

Hinter uns lagen sechs Jahre Krieg. Zu Anfang Siege und militärische Triumphe, die uns begeisterten. Dann aber wurde der Krieg zunehmend fühlbarer. Väter, Brüder, Freunde auf den immer zahlreicheren Kriegsschauplätzen, immer wieder Todesnachrichten. Ich höre noch heute den Schrei unserer Nachbarin an einem Sommernachmittag, als die Nachricht kam, dass der ältere Sohn gefallen war. In Afrika.

Der Bombenkrieg begann, er wurde immer heftiger. Am Anfang sammelten wir Granatsplitter der Flakabwehr. Später hantierten wir mit Blindgängern von Brandbomben (und einige verloren ihr Leben dabei, denn die Engländer hatten begonnen, in die Brandbomben Sprengsätze einzubauen). Bombennächte im Keller, später im sicheren Stollen des Gipswerks (wichtig war nur, rechtzeitig hinzukommen),

Raunen über Schlimmes in Konzentrationslagern – jeder wusste, dass es solche gab. Das alles lag hinter uns. Werwolf? Kein Gedanke daran. Hitler war tot, in jeder Hinsicht.

Dann die Begegnung mit den einmarschierenden Franzosen und den nachrückenden Amerikanern, auf die jeder hoffte, denn die Franzosen waren anfänglich schlimm. Die Amerikaner schienen aus einer anderen Welt zu kommen. Aus einer besseren, das sah man. Ausgeruht, überlegen, wohlgenährt, bestens ausgerüstet. Welcher Kontrast zu dem hungrigen, abgerissenen, zerstörten, grauen und verfemten Deutschland.

Schmerzte uns die totale Niederlage? Beschämten und erschütterten uns die Nachrichten und die Bilder aus den aufgefundenen Konzentrationslagern? Wir sprachen nicht darüber. Ich kam aus einem Elternhaus, das den Nationalsozialismus immer abgelehnt hatte. Andere hatten Eltern, die »dafür« waren. Jetzt waren wir alle gleich und dachten nur an den nächsten Tag und unseren leeren Magen. Die Plakate der Besatzungsbehörde hatten wir gelesen. Ausgangsverbot, Fraternisierungsverbot, beginnende Re-Edukation des deutschen Volkes. Keinem von uns war aus Sicht der Sieger zu trauen. Das wussten wir. Aber ging es uns unter die Haut? Verfielen wir in Trübsinn? Nein. Das Dritte Reich war weggefegt, und überall regte sich der Wille zum Leben, zum Über-Leben. »Wir fangen an« ist das erste Büchlein, das mein angeheirateter Onkel Fritz Gundert in seinem Kinderbuchverlag auf schlechtem Papier drucken konnte. Mit Beiträgen von Albrecht Goes und Hermann List.

Hinter mir lag ein arbeitsreicher Sommer. Unser Wohnhaus auf dem Tachenberg über Korntal war im

April 1944 von einer Luftmine getroffen worden und zur Hälfte zerstört. Anfang Juli 1945 war unsere Familie nach abenteuerlicher Fahrt mit gefälschtem Passierschein aus Mühlheim im Donautal, wohin wir vor Kriegsende geflüchtet waren, zurückgekehrt. Wir kamen aus der französischen in die amerikanische Zone. Deshalb der Passierschein.

Auch mein Vater musste eine neue Existenz aufbauen. Mit dem Handel asiatischer Kunst, den er bis zum Krieg betrieben hatte, war es vorbei. Doch zunächst bauten wir mit eigenen Händen unser Haus wieder auf. Ein deutscher Baumeister hatte noch im Frühjahr 1944 mit der Hilfe einer Polin und eines Russen die Außenmauern wieder einigermaßen hergestellt. Wir mussten uns nun um das Innenleben kümmern – Fenster, Türen, Wände. Mein Vater, der Nichtraucher, hatte mit seinen angesammelten Tabakvorräten einen alten Gipsermeister gewonnen, der die Wände verputzte.

Den Gips konnten wir im zehn Kilometer entfernten Eltingen »organisieren«. Im dortigen Gipswerk konnte jeder Besucher einen Sack Gips erwerben. Meine Mutter, ihre Schwester und ich zogen mit zwei Leiterwagen zwölf Mal nach Eltingen. Besonders schwierig war die Überquerung der Autobahn bei Ditzingen. Die Brücke, wenige Tage vor Kriegsende gesprengt, lag auf der Landstraße. Wir mussten auf steilen Rampen die schweren Gefährte mühsam nach oben ziehen und wieder nach unten bugsieren. Woher mein Vater Glas und Fensterrahmen bekam, ist mir noch immer ein Rätsel. Er war ein liebenswürdiger Mann und hatte unsere Handwerker immer gut behandelt. Das mag geholfen haben.

Einmal in diesem Sommer hat er freilich die Contenance verloren. Er und ich waren die Handlanger für alle Gewerke und besonders für das des Gipsers. Dazu kam, dass unser Haus auf einem Hügel stand und alles Material von der Straße über etwa 70 Meter Entfernung und über viele Treppen von Hand heraufgetragen werden musste. Wir hatten eigentlich immer Hunger. Auch der Gipsermeister, der mitverpflegt werden musste, sorgte dafür. Einmal kam mein Vater in die Küche und bat meine Mutter um irgendetwas Essbares. Es sei einfach nichts da, sagte sie. Im aufsteigenden Zorn warf er einen leeren Teller an die Wand. »So weit haben wir es also gebracht!«, schrie er. Ich stand erschreckt und voll Scham dabei.

Und nun also sollte die Schule wieder beginnen. Ein erstes Stück Ordnung in einem neuen Leben. Was würde dieses Leben uns bringen?

Kindheit und Krieg

Wie weit erinnert man sich zurück? Was ist eigene Erinnerung, und was wird durch die Erzählungen der Eltern scheinbar erinnert?

Meine ersten beiden Lebensjahre wohnten wir in Stuttgart, in der Tübinger Straße, ganz im Zentrum. Als ich zwei Jahre alt war, kauften meine Eltern ein Einfamilienhaus in Weilimdorf, einer vom wachsenden Stuttgart geschluckten Gemeinde. Unser Haus lag auf dem Tachenberg, eigentlich näher bei Korntal, in einer schönen Umgebung mit Häusern in großen Gärten und noch viel freier Landschaft rundherum. Landwirtschaftlich betrachtet war es das schlechteste Gebiet in Weilimdorf. Man sagte, wenn einer einen Nachkommen enterben wolle, vermache er ihm ein Grundstück auf dem Tachenberg.

Unser Haus war nicht sehr groß. Keine Villa, ein schwäbisches Einfamilienhaus. Neben meinen Eltern und den später dazukommenden zwei Geschwistern wohnten noch meine Großmutter und die jüngste Schwester meiner Mutter, Tante Helene, im Haus, solange sie unverheiratet war. In den Anfangsjahren auch ein Hausmädchen. Später gab es dann sogenannte »Pflichtjahrmädchen«, die zu Hause schliefen.

Meine Kinderjahre waren herrlich. Ich hatte Freunde in der Nachbarschaft, Fritz Wiedenmaier und Gunther Helm, der letzte im Besitz eines Transportwä-

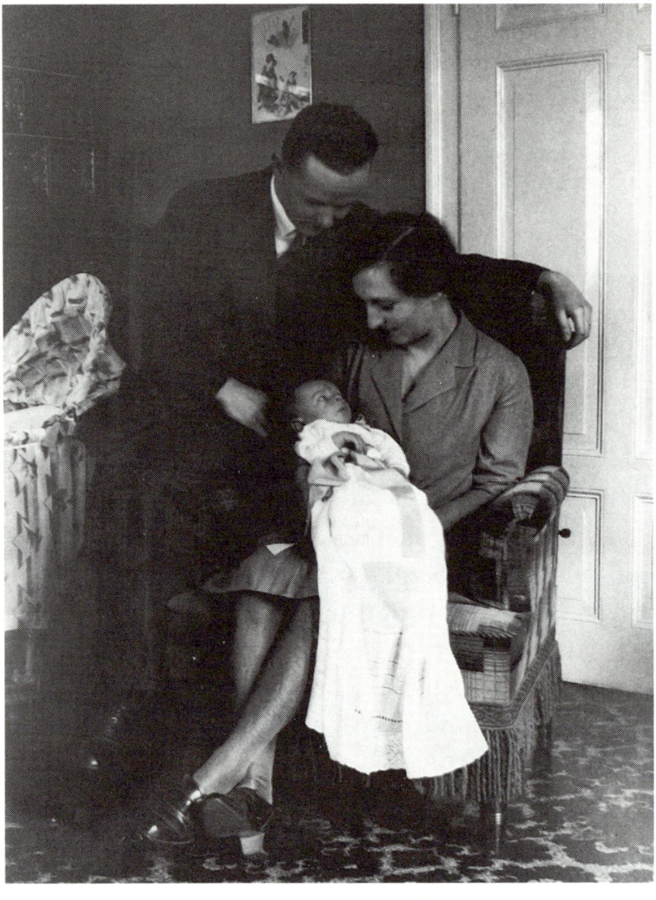

Meine stolzen Eltern Anton und Emma Leibinger bei meiner Taufe.

gelchens aus Blech, das er von seinem Vater bekommen hatte – ein unentbehrliches Requisit bei unseren immer weiter reichenden Streifzügen. Wir stiegen über Zäune, erkundeten die unbebauten Grundstücke; einige hatten Gartenhäuschen, verlassene, in die man eindringen konnte. Wir bauten Laubhütten im

Meine frühe Verbindung zu Japan: Meine Mutter mit mir im Kimono vor unserem neuen Haus 1932.

nahen Wald – unbeschwerte Jahre bis zum Ausbruch des Krieges. Es gab keine wirtschaftlichen Sorgen, die Politik hatte mein Gemüt noch nicht erreicht.

Im Hause liefen alle Fäden bei meiner klugen, gütigen Mutter zusammen. Aber da war noch die ernste, pietistisch geprägte Großmutter. Ihre strengen

Maximen Fleiß, Bescheidenheit und Demut brachte sie nachdrücklich zu Gehör. Sie sanken in mich ein, auch wenn sie erst viele Jahre später wirkten. Jeder Anflug von Unbescheidenheit und hochfahrendem Wesen, zu dem ich aus ihrer Sicht neigte, wurde sofort bekämpft. Der Vater war in einer Familie dieses Zuschnitts eine Respektsperson. Sein Wort hatte nicht nur Gewicht. Es war entscheidend.

Die Kunsthandlung

Oft nahm mich meine Mutter nach Stuttgart mit, um unser Geschäft zu besuchen. Es war immer wie ein Besuch in einer Wunderwelt. Schon der Eintritt durch die Tür löste ein Klingeln von Glasstäben aus, die wunderbar tönten. Und dann japanisches Porzellan, hauchdünn die Tassen, chinesische Rollbilder, Buddha-Figuren, Schnitzereien in Rot und Gold, Cloisonné-Dosen, Netsuke, Inros, aber auch Seide, und das Ganze eingehüllt in den Duft chinesischen Tees. Auch solchen konnte man bei uns kaufen. Für Kinder gab es Wundermuscheln, die, ins Wasser geworfen, bunte Blumen aufsteigen ließen, und kleine Papierschirme.

Meine Mutter hatte das Geschäft oder die Urzelle davon in der Mitte der Zwanzigerjahre in Stuttgart gegründet. Sie war nach Realschule und Schneiderlehre auf der Kunstgewerbeschule gewesen. Theaterdekoration war ihr Metier. Durch die Beschäftigung mit einem Bühnenbild für Puccinis in Japan spielender Oper »Madame Butterfly« kam sie mit Ostasiatika in Berührung. Das kleine Geschäft im Königsbau, in bester Lage, aber in der zweiten Reihe, war wohl kein großer wirtschaftlicher Erfolg. Aber mein Vater kam in dieses Geschäft, interessierte sich für Ostasiatika und dann für die junge Frau. Vielleicht auch in umgekehrter Reihenfolge. Er, aus einer katholischen Familie aus dem Donautal stammend, das jüngste von sieben Geschwistern, hatte eine Lehre als Chirurgiemechaniker gemacht. Sein Vater, der schon 1896 eine kleine Fabrik für die Herstellung chirurgischer Instrumente gegründet hatte, verlangte dies von jedem seiner Söhne. Dann folgte eine kaufmännische Ausbildung. Sie führte ihn nach Stuttgart. Ein Bruder meines Vaters war Holzbildhauer in München, ein Onkel Architekturprofessor. In der Familie lebten immer Interesse an industrieller Produktion und Freude an der Kunst nebeneinander.

Mein Vater erkannte rasch, dass meine Mutter ein zu kleines Sortiment viel zu teuer einkaufte. Die Konkurrenz, die Firma Komor in der Breiten Straße, wäre eindeutig überlegen, meinte er. Sein Rat: Schließen oder versuchen, Komor zu kaufen. Herr Komor war ein alter Herr, ungarischer Jude, im diplomatischen Dienst gewesen, auch in Fernost. Seine beiden Söhne waren ungarische Konsuln, einer in Yokohama in Japan, der andere in Shanghai in China.

Meine Eltern suchten das Gespräch, es muss 1928 gewesen sein. Komor war interessiert zu verkaufen. Er ahnte Hitler. Sein Buch »Mein Kampf« war 1927 erschienen, und alles Kommende war darin zu lesen. Der Geschäftswert sollte 30 000 Mark betragen. Dazu kam das Warenlager.

Meine Eltern hatten das Geld nicht. Mein Vater ging zum Privatbankier Kapf in Stuttgart. Der sprach eine Stunde mit ihm und sagte ihm die nötige Summe zu. Kredit heißt Vertrauen. Das habe ich in meinem Leben oft erfahren.

Die Schule beginnt

Im September 1937 kam ich in die Schule in Korntal. Als wir uns im Schulhof sammelten und die Namen verlesen wurden, fühlte ich mich in einer Außenseiterrolle. Ich kannte keinen der künftigen Klassenkameraden. Unser Tachenberg, hoch über Korntal gelegen, war eine Welt für sich. Keiner der Familienväter vom Tachenberg arbeitete in Korntal. Alle fuhren mit dem Vorortzug in die Stadt – Richter, Anwälte, höhere Beamte, selbstständige Geschäftsleute waren sie. Auch mein Vorname passte nicht recht. Man hieß Eugen oder Fritz, Karl oder Hermann, aber doch nicht Berthold.

Der Schulweg war weit für einen sechsjährigen Buben, eine Dreiviertelstunde war ich zu Fuß unterwegs. Heimwärts habe ich immer die doppelte Zeit gebraucht. Es gab so viel zu sehen. Vor allem Baustellen haben mich immer fasziniert. Und dann der Hof des Auto- und Motorradhändlers Holzer.

In unserer Straße gab es zwei oder drei Autobesitzer. Unser Nachbar, Landgerichtsrat Müller, hatte einen Adler Trumpf Junior. Er wurde nur für Wochenendfahrten benutzt. Hanna Lachenmaier fuhr einen alten Hanomag. Der steile Tachenberg war ein Problem für das Gefährt. Die letzten 50 Meter musste man schiebend unterstützen. Aber der Verleger Dahm, sein Haus war in Sichtweite von uns, hatte einen

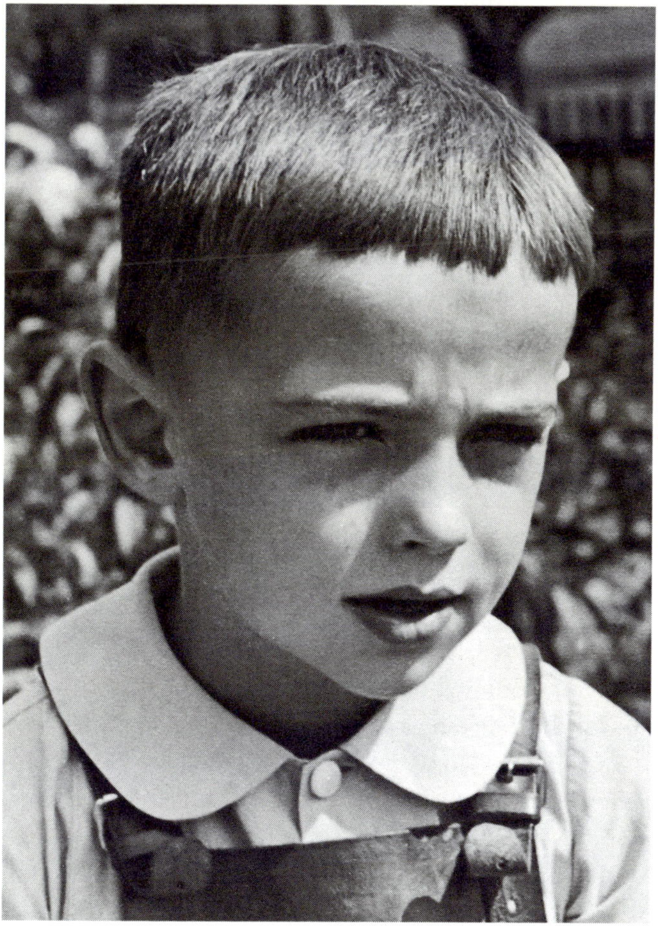

1937 kam ich in die Schule.

Horch, ein Cabriolet. Wenn ich des Morgens glaubte zu ahnen, dass er bald in die Stadt führe, ging ich nur schleppenden Schritts voran, ohne Rücksicht auf die Schulglocke. Denn wenn er fuhr und mich sah, nahm er mich mit. Sternstunden für einen Buben meiner Art.

Unser Lehrer Weik war mein Ideal. Ein junger Mann mit einem Herz für Kinder. Er konnte aus der Kreide, mit der er an der Wandtafel schrieb, Köpfe schnitzen. Er schenkte mir einen, lange habe ich das gute Stück wie eine Reliquie gehütet. Ich war ein guter Schüler, denn ich mochte den Lehrer. Das ging mir immer so. War mir ein Lehrer sympathisch, war ich engagiert und hatte dann auch Erfolg. Leider galt auch die Umkehrung des Satzes. Diese Erfahrung habe ich später als Vorgesetzter auch in meine berufliche Welt übertragen. Immer habe ich versucht, meine Mitarbeiter für unser Tun zu begeistern. Oft ist es mir gelungen.

Korntal

Korntal, im Jahr 1819 von 68 Familien gegründet und mit königlichen Privilegien ausgestattet, war im 19. Jahrhundert ein Hort des württembergischen Pietismus. Die Gründer Korntals waren mit theologischen Tendenzen in der Landeskirche nicht einverstanden. Viele Pietisten wanderten deshalb nach Russland oder in die USA aus. König Wilhelm I. von Württemberg wollte dieser Auswanderung Einhalt gebieten, denn er erkannte, dass gute Leute das Land verließen. Und so kam es zur Gründung Korntals, des »heiligen Korntal«, wie es im ganzen Lande hieß. Die Gemeinde hatte eine Verfassung außerhalb der Landeskirche (und des Landesrechts) mit durchaus kommunistischen Zügen. Es gab gemeinsamen Grundbesitz, eine Gemeindehandlung, ein Gemeindegasthaus (im gemeinsamen Besitz aller Brüder und Schwestern, wie man sich nannte) und gleiche Grabsteine im Begräbnisgarten (wie man den Friedhof nannte). Die Kirche hatte keinen Turm, war aus Holz und hieß und heißt »der große Saal«. Die Häuser waren sehr leicht gebaut, weil Johann Albrecht Bengel, im 18. Jahrhundert Prälat in der Landeskirche und ein Vordenker des Pietismus, die Wiederkunft Christi für 1836 vorausberechnet hatte. 1937, als ich in Korntal zur Schule kam, standen die Häuser aus den Gründertagen immer noch. Ich weiß das bestimmt, denn wir Buben konnten zu viert oder fünft durch rhythmisches Anschlagen mit unseren Hintern an der Hauswand zum Beispiel das Haus des Bäckers Josua Banzhaf in gefährliche Schwingungen versetzen. Ein Nervenkitzel ganz besonderer Art. Der Bäcker schlief meistens, wenn wir von der Schule kamen, und beschimpfte uns dann fürchterlich, mindestens in dem Rahmen, der einem Frommen gesteckt ist.

Korntal war in meiner Schulzeit vom Pietismus geprägt, aber vom Nationalsozialismus durchzogen. Auf meinem Schulweg kam ich an einem Glaskasten der NSDAP vorbei, in dem der »Stürmer« ausgehängt war. Ich sah die Karikaturen und las die Überschriften. Ich verstand das alles nicht, was dort gezeigt und geschrieben wurde. Denn in meinem Elternhaus wurde oft über jüdische Kunden gesprochen, ganz anders als im »Stürmer«, der in jeder Ausgabe mit großen Lettern wiederholte: »Die Juden sind unser Unglück«.

Im pietistischen Korntal war der Nationalsozialismus – mindestens anfänglich – nicht auf allgemeine Ablehnung gestoßen. Die Zucht und Ordnung, die er postulierte, die vorgegebene Frugalität des Führers – der abends in seiner Schlichtheit angeblich nur einen

Apfel aß – beeindruckten den einen oder anderen. Daneben aber standen das Bekenntnis zum Christentum, auch zur Bekennenden Kirche, und die Abscheu vor der Verfolgung der Juden.

Die Aufteilung in zwei Welten begleitete uns auch in der Schule. Wir hatten pietistische und nationalsozialistische Lehrer. Auch die Mitschüler kamen aus zwei Denkwelten. Wer »dafür« und wer »dagegen« war, konnte man schon nach wenigen Sätzen erkennen. »Dafür« deutlicher als »dagegen«. Denn die, die dem Dritten Reich reserviert gegenüberstanden, hatten sich Vorsichts- und Schutzmechanismen zugelegt, die sie nicht auffallen ließen. Auch als Acht- oder Zehnjähriger beherrschte man dieses schon.

In unserer Familie gab es einhellige Ablehnung. Meine Mutter hasste jede Art von öffentlicher Wichtigmacherei. Den Führerkult fand sie widerlich. Mein sensibler Vater entzog sich jeder Art von Teilnahme oder gar Verstrickung. Wir waren Außenseiter, schon durch die Beschäftigung mit Ostasiatika. Das passte gar nicht in die Blut-und-Boden-Welt, in der um Lebensraum gekämpft wurde, voller Helden mit schwieligen Händen und harten Gesichtern.

Es gab einen Onkel, einen Vetter meiner Mutter, den ich seiner kameradschaftlichen Art wegen sehr schätzte. Er war Gießerei-Ingenieur, nach dem Studium arbeitslos gewesen und dann in die SA eingetreten. Er war einer jener, die sich aus Verzweiflung von Hitler und seinen Ideen einfangen ließen. Bei einem politischen Streit im Hause meiner Eltern hatte die temperamentvolle jüngste Schwester meiner Mutter ihm eine Ohrfeige versetzt. Das war eine Familiengeschichte, die immer wieder erzählt wurde. Aber es war wahrscheinlich die stärkste Form der Opposition, die innerhalb der Familie vorgekommen ist.

1940 kam mein Jahrgang in die Hitlerjugend. Wir fieberten dem Tag entgegen, an dem wir »Pimpfe« im »Jungvolk« werden würden. Das war die Organisation für die Zehn- bis Vierzehnjährigen. Denn das hieß Uniform und Fahrtenmesser (am Gürtel zu tragen) und Geländespiele und mehr als ein Hauch von militärischem Gehabe. Dies alles bewunderten wir Buben.

Der Fähnleinführer in Korntal hieß Ferdinand von Stauffenberg und war ein Internatsschüler. Das Fähnlein umfasste alle »Pimpfe« Korntals. Es war in vier Jungzüge eingeteilt. Der Führer meines Jungzugs hieß Gerhard Bengel. Er war ein Urenkel des Prälaten Johann Albrecht Bengel, der den Weltuntergang für 1836 berechnet hatte. Ich verehrte ihn. Er fiel im April 1945 in Kirchheim unter Teck, nach seinen zwei Brüdern, als letzter männlicher Nachkomme dieser Familie.

Nach einiger Zeit wurde auch ich in die Führermannschaft aufgenommen, als Jungenschaftführer – noch eine Unterabteilung (was sich durch Tragen einer rot-weißen Schnur am Braunhemd und zwei Winkeln auf schwarzem Grund am Ärmel manifestierte). Mein Onkel Josef – Bruder meines Vaters – entdeckte die Bezeichnung »Oberhordenführer« (das entsprach den zwei Winkeln) in meinem Dienstausweis. »Dein Sohn ist Oberhordenführer«, sagte er. Er sprach nach der Schrift und dehnte die Worte so, dass sein ganzer Spott deutlich wurde. »Verbau dem Buben nicht seinen Weg«, sagte meine Mutter bekümmert. Im Sommer 1944 kam ein junger SS-Offizier in unsere Führermannschaft und warb für die Waffen-SS. Am Ende wurde jeder gefragt, in welche Waffengattung er eintreten wolle. Acht wollten zur Luftwaffe, auch ich, vier zur Marine, keiner ins Heer, weil dann die SS nahe lag. Wir Vierzehnjährigen wussten sehr wohl, wofür die SS stand.

Bei Kriegsausbruch war ich am Bodensee mit unseren Mühlheimer Verwandten. Nächtens wurden wir von meinem Onkel mit dem Auto geholt, und am Morgen wurde ich vom Donautal mit dem Zug nach Stuttgart weitergeschickt. Ich war enttäuscht. Ich hatte mir ein Soldatengewimmel mit Kanonen und Panzern vorgestellt, durch das ich nach Stuttgart fahren würde und das es allerorts zu sehen gäbe. Nichts davon. Es sollte sich ändern.

Wir richteten einen Luftschutzkeller ein mit Sandsäcken vor den Kellerfenstern, Stockbetten und Gasmasken und einem Feuerlöscher.

Mein Vater wurde 1940 Soldat. Er nahm am Einmarsch in Dänemark und dann in Frankreich teil. Er war – zur allgemeinen Überraschung – gerne Soldat. Vielleicht deshalb, weil er das Büro des Bataillonskommandeurs zuverlässig führte und dadurch das besondere Ansehen der Offiziere genoss. Denn bei ihm war alles verlässlich in Ordnung. Nach Abschluss des Frankreichfeldzugs und vor Beginn des Einmarsches in Russland wurde er auf Antrag seines Bruders, der den großväterlichen Betrieb leitete, der kriegswichtig war – man stellte dort chirurgische Instrumente und auch feinmechanische Teile für die Firma Mauser in Oberndorf her –, »uk«, also »unabkömmlich« gestellt, um dort die Qualitätskontrolle zu übernehmen. Mein Vater ging nach Mühlheim an der Donau, seiner Familie zuliebe. Es hat ihm wohl das Leben gerettet. 1945 war seine frühere Einheit durch Zufall in dem

Teil Stuttgarts zur Verteidigung vorgesehen, in dem wir wohnten. Von seinen alten Kameraden lebte fast keiner mehr.

Mitten im Krieg – im Sommer 1942 – gab es für mich noch ein ganz besonderes Erlebnis. Onkel Rudolph, ein Bruder meines Vaters, war Holzbildhauer und lebte verheiratet, aber kinderlos in München. Seine Werkstatt mit einem angebauten kleinen Wohnhaus lag vor den Toren der Stadt, mitten in großen, unbebauten Gartengrundstücken. Keine Schrebergärten, eher eine wildromantische Gartenstadt. So kam es mir wenigstens vor, als ich im Jahr 1942 dort für zwei oder drei Wochen zu Besuch war. Onkel Rudolph war der einzige der fünf Söhne meines Großvaters, der dem Verdikt entging, zuerst einmal das Chirurgiemechaniker-Handwerk erlernen zu müssen. Seine künstlerische Begabung war schon in der Schule ganz deutlich geworden. Ein richtiger Künstler war er auch nach Habitus und Verhalten. So hatte er – spät verehelicht mit einer kernigen Münchnerin – seinen Hochzeitstermin vergessen und musste durch die Braut zum Standesamt geholt werden.

Meinen Aufenthalt in München genoss ich in vollen Zügen. Ich durfte in der Werkstatt mithelfen. Er hatte als Helfer einen Holzbildhauer und einen Schreiner, denn er fertigte nicht nur Skulpturen, zum Beispiel für Grabkreuze, sondern auch Kopien von Renaissance-Schränken und ähnlichem. Ich versuchte mich auch im Atelier. Einen Teufelskopf sollte ich machen. Er sah mein Elaborat an und meinte, mein technisches Interesse verdiene eher, weiterentwickelt zu werden. Ich war nämlich begeistert ein paarmal aus dem Deutschen Museum gekommen. Zur jährlichen

Kunstausstellung im »Haus der Deutschen Kunst« nahm er mich aber mit. Ein Volk von Bauern und Soldaten wurde gezeigt, in dem von Hitler gewünschten naturalistischen Stil. Ein Aktbild »Die bäuerliche Venus« machte auf mich, den zwölfjährigen Knaben, besonderen Eindruck. Die bis auf Wollsocken nackte Dame stand vor einem grobkariert überzogenen Bett, das Haupt geneigt, das blonde Haar zum Zopf geflochten und hochgesteckt. »Blutsauerei«, meinte mein Bildhaueronkel und sagte dies auch. Mit der Kunst im Dritten Reich konnte er nichts anfangen. Aber in Barockkirchen, die wir besuchten, konnte er bei Figurengruppen oder auch bei Stuckarbeiten ins Schwärmen kommen. Ich habe viel von ihm gelernt.

Nach der schweren Beschädigung unseres Hauses waren meine Mutter, die jüngeren Geschwister und meine Großmutter nach Mühlheim geflohen. Mein Vater hatte dort ein leer stehendes Haus mieten können. Ich blieb mit meiner Patentante Helene, der jüngsten Schwester meiner Mutter, in den wenigen bewohnbaren Räumen in unserem Haus, denn ich ging ja unverändert zur Schule.

Unser Geschäft in Stuttgart ging langsam zugrunde. Meine Tante Helene führte es, aber Nachschub aus Japan und China gab es schon lange nicht mehr. Und auch Besitzwechsel aus privaten Sammlungen fand so gut wie nicht mehr statt. Keiner verkaufte gegen Geld irgendetwas. Man tauschte allenfalls, vorzugsweise Kunst für Lebensmittel – ein Buddha für ein Kilo Butter. Wir behalfen uns mit Kunstgewerbe aus Italien und Südeuropa, Brandmalerei aus dem Balkan und ähnlichem. Natürlich passten wir nicht mehr in die politische Landschaft. 1943 wurde unser Ge-

Unser Haus 1944 – schwer getroffen, aber schon abgestützt und mit neu gedecktem Dach.

schäft in der Breiten Straße auf behördliche Anordnung geschlossen. Wegen Kriegsunwichtigkeit. Wir durften aber als Untermieter beim Zinngießer Kurz weitermachen, der Haushaltartikel verkaufte.

1944 brannten die Häuser in der Langen Straße, wo der Zinngießer Kurz seit vielen Jahrzehnten wirkte, langsam, aber sicher ab. Es gab kein Wasser, um zu löschen. Auch keine Helfer, die das Feuer hätten aufhalten können. So setzte sich auch ein oder zwei Tage nach der Bombennacht die Zerstörung fort. Die Bewohner holten aus den zunächst nur wenig beschädigten Häusern ihre wichtigsten Habseligkeiten. Der Zinngießer hatte eine besonders schöne Hitler-Büste in seinem Laden, die einer glaubte retten zu müssen. Mein Onkel Josef, der nach unserem Geschäft sah, hat sie dann in das gerade zu brennen beginnende Haus zurückgetragen und rettete einige von unseren wichtigsten Einrichtungsgegenständen.

Beide Firmen gingen dann in unsere leer stehenden Räume in die Breite Straße, die freilich bald auch schwer beschädigt wurde. Ende 1944 war es mit unserem Geschäft zu Ende.

Die Luftangriffe wurden immer häufiger. Es gab große gezielte Angriffe auf Stuttgart und seine vielen durch Industrie geprägten Vororte. Es gab auch sogenannte Scheinangriffe zur Ablenkung der deutschen Nachtjäger mit »Christbäumen« – Leuchtkugeln, die vom Himmel schwebten – und wenigen Bomben. Damit sollten wohl die deutschen Nachtjäger abgelenkt werden. Einem solchen Angriff fiel unser Haus zum Opfer, im April 1944. Wir waren im Keller, die Flak schoss, »Christbäume« schwebten herab. Es war draußen taghell, die schon belaubten Bäume warfen scharfe Schatten. Dies hatte ich – ich war ja mit meinen 13 Jahren der Mann im Haus – der Familie vermeldet. Ein dröhnendes Rauschen war zu hören. Ein abstürzendes Flugzeug? Ich rannte nach oben. Ein blauer Blitz durchzuckte das Haus für den Bruchteil einer Sekunde. Überall war Glas und Staub nach einem unbeschreiblichen Knall. Eine Luftmine war in 20 Meter Entfernung eingeschlagen. Die schwere Haustür fanden wir am nächsten Morgen auf der Rückseite des Hauses. Sie hatte mich bei ihrem Flug durchs Haus an Stirn und Hand gestreift, aber nur Schürfwunden verursacht. Zwei Außenwände waren eingedrückt oder verschoben. Unser Haus war nicht mehr bewohnbar.

Der Luftkrieg

Die Luftangriffe auf Stuttgart häuften sich. Nach dem 20. Juli 1944, dem Tag des Attentats auf Hitler durch Graf von Stauffenberg, gab es in einer Woche drei schwere Angriffe auf unsere Stadt. Man raunte, dass die Engländer glaubten, in Stuttgart bei den kritischen Schwaben am ehesten eine Revolution gegen Hitler auslösen zu können. Eine Illusion, wie sich zeigte. In das Nachbarhaus über der Straße fiel mitten hinein eine Bombe. Es wurde förmlich zerblasen. Trümmer lagen auf unserem Grundstück, wo wir für unsere Hühner Mais gepflanzt hatten.

Als wir die Trümmer wegräumten, kam ein Freund meines Vaters, Richter am Landgericht, später Senatspräsident, um nach uns zu sehen. Er war ein höchst kritischer Gegner des Nationalsozialismus. »Etwas Gutes ist dabei«, meinte er, als wir über das Attentat sprachen. »Wir müssen den bitteren Weg bis zum Ende gehen.« Nach dem Krieg wurde offenbar, dass er 1934 oder 1935 in die NSDAP eingetreten war, »um zu helfen, das Ganze in eine gute Richtung zu bringen«, wie er zu seiner Verteidigung sagte. Die Mischung aus Naivität und Anpassung hat in der bürgerlichen Welt viele irregeleitet.

In Korntal wurden im Gipswerk zwei Stollen tief unter der Erde entdeckt. Sie waren voll Wasser. Es wurde abgepumpt, und wir hatten einen bombensicheren Bunker, 25 Gehminuten von unserem Haus entfernt. Wir rannten in vielen Nächten, mit ein paar unserer wichtigsten Habseligkeiten beladen, über unbeleuchtete und unbefestigte Wege dorthin. Wir verbrachten halbe oder ganze Nächte dort. Es gab Holzbänke und einen leidlich trockenen Boden. Wenn der Strom ausfiel, wurden vier von uns »Männern« abgestellt, um mit einer handbetätigten Pumpe das Wasser fernzuhalten.

Frauen, Kinder und Alte beherrschten die Szene. Gesprochen wurde wenig. Alle waren müde und erschöpft. Von Aufruhr keine Spur. Aber auch nicht mehr von Siegesgewissheit. Es herrschten dumpfe Ergebenheit und Angst. Einmal war der Mann einer jungen Nachbarin da, jener mit dem Auto, das den Berg nicht schaffte. Er war nicht Soldat, sondern Koordinator der Produktion in verschiedenen Werken eines großen Stuttgarter Unternehmens in ganz Deutschland. Er hatte wohl mancherlei gesehen: »Wenn wir das alles einmal büßen müssen«, sagte er. Mehr nicht.

Nach Bombenangriffen begann der Unterricht zwei Stunden später. Oft wurden wir zur Trümmerbeseitigung eingesetzt. Einmal mussten wir die Reste eines zerstörten Hauses abtragen. Die Bewohner waren im verschütteten Keller begraben. Als wir den ersten ausgestreckten Arm eines der Verschütteten erreichten, wurden wir Buben weggeschickt. Zerstörung und Tod waren gleichwohl für uns allgegenwärtig.

Mitte März sollten wir Buben, alle unter 15 Jahre, unweit des deutschen Ufers in der Rheinebene einen Panzergraben ausheben. Man nannte das »Schanzen«. Der Kanonendonner vom anderen Ufer des Rheins war in Korntal täglich zu hören. Eine Abordnung von Müttern fuhr nach Leonberg, um eine Verschiebung des Abmarschtermins zu erreichen. Wir sollten nämlich zuerst – am 18. März 1945 – konfirmiert werden. Vielleicht hat uns die Konfirmation Gefangenschaft oder gar den Tod erspart. Denn dem Ansinnen wurde von dem damaligen Bannführer stattgegeben. Später haben wir zu seinen Gunsten – eines ehemaligen SS-Manns, der schwer verwundet einen Heimatposten erhalten hatte – in seinem Spruchkammerverfahren ausgesagt.

Der Konfirmationstag, der 18. März 1945, war ein Spiegelbild der Situation in Deutschland. Meine Eltern konnten nicht kommen. Verlässliche Zugverbindungen gab es schon lange nicht mehr. Zweimal am Tag war Fliegeralarm. Aber der Gottesdienst verlief ungestört. Pfarrer Maurer hielt eine sehr fromme Predigt ohne jeden Bezug zu der einstürzenden Welt um uns.

»So jemand auch kämpft, wird er doch nicht gekrönt – er kämpfe denn recht«, lautete mein Denkspruch. Er hat mich ein Leben lang begleitet. Pfarrer Maurer, mit dem mich ein gutes Gesprächsverhältnis verband, während ich beim Lernen der Zitate aus der Bibel weniger glänzte, schenkte mir eine Bibel mit einer persönlichen Widmung. Der unverfälschte Luthertext in ihr ist für mich heute noch eine Freude. Meine Geschenkliste, die mir meine gute Tante Helene auf der Maschine tippte, weil ich mich überall korrekt zu bedanken hatte, ist ein Zeitdokument. 100-Gramm-Fleischmarken tauchen neben der gebrauchten Armbanduhr meines Vaters auf, »Die deutsche Seekriegsgeschichte« von unseren Nachbarn, ein Laib Brot sowie ein Viertelpfund Butter vom Bauern Klopfer, dessen Tochter bei uns Pflichtjahrmädchen gewesen war.

Der Krieg rückte uns immer näher. Zu den nächtlichen Bombenangriffen der Engländer kamen die

Tagangriffe der Amerikaner. Sie sahen besser, wo sie waren, und ihre Angriffe waren deshalb gezielter auf Industrieanlagen und Verkehrseinrichtungen gerichtet. Hunderte von Flugzeugen zogen oft in großer Höhe über Stuttgart hinweg, silbern glänzend und in Formation. Die nächtlichen Angriffe galten jetzt den Mittelstädten – Freiburg, Pforzheim, Heilbronn, Ulm sanken in Schutt und Asche. Unwiederbringliches ging verloren. Dazu kamen die Tiefflieger, die täglich über uns hinwegdröhnten und die auf alles schossen, was sich auf den Straßen und Schienen bewegte.

Der Krieg war verloren. Jeder wusste es, aber keiner wagte es zu sagen.

In Korntal fand eine abendliche Predigtreihe mit dem damals schon bekannten Theologen und fulminanten Prediger Helmut Thieleke statt. Der große Saal war immer überfüllt. Die »aufgescheuchten Seelen« der Deutschen sehnten sich nach neuer und ewiger Orientierung.

Ein »Volkssturm« sollte in Korntal aufgestellt werden. Ich war von dem Gedanken, als Melder mit einem Motorrad eingesetzt zu werden, begeistert. Des Motorrads wegen. Meine Eltern verlangten – Telefonverbindungen gab es noch –, »über Ostern« zu ihnen nach Mühlheim zu kommen. Wahrscheinlich, um mich von allen Volkssturmgedanken abzuhalten. Die 130 Kilometer nach Mühlheim sollten teils mit dem Zug, teils mit dem Fahrrad bewältigt werden. Ich gehorchte.

Schwerer Abschied von meiner treuen Tante Helene, die in unserem Trümmerhaus blieb. Übernachtung in Stuttgart bei meinem Patenonkel. Er brachte mich morgens um fünf Uhr zum Bahnhof, zu Fuß. Wir gingen durch die schmalen Furten, die von den einstmals breiten Straßen übrig waren. Schuttberge auf beiden Seiten. Hohle Fassaden. In der großen Halle der Hauptbahnhof ohne Dach. Die Dachkonstruktion über den Bahnsteigen verbrannt und verschwunden.

Der Zug nach Rottenburg – dort wartete ein Fahrrad auf mich – hatte zwei Stunden Verspätung. Nach 45 Minuten oder auch etwas später blieben wir auf offener Strecke stehen. Ein Tieffliegerangriff hatte einen Zug auf der gleichen Strecke zerstört. Wir warteten Stunden. Erst am Nachmittag war ich in Rottenburg. Das Fahrrad fand sich in einem bischöflichen Nebengebäude. Ich fuhr los. Über Balingen zum Lochenpass. Bei Balingen überquerte ich die Reichsstraße 14. Sie war völlig durch die zurückflutende Armee verstopft. Soldaten zu Fuß, Pferdewagen und auch von Soldaten gezogene Leiterwagen. Dazwischen ein Kübelwagen mit Stabsoffizieren. Eine Gruppe fahlgesichtiger, müde dahinschlurfender SS-Leute – Division »Freies Indien«. Das alles ohne sichtbare Ordnung. Ein Heerwurm in der Abenddämmerung – »mit Mann und Ross und Wagen hat sie der Herr geschlagen«.

Ich fuhr auf Nebenstraßen dem Lochen zu, um über das Bäratal das Donautal und Mühlheim zu erreichen. Es wurde Nacht. Ich konnte ohne Licht und Orientierung nicht weiterfahren. In einer Scheuer im freien Feld nächtigte ich frierend im Heu. Bei Tagesanbruch ging es weiter. Die Schwäbische Alb ist kein Gebirge. Ich musste 300 oder 400 Meter Höhe überwinden. Am Morgen erreichte ich, schon über dem

Pass, das erste Dorf, Tieringen im Bäratal. In der Dorfmitte ein schlimmes Erlebnis.

Eine große Gruppe von kahlgeschorenen Männern in gestreiften Anzügen, einige hatten Jacken übergezogen, begleitet von SS-Männern mit Maschinenpistolen, auf dem Marsch nach Süden. Sie kamen wohl aus dem Konzentrationslager bei Balingen, wo aus Ölschiefer Treibstoff gewonnen wurde. Buben in meinem Alter waren dabei. Ich sah, wie eine Bauersfrau gekochte Kartoffeln über die Straße den hohlwangigen Gestalten zurollen ließ. Ein SS-Mann zertrat die bescheidene Hilfe. Bedrückt radelte ich weiter. Stumm hatte ich alles angesehen. Wie die Menschen am Straßenrand in Tieringen auch. Weiter im Tal dann die Trümmer eines zerschossenen Bauernwagens. Daneben ein einfaches Holzkreuz. Ein Tiefflieger hatte wohl einen Bauernwagen als feindliches Objekt oder auch als Schießscheibe gesehen.

Der Wahnsinn dieses Krieges war omnipräsent. Am Nachmittag Ankunft in Mühlheim. »Jetzt bleibst du da«, sagte meine Mutter.

Einmarsch der Franzosen

Wir bereiteten uns auf die erwartete Besetzung sorgfältig vor. Wertvolles wurde listenreich versteckt. Der Schmuck meiner Mutter und ein paar Stoffballen, die wir noch hatten, verschwanden, an Schnüren befestigt, zwischen den Hohlräumen der Dachsparren im Giebel unseres Hauses. Die Leica meines Vaters wurde in einem Holzstoß »eingemauert«. Die Hühner wurden reichlich mit Futter versorgt und die Tür zum

Hühnerstall fest verschraubt. Es ist zu bezweifeln, dass die Hühner ihre Mehrtagesration sorgfältig einteilten. Auch weiß ich nicht, ob wir alles Versteckte wiederfanden.

Die Donaubrücke, 150 Meter von unserem Haus entfernt, wurde vom Volkssturm zur Sprengung vorbereitet. Im Sommer fuhren die Bauern mit ihren Heuwagen ganz in der Nähe durch die flache Donau. Panzersperren wurden an der Hauptstraße von Tuttlingen errichtet, aber nicht geschlossen. Die zurückweichenden deutschen Truppen wollten durch. Sie drohten Waffengewalt an, falls man sie behinderte. Die französischen Panzer kamen dann auch auf der Nebenstraße von der Schwäbischen Alb. Dröhnend rollten sie an unserem Haus vorbei. Kein Schuss fiel. Auf dem Kirchturm im hoch liegenden Städtchen Mühlheim wehte die weiße Fahne.

Wir hatten uns in den Keller geflüchtet. Nach einiger Zeit konnte ich meine Neugier nicht mehr bezähmen, ging nach oben und spähte durch ein halbgeöffnetes Fenster zur Straße hin. Ein Soldat im offenen Turm eines vorüberrollenden Panzers sah mich und drohte mit dem Revolver. Geschossen hat er nicht. Wie so oft in meinem Leben, hätte es auch anders kommen können.

War der Krieg zu Ende? Deutsche Soldaten waren nicht mehr zu sehen – überall waren die Franzosen präsent. Mühlheim glich einem Heerlager. Das Federvieh in den Donauauen vor unserem Haus wurde gejagt und gefangen. Die durch amerikanische Konserven wohlversorgten Soldaten waren gierig nach frischem Fleisch. Von der Donaubrücke schossen sie ins Wasser, um Fische zu fangen. Die Zwangsarbeiter plünderten die Betriebe, in denen sie gearbeitet hatten, und waren überall, wo es etwas zu holen gab. Die Fabrik meines Onkels blieb verschont. Seine französischen Arbeiter beschützten sie.

Für uns Buben gab es zunächst keine Pflichten. Mit einigen Freunden ging ich eines Nachmittags in der Donau schwimmen. Wir fanden beim Tauchen an einer tiefen Stelle einen deutschen Stahlhelm, dann ein Bajonett und schließlich ein Gewehr und auch eine Tasche mit Patronen. Ein deutscher Soldat auf der Flucht hatte sich seiner Last entledigt. Wir schossen auf die über dem Fluss hoch aufragenden Felsen. Das war grober Leichtsinn. Es fiel aber nicht auf. Die Franzosen schossen auch – entweder ins Wasser nach den Fischen oder einfach in die Luft. Bald ging uns die Munition aus. Wir versuchten es mit gefundenen französischen Patronen, die freilich nicht ganz in den alten deutschen Karabiner passten. Beim Versuch, eine festgeklemmte Patrone mit dem Bajonett aus dem Gewehr wieder herauszuholen, explodierte diese. Einer schrie auf – Splitter hatten ihn im Gesicht getroffen. Wir rasten mit ihm ins Städtchen. Die Mutter von einem aus unserer Gruppe sprach fließend französisch und wandte sich um Hilfe an einen französischen Sanitätsoffizier. Zunächst musste der Vorfall mühsam aufgeklärt werden, denn mit einem Gewehr hantierende Deutsche wurden als hochgefährlich angesehen. Zwei französische Augenärzte operierten unseren Freund stundenlang und retteten ihm so sein Augenlicht. Fast zur gleichen Zeit wurde ein Müller in einem Seitental von französischen Soldaten totgeprügelt, weil er das Eindringen in seine Vorratskammer, in der er Speck versteckt hatte, verhindern wollte. Menschlichkeit und Barbarei lagen nahe beieinander. Wir waren alle sehr in Gottes Hand.

Mein Müßiggang fand schnell ein Ende. Mein Vater veranlasste, dass ich eine Lehrlingsausbildung als Chirurgiemechaniker in der Fabrik meines Onkels begann. Ich brachte einige Wochen vornehmlich mit dem Feilen von Eisenteilen zu. Dies kam mir einige Jahre später zugute, als ich nach dem Abitur bei der Firma TRUMPF zum zweiten Mal eine Lehre begann. Man wunderte sich dort über mein Geschick. »Eisen erzieht« hieß der Lehrgang, den ich 1945 absolviert hatte. So etwas wirkt nach.

Wir wollten zurück nach Stuttgart. Unser halbzerstörtes Haus musste bewohnt und wiederaufgebaut werden. Anfang Juli war es so weit. Mein Vater hatte einen holzgasbetriebenen Lastwagen aufgetrieben – und noch wichtiger: einen Passierschein, um von der französischen in die amerikanische Besatzungszone zu gelangen. Mit Sack und Pack fuhren wir los. Vater mit dem Chauffeur im Fahrerhaus, die Familie hinten auf der Pritsche mit Hausrat und allen Besitztümern. In Holzgerlingen – zwischen Tübingen und Stuttgart – die »Grenze«. Wir passierten sie zitternd. Unser Passierschein war nämlich nicht ganz in Ordnung. Mein Vater hatte das Datum gefälscht, weil wir den Lastwagen zu spät erhalten hatten.

Wir kamen glücklich nach Stuttgart.

Der Krieg war zu Ende.

Deutschland 1945 – Neubeginn und Ausbildung

Die oft beschriebene Stunde null war durch die Suche aller Deutschen nach Überleben geprägt. Wir fingen mühsam an, Schutt und Schande, Hunger und Elend zu überwinden. Überall Mangel, überall Unsicherheit. Auch im Umgang miteinander. Im Nachbarhaus, zwangsweise eingewiesen, wohnte ein überlebender KZ-Insasse – ein Kommunist – mit seiner wiedergefundenen Frau. Auf der anderen Seite der Straße ein SS-Offizier unter falschem Namen und falscher Identität, wie wir Jahre später erfuhren. Man ging vorsichtig miteinander um, sprach wenig über die Vergangenheit. Überleben wollten wir alle und einen neuen Anfang finden.

Unser mit Mühe halbwegs instand gesetztes Haus sollte teilweise mit Flüchtlingen belegt werden. Aber mein Vater gründete ein neues Unternehmen und konnte durchsetzen, dass er es in den requirierten Räumen einrichten durfte. Der Vertrieb von chirurgischen Instrumenten und der Verkauf von Ärzte- und Krankenhausbedarf war nun unsere neue Existenzgrundlage. Statt chinesischen Porzellans und japanischen Lacks, Tee und Seide bestimmten nun Skalpelle und Tonsillenschnürer, Pinzetten und Geburtszangen unser wirtschaftliches Tun. Der Bezug zur Chirurgie lag nahe. Schließlich hatte mein Vater eine Chirurgiemechanikerlehre absolviert, und wir hatten auch zahlreiche Verbindungen in das Industriezentrum um Tuttlingen, wo diese Produkte hergestellt wurden.

Das neue Geschäft war von meinen Eltern von Anfang an ungeliebt – aber später doch sehr erfolgreich. Die Beschaffung war das Hauptproblem. Die Produktion kam überall nur zögerlich in Gang. Es fehlte eigentlich an allem. »Wer liefert was?«, das Nachschlagewerk aus der Vorkriegszeit, lag auf dem Tisch im Büro. Ich las den Titel vor und betonte das »Was« mit kurzem »a«. Das war eine schwäbische Interpretation und steht für »Wer liefert (überhaupt) irgendetwas?«. So hatte ich den Titel verstanden. Meine Eltern lachten herzlich.

Ein Auto hatten wir nicht. Mein Vater hatte es abgelehnt, eines der beschlagnahmten Autos von einem Parteigenossen zu übernehmen. Ich hätte brennend gerne ein Auto gehabt und verstand meinen Vater nicht – er hat mir damals aber eine Lektion fürs Leben erteilt. Man macht keine Geschäfte, zu denen der Partner gezwungen wird.

Auf Bezugsschein konnten wir ein NSU-Motorrad kaufen. »Quick« hieß das Gefährt. Es war mit einem 100-ccm-Zweitaktmotor ausgerüstet und hatte keinen Soziussitz. Aber meine Freundinnen saßen später gerne auch auf einer auf dem Gepäckträger aufgebundenen Decke. Meinem Vater gefiel das Motorrad überhaupt nicht. Er fuhr kaum damit. Einmal stürzte er unglücklich und brach sich dabei das Schlüsselbein. Danach hatte ich das Gefährt weitgehend für mich. Bis 1948, als wir einen VW Käfer erstanden und das Motorrad abgaben, war ich durch meine frühe Motorisierung privilegiert.

Die Welt war so anders geworden. Am Anfang war das äußere Bild in Deutschland schrecklich. Hunger und Not hatten sich verstärkt. Die Städte und viele Dörfer waren zerstört. Was übrig war, war grau und heruntergekommen. Die Eisenbahnzüge dreckig und überfüllt, die Menschen abgerissen, gleichwohl aber bemüht um einen Rest bürgerlicher Ordnung. Dazwischen abgezehrte Gestalten, vielfach in verschlissenen Wehrmachtsuniformen – Soldaten, die aus der Kriegsgefangenschaft zurückkehrten. Es gab kein Heizmaterial, die Wälder waren leergefegt von allem brennbaren Material. Konjunktur hatten Kanonenöfen, die in den Wohnstuben aufgestellt waren.

Aufmerksamkeit erregten wohlgenährte Amerikaner in unserer bevorzugten Besatzungszone in sauberen, frisch gebügelten Uniformen, am Arm erstaunlich schnell ausstaffierte Fräuleins, die für meine Schülerbegriffe atemberaubend gut englisch parlierten. Das eigentlich bestehende Fraternisierungsverbot für die Amerikaner funktionierte nicht so recht. Triebe überwinden Ideologien.

Nach dem 20. Juni 1948 – der Währungsreform – besserte sich die äußere Situation zusehends. »Friedensware« tauchte in den Schaufenstern auf. Das neue Geld – die D-Mark – wirkte Wunder. 1950, im Jahr meines Abiturs, umhüllte uns schon das Gefühl, dass es auch in Deutschland Wohlstand und Luxus wieder geben könne und dass man nach solchem streben dürfe.

Oft ist den Deutschen vorgeworfen worden, sie hätten damals die Vergangenheit verdrängt. Restaurationen in vielen Lebensbereichen seien Wirklichkeit geworden. Mit der schlimmen Vergangenheit und der furchtbaren Schuld, die das deutsche Volk auf sich geladen hatte, habe man sich nicht auseinandergesetzt. Ich habe das anders empfunden. Die totale Abwendung der ganz überwiegenden Zahl der Deutschen von der Nazi-Vergangenheit war ein Wunder für sich. In zahlreichen Publikationen, die nach 1945 erschienen, hat man sich freilich mehr um die Zukunft bemüht als um die Aufarbeitung der Vergangenheit. Man musste und wollte wieder Tritt fassen, die Vergangenheit beenden und sich nicht von ihr verzehren lassen, Mut und Selbstvertrauen gewinnen, um aus dem Schlamassel herauszukommen.

Aber über das Dritte Reich, den Krieg und die aufgedeckten Verbrechen sprach man. Man schrieb auch darüber. Filme wurden gedreht, wie »Die Mörder sind unter uns«. Es wurden Prozesse geführt. Nicht nur die Prozesse der bei vielen als schwierig empfundenen Entnazifizierung durch die Besatzungsbehörden (am gründlichsten machten es natürlich die Amerikaner). Es gab auch Verfahren vor deutschen Gerichten. Unsere Klasse besuchte einmal einen solchen Prozess gegen einen deutschen General. Dieser hatte einen seiner Offiziere erschießen lassen, weil er den Eindruck hatte – bei einem Telefongespräch –, dass dieser betrunken war und einem Befehl nicht nachkam. Das Schlusswort des Staatsanwalts, der sagte, man habe nun alle möglichen Zeugen gehört und natürlich auch den Beschuldigten selber, aber das Opfer habe nichts mehr sagen können, machte uns sehr nachdenklich.

Die Schule 1945 bis 1950

Wenn ich in meinem Leben Perioden nennen sollte, die farbig und wichtig waren, solche, die mich geprägt oder zumindest nachhaltig beeinflusst haben, dann gehörten die fünf Jahre nach dem Zweiten Weltkrieg – die Schuljahre von 1945 bis zum Abitur 1950 – dazu.

Die Gebäude – im Krieg unzerstört geblieben – waren die alten. Aber alles Übrige war anders. Morgens begann man den Unterricht mit einem Choral »Oh Gott, du frommer Gott, du Brunnquell' guter Gaben. Ohn' den nichts ist, was ist, von dem wir alles haben.« Dieser ist mir heute noch im Ohr.

Schulbücher gab es kaum mehr. Die Geschichtsbücher mussten umgeschrieben werden. Die deutschen Literatur-Kompendien gleichzeitig gesäubert und ergänzt werden um uns damals unbekannte Autoren wie Heinrich Heine, Thomas Mann oder Bertolt Brecht. Selbst Mathematikbücher waren wegen ihres Vorworts, das ohne eine nationalsozialistische Referenz nicht auskam, nicht mehr tragbar. Es gab sogar eine »Deutsche Physik«, von einem deutschen Professor geschrieben, die Einsteins Erkenntnisse ignorierte. Goebbels und sein Ministerium hatten auch unsere Schulwelt völlig durchdrungen.

Junge Lehrer kamen, die mit unterschiedlichen Akzenten sprachen. Ich höre noch die östliche Klangfärbung unseres jungen Mathematiklehrers Alexi oder die Rachenlaute von Herrn Bumüller, der Chemie lehrte und ein echter Schweizer war und den merkwürdige Umstände in das Nachkriegsdeutschland verschlagen hatten. Dr. Fuß, ein Kurpfälzer, der Deutsch und Geschichte gab, hatte den Zweiten Weltkrieg als Gefreiter überlebt und brachte uns eine tiefe Verachtung für alles Militärische bei. Er hat entdeckt, dass ich Talent zum Formulieren habe. Er förderte und forderte mich in vielfältiger Weise – was dazu führte, dass ich (ein Mal) das beste Zeugnis in unserer Klasse hatte.

Fast fünf Jahrzehnte später, als ich in den Aufsichtsrat der BASF in Ludwigshafen gewählt wurde, schickte er mir einen Zettel auf die Bühne, ob er mich nicht im Foyer in einer Pause treffen könne. Das geschah dann auch. Es war ein freudiges Wiedersehen und eine wichtige Begegnung für mich, denn er hatte unsere Schule nach zwei oder drei Jahren verlassen – vielleicht nicht ganz freiwillig, wobei ich mich an den unfreundlichen Umtrieben gegen ihn beteiligt hatte. Ich hatte – für einen etwas säumigen Freund – einen Aufsatz geschrieben, den dieser abschrieb und unter seinem Namen abgab. Die Note fiel nur durchschnittlich aus. Ich war anderes gewohnt und protestierte beim Rektor. Das habe ich jahrzehntelang als Last mit mir herumgetragen.

Fräulein Heidi Sailer kam, eine frisch absolvierte Germanistin aus Stuttgart, die voller Begeisterung war und uns – im schlimmsten Flegelalter befindliche Buben – mit Rainer Maria Rilke, Thomas Mann, dann auch mit John Steinbeck, Thornton Wilder, William Saroyan und Ernest Hemingway bekanntmachte. Besonders die Begegnung mit der amerikanischen Literatur, die überwiegend im Englischunterricht geschah, war für mich überwältigend. Es war so neu, so anders. Dann die Begegnung mit einem großartigen Religions- und Philosophielehrer, Erich Lindenbauer, ein

Pfarrer, der den Lehrerberuf ergriffen hatte. Er hat eine ganze Generation von Schülern in Korntal beeindruckt und sie mit seiner Weltsicht, seiner Toleranz, aber auch mit seiner Überzeugungskraft dafür gewonnen, sich mit religiösen Fragen und Glaubensdingen auseinanderzusetzen. Meine Zugehörigkeit zur evangelischen Kirche war vorher ganz selbstverständlich gewesen – wie ein wohlvertrautes Kleidungsstück, das man halt trägt. Lindenbauer hat einen Prozess ausgelöst, durch den ich ins Nachdenken über religiöse Fragen gekommen bin. Freilich ohne dass ich damals immer eine Antwort gefunden hätte.

Der erwähnte Gründungsrektor nach Kriegsende, Wilhelm Simpfendörfer, spielte auch eine wichtige Rolle. Er gab Mathematik mit großen Abwesenheitslücken seinerseits, weil er bei der verfassunggebenden Landesversammlung in Württemberg-Baden (damals noch) mitwirkte. Die Lücken im Unterricht mussten später mühsam geschlossen werden. Der CDU-Politiker Simpfendörfer gab auch das völlig neue Fach Staatsbürgerkunde. Ein heiß umstrittenes Thema war das geplante Schmutz- und Schundgesetz. Wir waren vehement gegen ein solches Gesetz, angestachelt durch Gedanken von Erich Kästner, meinem neuen Helden, dessen Feuilleton-Beiträge in der »Neuen Zeitung« ich verschlang.

Demokratische Strukturen wurden eingeführt. Es gab Klassensprecher, die die Interessen der Klasse zu artikulieren hatten. Die Klasse wählte mich, aber Simpfendörfer lehnte ab: »Das hieße, den Bock zum Gärtner gemacht«, meinte er. Er hatte wahrscheinlich recht. Die Fähigkeit zum Ausgleich, die man mir später nachsagte, war damals noch nicht sehr ausgeprägt. Simpfendörfers Einspruch hat mein Verhältnis zur CDU nachhaltig gestört. Erst Jahrzehnte später konnte ich mich ihr nähern.

Die Fächer Deutsch, Geschichte, Religion, Philosophie haben mich immer ganz besonders fasziniert. Da konnte man durch Zuhören im Unterricht mitmachen und eigene Gedanken einbringen. Da konnte man mit den Lehrern streiten. An einen erinnere ich mich in besonderer Weise, er gab bei uns nur ein relativ kurzes Gastspiel – Dr. Carl-Christoph Schweitzer. Ein Deutscher, der im Dritten Reich nach England emigriert und wieder zurückgekommen war. Er hatte, so munkelte man, einen jüdischen Hintergrund. Aber er war gleichzeitig ein glühender Verehrer Bismarcks, über den er bei Gerhard Ritter in Freiburg promoviert hatte. Er hatte eine kurze, schnelle Sprechweise, sehr norddeutsch, sehr anders, und das und seine Bismarck-Verehrung haben den Widerspruchsgeist in mir geweckt. Ich war damals – und bin es eigentlich auch heute noch – überzeugt, dass die Hegemonie Preußens in der zweiten Hälfte des 19. Jahrhunderts und im 20. Jahrhundert kein Segen für Deutschland war. Und dass das Scheitern der Revolution 1848, die ja durch starke Kräfte im Süden Deutschlands – vor allem in Baden und Württemberg getragen war – durch den preußischen Einfluss wesentlich bestimmt wurde. Und dass schließlich damit die demokratische Entwicklung unterbrochen worden war. Dies gab Anlass zu hitzigen Debatten mit Schweitzer, in denen ich mich als schwäbischer Liberaler mit Nachdruck und Leidenschaft positionierte.

Die naturwissenschaftlichen Fächer haben mich fast genauso interessiert. Die Biologie weniger, aber Chemie und Physik, vor allem Astrophysik, haben mich immer fasziniert. Oft habe ich darüber nachgedacht, ob ich nicht doch hätte Physik studieren sollen. Aber 1950 schien der pragmatische Weg, den soliden Maschinenbau zu wählen, richtiger zu sein. Die Physik hat mich auch mit meinem in den folgenden Jahren engsten Freund, Theo Buck, zusammengebracht. Er war in der Parallelklasse. Bekannt dafür, ein guter Mathematiker zu sein. Gemeinsam haben wir uns für das Weltall, sein Entstehen und für Sonne, Mond und Sterne interessiert. Freilich gelegentlich auch für die gleichen Mädchen in unserer Schule.

Mit den vielen neuen Lehrern kamen auch neue Schüler. Durch die starken Verbindungen des schwäbischen mit dem preußischen Pietismus hießen unsere Mitschüler aus dem Schülerheim in Korntal zum Beispiel von Prittwitz, von Thadden-Trieglaff, von Kalkreuth oder von Manstein. Ich glaube, dass die Begegnungen mit den jungen Menschen aus einer ganz anderen Erfahrungswelt für uns wichtig waren. Sie hatten andere Erlebnisse gehabt, brachten andere Weltsichten mit und setzten Farbtupfer in unserem Korntal.

In den ersten Jahren nach dem Krieg gab es die sogenannte Schülerspeisung. Eine Art Milchsuppe, mit Haferschleim angereichert. Sie wurde in der großen Pause ausgegeben. »Schlunz« nannten wir das Gericht. Lautmalerisch keine schlechte Beschreibung. Gespendet wurde die Speise von den Quäkern in Amerika. Besonderer Beliebtheit erfreute sie sich nicht. Aber sie war eine wichtige Hilfe. Noch eine amerikanische Besonderheit lernten wir kennen. Schulbücher – für Amerikaner geschrieben – mit Prüfungsabschnitten, in denen auf eine Frage vier mögliche Antworten abgedruckt waren. Eine Antwort war richtig. »Multiple choice« nannte man das Ganze. Vielleicht war es unsere erste Begegnung mit antiautoritärem Denken. In unserer bisherigen Vorstellungswelt hatte man auf jede Frage eine eindeutige Antwort zu geben. Alternativen gab es nicht. Hier wurde angedeutet, dass es auf eine Frage unterschiedliche Antworten geben könne. Freilich war auch hier nur eine richtig.

Eine wichtige Bereicherung unseres Schülerdaseins war das Schauspiel im Staatstheater in Stuttgart. Das Schauspielhaus lag zwar noch in Trümmern, aber im Probensaal des Großen Hauses hatte das Schauspiel einen festen Platz gefunden. Es gab erstklassige Schauspieler in Stuttgart: Erich Ponto, Paul Hoffmann, Edith Herdegen, Mila Kopp, später Heinz Reincke und Wolfgang Reichmann.

Wir sahen »Die Wildente« von Ibsen. Unvergesslich. Die Lebenslüge, die jeden begleite, ist das Thema. Den »Kreidekreis« von Klabund, Sartres »Geschlossene Gesellschaft« (die Hölle sind die anderen). »Des Teufels General« von Zuckmayer – eine Sensation in Deutschland – und »Unsere kleine Stadt« sowie »Wir sind noch einmal davongekommen« von dem amerikanischen Autor Thornton Wilder. Dessen Stücke waren ganz anders – modernes Theater, aber kein peinliches Regietheater in Nacktkostümen und einem auf der Bühne urinierenden Gretchen.

Den »Faust« sah ich zum ersten Mal auf der großen Bühne des Staatstheaters – Mathias Wiemann in einer Nachmittagsvorstellung. Abends war wohl das ganze Große Haus ein amerikanischer Offiziersclub. Nachmittags war nur der Wandelgang im ersten Rang durch die Amerikaner belegt. Sie spielten dort Tischtennis. Bis heute kann ich die Faust-Monologe nicht vom Pingpong-Geräusch trennen.

Wir Schüler spielten in Korntal auch Theater. Im ehemaligen HJ-Heim gab es einen geeigneten Raum. Hebbels »Nibelungen«, der »Egmont« gingen unter der Regie der enthusiastischen jungen Deutschlehrerin Heidi Sailer über die Bühne. Unsere Klasse führte Grillparzers »Weh dem, der lügt!« auf. Mir fiel die Hauptrolle zu. Der Held ist ein junger Koch mit einem kecken Mundwerk, der Mühe hat, bei der Wahrheit zu bleiben, aber im Grunde allerbeste Absichten verfolgt. Das Stück war in Korntal ein großer Erfolg. Für ein paar Tage war ich der Schwarm vieler junger Mädchen in unserem Städtchen.

Das Abitur – Doris Schaible

Plötzlich stand das Abitur vor der Tür – im Frühsommer 1950. Es gab die üblichen schriftlichen Prüfungen in vier Fächern. Zu unserem großen Glück wurde die zweite Fremdsprache Latein kurz vorher von der schriftlichen Prüfung ausgenommen. Es hätte mein Zeugnis etwas belastet. Denn meine Lateinkenntnisse waren durch konstante Faulheit beim Wörterlernen nicht von überzeugender Qualität. Dann kamen die mündlichen Nachprüfungen der schriftlichen Abiturfächer. Vier von uns wurden vom Mündlichen befreit. Ich war darunter. Einfach, weil meine Noten in den schriftlichen Prüfungen den Vorgaben aus dem Jahreszeugnis entsprochen hatten und wohl auch, weil die Gesamtnote recht gut war.

Natürlich gab es in meiner Schulzeit einige Schülerlieben. Alle von oberflächlicher und kurzer Art. Aber eines Tages fiel mir in der großen Pause ein Mädchen auf. In der Pause gingen wir auf den Schulhof, an den eine Straße anschloss. Wir Schüler hatten die Gewohnheit, auf dieser Straße in Gruppen auf und ab zu gehen. Es gab – seit der Währungsreform – dort einen Eisverkaufsstand in einer kleinen Hütte, geführt von einem Flüchtlingsehepaar. Wir nannten das Etablissement den »Stallhas«. Es gab 1950 sehr wenig Autoverkehr, und da war dieses Mädchen in einem Kamelhaarmantel, ein schmales, elegantes Mädchen. Sie fiel mir auf. Mehr war es zunächst nicht.

Wochen später traf ich mich am Abend mit Klassenkameraden in Ditzingen. Ich hatte, was damals etwas ganz Besonderes war, das Auto meines Vaters bekommen, um zu diesem Treffen zu fahren. Wir haben Most getrunken (vergorenen Apfel- und Birnensaft). Etwas anderes konnten wir uns nicht leisten. Es war das einzige alkoholische Getränk, zu dem wir Zugang hatten. Aber wir haben es in Maßen getan. Einer der beiden Freunde, mit denen ich zusammen war, wohnte in Leonberg. Wir beschlossen, ihn nach Hause zu bringen. In der Ortseinfahrt gab es das Gasthaus »Zur Sonne«, in dem ein »Zwischenball« stattfand. Das waren kleine Tanzfeste von Tanzstundengruppen, die damals en vogue waren. Einer der Freunde sagte, dass verschiedene unserer Klassenkameraden dort zugange wären. Wir sind dann hineingegangen. Es war am 11. März 1950. In dem sehr einfachen Etablissement tanzte ein Mädchen vorbei. Sie konnte noch nicht sehr gut tanzen. Das konnte man sofort sehen. Aber es war ein unglaubliches Mädchen. Ich war wie vom Blitz getroffen. Sie war das Mädchen aus unserer Schule, das mir aufgefallen war.

Ich ging dann zu ihr hin und habe gesagt, sie möge doch mit mir und den anderen nach Ditzingen zurückfahren. Dort war sie nämlich zu Hause. Sie wollte erst gar nicht. Sie war ja noch keine 16 Jahre alt und in Begleitung ihrer älteren Schwester, die dann später ebenfalls einen Klassenkameraden von uns geheiratet hat. Zusammen mit meinem Ditzinger Freund ist sie dann doch mit uns mitgekommen – nicht ahnend, was aus dieser Geschichte werden sollte. Wir haben sie wohlbehalten abgeliefert.

Ich habe dann versucht, mich mit ihr zu verabreden. Das hat nicht sofort geklappt, aber es gelang mir schließlich, sie zu einer Kunstfahrt einzuladen. Meine beiden Freunde Theo Buck und Ernst Krafft sowie dessen Schwester waren dabei. Ich hatte wieder das Auto meines Vaters bekommen, und wir sind, unter Mitnahme des Kunstführers »Dehio«, nach Murrhardt und anschließend nach Schwäbisch Hall gefahren. In Murrhardt gibt es eine Kapelle mit einem romanischen Fries, den man unbedingt gesehen haben muss. Der Marktplatz in Schwäbisch Hall – damals noch stark beschädigt – ist kunstgeschichtlich ein Genuss. Allein die Michaelskirche verdient eine Fahrt dorthin. Eine grandiose Renaissance-Treppe führt vom Marktplatz zu der erhöht stehenden Kirche mit einem romanischen Turm und einem gotischen Schiff. Im Rücken hat man das Barock-Rathaus, und eingerahmt wird das Ganze von Patrizierhäusern aus der Renaissance. Inzwischen ist dieser Platz als Theaterkulisse berühmt geworden. Die Freilichtspiele Schwäbisch Hall finden dort statt.

Etwas anderes, als eine Autotour mit der Besichtigung von Kunstschätzen zu verbinden, konnte ich mir damals gar nicht vorstellen. So hatten wir es immer zu Hause gehalten, und auch heute noch ist dies in unserer Familie Brauch.

Das junge Mädchen hieß Doris Schaible und wurde meine Freundin. Mein zukünftiger Schwiegervater hatte vier Töchter. Doris war die Zweite. Er war außerordentlich restriktiv mit Genehmigungen abendlichen Ausgangs. Ein Freund von mir sagte: »Der alte Schaible muss ganz schlimm gewesen sein. Sonst wäre er bei seinen Töchtern nicht so misstrauisch.« Es gab dann eine Einladung eines Schulfreundes, dazu wollte ich sie mitnehmen. Aber der Vater sagte: »Nein, kommt überhaupt nicht in Frage. Meine Tochter darf nicht mit. Es ist zu weit entfernt von zu Hause.« Es waren 15 Kilometer.

Mein Freund Theo Buck, ein Ditzinger, hat dann die Genehmigung erreicht, als er erklärte, er sei auch mit von der Partie. Theo Buck kannte er. Das hat meinen späteren Schwiegervater veranlasst nachzugeben. Eine Fahrt mit einem Ditzinger war möglich, aber mit dem unbekannten Berthold Leibinger zu einer Abendeinladung zu gehen, das ging nicht. Das habe ich enttäuscht meiner Mutter erzählt, und sie sagte dann: »Das lässt du dir nicht gefallen. Du gehst hin, stellst dich vor und sagst, wer du bist.« Das habe ich auch gemacht, und bei späteren Einladungen hatte ich es etwas leichter. Aber es blieb lange ein eher distanziertes Verhältnis zu meinem Schwiegervater.

Kurze Zeit danach begann ich eine Mechanikerlehre bei TRUMPF. Doris ging zur Schule. Am Samstagmorgen – es gab damals noch Schulunterricht am

Doris Schaible 1950.

Samstag, und wir Lehrlinge mussten am Vormittag die Maschinen putzen, die Späne abfahren und die Werkstatt auskehren – traf ich sie in der Pause oder holte sie nach der Schule ab. Unser Verhältnis wurde immer enger. Ein denkwürdiges Erlebnis hatten wir an ihrem 16. Geburtstag, am 27. Juli 1950. Wir sind am Nachmittag mit unseren Rädern zum Schloss Monrepos bei Ludwigsburg gefahren, abends war sie

20-jährig als Abiturient 1950.

wieder zu Hause. Das Monrepos, mit einem See vor dem Schloss, ist ein Lustschlösschen des Herzogs Carl Eugen. Er hat etliche solcher kleiner Prunkbauten hinterlassen – das Schloss Solitude, das Schloss Favorite, das Schloss Hohenheim. Wir standen also an dem See in Ludwigsburg, und ich habe meiner Angebeteten ein Gedicht von Morgenstern auswendig rezitiert, das sich um Palmström dreht. Ein wunderbares Gedicht, wie ich finde.

PALMSTRÖM

Palmström steht an einem Teiche
Und entfaltet groß ein rotes Taschentuch:
Auf dem Tuch ist eine Eiche
Dargestellt sowie ein Mensch mit einem Buch.

Palmström wagt nicht, sich hineinzuschneuzen,
Er gehört zu jenen Käuzen,
Die oft unvermittelt nackt
Ehrfurcht vor dem Schönen packt.

Zärtlich faltet er zusammen,
Was er eben erst entbreitet.
Und kein Fühlender wird ihn verdammen,
Weil er ungeschneuzt entschreitet.

Mit diesem höheren Blödsinn wollte ich das Mädchen natürlich etwas beeindrucken. Ob es mir gelungen ist, weiß ich nicht. Denn sie war und ist ein kritisches Mädchen und merkte wohl die Absicht.

Es gab dann auch eine Zeit, in der wir nicht mehr so nahe waren, ein paar Monate während meines Studiums, ohne dass sie oder ich eine andere Bindung gehabt hätten. Wir haben uns aber bald wieder eng gefunden, und sie ist durch all die Jahre die Begleiterin in meinem Leben geblieben. Sie hat mich durch die Welt und durch alle Höhen und Tiefen begleitet. Es galt für uns, auf diesem langen Weg viele Hürden zu überwinden. Es gab auch schwierige Zeiten, mit denen wir fertig werden mussten. Ausdauer und Zuversicht begleiteten uns, Mut und Gottvertrauen haben wir uns gegenseitig gegeben. Aber auch die Einsicht, dass Bescheidenheit Not tut. In den Tiefen war sie treu und loyal und zuversichtlich. Und bei den Höhen fühlte sie sich zur Dämpfung etwaiger Überlegenheitsgefühle meinerseits verpflichtet. Eine harmonische Ehe im üblichen Sinn haben wir nie geführt. Aber eine interessante, farbige und fordernde. Unsere feste Bindung stand nie in Frage. Ich habe meine Frau immer geliebt und liebe sie heute noch – aber Liebe ist eine ernsthafte Sache. Ernsthafte Sachen bedürfen der Hingabe, der Mühe und auch des Langmuts.

Lehre und Studium

Ernsthaft standen als Studienfach Germanistik, Philosophie oder gar Theologie, was durchaus meinen Neigungen entsprochen hätte, nie zur Debatte. Also Maschinenbau, das zweite Feld meiner Leidenschaft. Der Maschinenbau nutzt die naturwissenschaftlichen Erkenntnisse, verdichtet sie und hilft den Menschen auf vielfältige Weise, ein besseres Leben zu führen. Der Maschinenbau ist solide, handfest und dem Handwerk nahe. Mindestens kann man aus dem Maschinenbau auf das Handwerk zurückkommen. Dass das Handwerk goldenen Boden habe und dass es keineswegs ausgemacht sei, dass wir theoretisch gebildete Ingenieure wirklich bräuchten, das war im deutschen Denken 1950 noch tief verwurzelt.

Der Maschinenbau also: Zu meiner Entscheidung half die beschwerte Erinnerung an unsere ostasiatische Kunsthandlung, die im Krieg untergegangen war. Im Dritten Reich hatten wir überhaupt nicht ins Konzept gepasst. »Deutsche, kauft deutsche Ware« war eine der Parolen, die die nationalsozialistische Regierung in die Welt gesetzt hatte und die mein Vater vornehmlich von Nazissen (tiefgläubigen Nationalsozialistinnen) zu hören bekommen hatte, wenn sie sich im Geschäft umgesehen hatten, alles nett fanden, aber dann doch nichts kauften. Im Krieg hatte sich das Gefühl verstärkt, bei dem heroischen Kampf, von dem immer die Rede war, unnütz mit unserem Tun zu sein.

Jeder Mensch will etwas Nützliches und Wichtiges tun. Gebraucht zu werden ist wichtig. Dies empfand ich, wenn ich die Fabrik für chirurgische Instrumente meines Onkels besuchte. Also Maschinenbau und klein anfangen. Deshalb auch die Lehre. Kein Praktikum, das auf die Universität hingewiesen hätte. Eine ganz einfache Lehre sollte es sein. Am 15. August 1950 habe ich in der kleinen Firma TRUMPF mit damals unter 150 Beschäftigten begonnen. Es gab schon eine Vergütung für Lehrlinge. Ich habe 65 D-Mark mit einem Zuschlag von 4,80 D-Mark im Monat bekommen. In meinem Lehrvertrag stand:

»Die Vertragschließenden sind sich darüber einig, daß der Lehrvertrag ein Berufserziehungsverhältnis auf der Grundlage gegenseitiger Treue begründet.

Der Lehrherr ist verpflichtet, den Lehrling zu einem charakterlich gefestigten und beruflich tüchtigen Menschen heranzubilden und ihn durch Vermittlung fachlichen Könnens und Wissens zu hochwertigen Berufsarbeiten zu befähigen.

Der Lehrling muss bestrebt sein, die Ausbildungsmöglichkeiten in Treue, Fleiß und Ausdauer zu nützen und durch seine Leistung und Führung ein brauchbares Glied des deutschen Volkes zu werden.«

Der Text war wohl von früheren Vertragsformularen im Wesentlichen übernommen. Aber so hat man die Lehrlinge gesehen. Für mich war der Beginn der Lehre ein Kulturschock. Meine Kollegen, also die anderen »Jungstifte«, wie es in der betrieblichen Bezeichnung hieß, waren vier oder fünf Jahre jünger als ich, aber in der gleichen untersten Hierarchiestufe im Unternehmen. Hierarchien werden in Unternehmen streng beachtet, vor allem auf den unteren Ebenen. »Jungstifte« standen immer am letzten Platz und wurden zuletzt berücksichtigt. Bei der Essensausgabe, beim Holen von Teilen aus dem Lager oder bei der Nutzung einer der ständig belegten Toiletten. Der Umgangston unter den Lehrlingen und Arbeitern war so anders als gewohnt. Die Pubertät wurde (damals mindestens) im Gymnasium anders bewältigt als in der Werkstatt. Den Zoten fehlte jede Eleganz, und das hat mir wenig gefallen.

Bei meiner Vorstellung hatte mich der Obermeister, Christian Lang, durch den Betrieb geführt. Es dauerte nicht lang, war aber ein Privileg. Zurückzuführen wohl auch auf die Tatsache, dass eine persönliche Beziehung meinerseits zum Ehepaar Trumpf bestand. Nach dem Rundgang sagte der Meister Lang: »Jetzt sage ich ›du‹ zu dir, und nach der Lehre sind wir wieder gute Freunde.« Ich war durch Schulgewohnheit noch etwas aufmüpfig und fragte: »Sind wir denn jetzt keine guten Freunde mehr?« Das hat ihn etwas aus dem Konzept gebracht.

Ich hatte das Glück, einen guten Lehrmeister, Theophil Wilhelm, zu haben. Er war ein Tuttlinger und sprach wie mein Vater. Parallel betrieb ich meine Zulassung zur Technischen Hochschule Stuttgart. Es gab damals noch einen Numerus Clausus, weil Rückkehrer aus der Gefangenschaft und solche, die danach das Abitur abgelegt hatten, Vorrang vor uns normalen Schülern hatten. Die Zulassung kam aber pünktlich zum Oktober 1951.

Das war der frühestmögliche Termin für ein Maschinenbaustudium nach meinem Abitur. In den fünfviertel Jahren Lehrzeit habe ich viel gelernt. Später war ich dankbar, die Basiserfahrung gemacht zu haben.

Die Technische Hochschule Stuttgart war 1951 zu großen Teilen noch zerstört. Das Hauptlehrgebäude war ein besonders hässlicher Backsteinbau. Ein Bauwerk, wie es nur die Architekturabteilung einer Technischen Hochschule, die sich der reinen Lehre einer Zeit verpflichtet fühlt, zustande bringen kann. Das Gebäude wurde übrigens später abgerissen. Im großen Hörsaal waren rund 500 Plätze für die Studenten des Maschinenbaus, der Elektrotechnik, der Physik und der Mathematik für die Grundvorlesungen. Der Hörsaal war immer überfüllt. Man musste eine Viertelstunde vor Beginn da sein, um noch einen Sitzplatz mit Schreibplatte bekommen zu können. Das Tempo in den Vorlesungen, zum Beispiel in Höherer Mathematik, war atemberaubend. Ich weiß nicht, ob dies aus der Stoff-Fülle resultierte oder zur Abschreckung dienen sollte. Die zweite wichtige Vorlesung war die Technische Mechanik – sozusagen Angewandte Mathematik, die die Wirkung von Kräften auf statische oder bewegte Körper untersucht und mathematisch definiert.

Ich musste mich anstrengen um mitzukommen. Ein Maschinenbaustudium zu bewältigen ist Knochenarbeit. Es verlangt Intelligenz und Fleiß, aber es hatte für mich wenig intellektuellen Reiz. Es war trotzdem eine gute Zeit. Durchs Studium begleitete mich ein Kreis von engen Freunden. Da waren alte Schulfreunde aus Korntal, Theo Buck, der Mathematik studierte, sein Bruder Thomas, zwei Semester vor uns, ein Maschinenbauer. Wolf Stierlin, ein früherer Korntaler, studierte Bauingenieurwesen, und Eugen Herb, von der Schwäbischen Alb, mit dem uns sein Korntaler Vetter bekannt gemacht hatte, wurde ein enger Begleiter im Maschinenbaustudium. Ein Baum von einem Mann, wenigstens nach Stimme und Habitus, aber, wie sich zeigen sollte, ein sensibles und emotional eher empfindliches Mannsbild. Und da war natürlich meine Freundin Doris, die – nach ihrem Abitur 1953 – an der nahen Dolmetscherschule die englische Sprache in ihrer ganzen Vielfalt erlernte.

Das Maschinenbaustudium bietet wenig Anregung, über Gott und die Welt nachzudenken. Bis heute sehe ich darin ein Defizit in der sonst exzellenten theoretischen Ausbildung. Ingenieure stehen deshalb Anforderungen nichttechnischer Art, die der Beruf gleichwohl mit sich bringt, oft recht hilflos gegenüber. Ich bewunderte die Klarheit des Gedankengebäudes, das Professor Grammel in der Technischen Mechanik aufbaute. Die Schulung des Intellekts meinte er, sei nirgends so verwirklicht wie in seinem Fach. »Das Hirn eines Menschen, der Technische Mechanik studiert hat, sieht anders aus als das Hirn eines Menschen, der solches nicht getan hat.« Ich glaube sogar, dass er recht hatte. Mein Vater freilich, dem ich dies erzählte, war über die Arroganz entsetzt. Grammel war auch als Professor im Dritten Reich ein Mensch mit kla-

Doris und ich in luftiger Höhe im Schwarzwald 1954.

rem und kühlem Verstand, den er durchaus deutlich werden ließ. Er soll damals seinen Studenten empfohlen haben, das nüchterne und klare Denken, zu dem die Beherrschung der Technischen Mechanik zwinge, auch bei der Bewertung von Äußerungen von Politikern anzuwenden. Dies war unter den Gegebenheiten des Dritten Reichs eine kühne Äußerung.

Professor Cranz lehrte Fördertechnik. Er war eine vielschichtige, farbige Persönlichkeit. Er würzte seine Vorlesung mit Abschweifungen jeder Art. Bei der Ordnung von Getriebeabstufungen nach Zahlenvorgaben etwa kam er auf die reine Stimmung zu sprechen, die bei einer Geige, jedoch nicht bei einem Klavier, mit einer endlichen Zahl von Stufungen möglich sei. Bei außergewöhnlichen Musikern könne man dies auch hören, meinte er, und sprach von Beethoven-Sonaten und dem Pianisten Rudolf Serkin und Fritz Busch, dem Dirigenten. Oder er erklärte die Corioliskraft, eine besondere Trägheitskraft, mit folgender Erzählung: In Berlin habe es in seiner »seligen Assistentenzeit« eine rotierende Tanzbühne gegeben. Wenn man auf dieser von außen zum Zentrum Walzer getanzt habe, habe man die Corioliskraft erfahren können. Bis heute weiß ich, dass die Corioliskraft nur scheinbar – für den im rotierenden System Befindlichen – auftritt. Für den ortsfesten Beobachter aber nicht.

Diplomarbeit

Nach dem neunten Semester begann ich meine eigene experimentelle Diplomarbeit bei TRUMPF. Man konnte etwas Geld dabei verdienen und gleichzeitig etwas Nützliches tun. Denn die Firmen waren an den Ergebnissen interessiert.

Bei TRUMPF drehte es sich um die Verbesserung des Schneidprozesses bei sogenannten Aushauscheren – ein kurzes Messer wird in schneller Folge gegenüber einem feststehenden Untermesser auf und

Mein erster Arbeitsplatz bei TRUMPF 1956. Ich sollte den Arbeitsgang »Schneiden« verbessern. Für die Genehmigung, den Oszillographen zu kaufen, war eine Gesellschafterentscheidung bei TRUMPF notwendig.

ab bewegt, und ein durch die Messer durchgeschobenes Blech wird dabei getrennt. Man wollte eine Untersuchung des Schervorgangs, um gegen eine damals übermächtige schwedische Konkurrenz – Pullmax –

besser bestehen zu können. Die Schweden, davon war der Vertrieb des Hauses TRUMPF überzeugt, seien einfach besser bei diesem Arbeitsvorgang.

Meine Diplomarbeit ist eine Geschichte für sich. Sie hat sich über die Maßen ausgedehnt. Insgesamt habe ich sechs Monate daran gearbeitet. Aber das wirkliche Problem war, dass ich sie nach den Regularien der Hochschule eigentlich nicht hätte beginnen dürfen. Man musste nach dem Vordiplom insgesamt drei Semesterarbeiten abliefern, und man durfte mit der Diplomarbeit erst beginnen, wenn zwei der Semesterarbeiten, sogenannte Entwürfe, eingereicht waren. Ich hatte aber nur einen Entwurf fertig, weil ich viel zu lange an meinem ersten Entwurf gearbeitet hatte. Aber umgekehrt hatte ich in der Firma TRUMPF einen festen Termin vereinbart, und den wollte ich unter allen Umständen einhalten. Also habe ich einfach mit der Diplomarbeit begonnen und sie vollständig und allein zu Ende gebracht. Dann habe ich die fertige Arbeit Professor Dolezalek gebracht, bei dem ich für die Diplomarbeit eingeschrieben war. Ich legte die Arbeit auf den Tisch, erzählte meine Geschichte und wurde sofort rausgeschmissen. Dolezalek meinte: »Das geht doch nicht. Wir wollen diese Arbeit begleiten. Sie können doch nicht einfach ins Blaue hinein forschen und in Selbstherrlichkeit eine Arbeit machen. Ich nehme die nicht an. Suchen Sie einen Professor, der die annimmt.«

Der Oberingenieur von Dolezaleks Institut, also der erste Assistent, war bei dem Gespräch anwesend. Er sah mich zerknirscht hinauswanken und sagte: »Schreiben Sie einen Brief an den Professor und schildern Sie Ihre ganzen Umstände noch einmal ausführlich.« Er meinte also den Zwang anzufangen, und dass sich die Firma auf den Termin für den Beginn entsprechend vorbereitet hatte. Dolezalek hat schließlich die Arbeit angenommen, sie mit »sehr gut« bewertet und sogar in einer Fachzeitschrift veröffentlicht, was gar nicht selbstverständlich ist. Die Veröffentlichung war ein großer Erfolg für mich. Zu diesem Zeitpunkt war ich aber schon in Amerika.

Für TRUMPF waren die unmittelbaren Ergebnisse der Arbeit nicht von allzu großer Bedeutung. Ich hatte die Schneidparameter verbessert, die Messerformen verändert und die Maschinendaten, wie die Hubzahl, den Notwendigkeiten besser angepasst. Aber die grundsätzlichen Mängel des Verfahrens an sich konnte ich nicht ändern. Ich habe deshalb der Firma ein ganz anderes Maschinenkonzept vorgeschlagen, mit einem ganz neuen Werkzeug und einer anderen Führung des Werkstücks. Meinen Vorschlag hatte ich mit Hilfe meiner Freundin zu Papier gebracht und dem Technischen Leiter zur Begutachtung übergeben. Zunächst hörte ich von ihm nichts.

Professor Dolezalek bot mir an, bei ihm zu promovieren. Ich habe abgesagt. Ich wollte mein Wissen anwenden und nicht noch vier oder fünf Jahre an einem Institut weiterforschen und lehren sowie Hilfsdienste leisten. Und ich wollte nach Amerika. Zunächst begann ich aber, bei TRUMPF zu arbeiten. Ich musste das Geld für die USA-Reise verdienen.

TRUMPF, Heirat, Erlebnis USA

Durch einen weitläufig Verwandten hatte ich Kontakt zur Cincinnati Milling Machine Company in Cincinnati, Ohio, der damals größten Werkzeugmaschinenfabrik der Welt. Einen sehr losen Kontakt, wie sich später zeigen sollte. Aber immerhin. Dort wollte ich hin. In Amerika zu arbeiten und zu leben, das war mein großer Traum.

War es auch der Traum meiner jungen Frau? Wir hatten gleich nach erhaltenem Diplomzeugnis im September 1957 geheiratet. Vorher wäre das damals nicht denkbar gewesen, weder für meinen Schwiegervater noch für meinen Vater noch für mich selbst. Man musste einfach fertig studiert haben und beruflich etwas vorweisen können.

Meine Frau hatte gleich nach dem Abitur die Dolmetscherschule in Stuttgart für zwei Jahre besucht und abgeschlossen. Sie sprach – schon damals – gutes, korrektes Englisch. Anschließend arbeitete sie als Fremdsprachenkorrespondentin im Büro des Technischen Vorstands der, wie sie damals noch hieß, Standard Elektrik Lorenz AG, kurz SEL, die später von ALCATEL übernommen wurde. »Printed Circuit Boards« (gedruckte Leiterplatten für elektronische Geräte), darüber hat sie oft gesprochen. Das war damals etwas unerhört Neues.

Ja, sie wollte mit mir nach Amerika, aber sie wäre wohl überallhin mitgegangen. Als Ehepaar beantragten wir ein Auswanderungsvisum, nicht leicht zu bekommen, denn Amerika war ein gesuchtes Paradies und das Visum mit Auflagen verbunden. Die beruflichen Voraussetzungen mussten stimmen. Keine Nazi-Vergangenheit durfte es geben, und wir mussten auch versichern, dass wir weder den Präsidenten umbringen noch in Amerika der Prostitution nachgehen wollten. Erst im Herbst 1958 kam das Visum. Seit Anfang 1957 – nach Abschluss der Diplomarbeit – hatte ich bei TRUMPF gearbeitet.

Der Wunsch, etwas Nützliches zu tun, etwas zu bewirken, mein Wissen anzuwenden, war übermächtig. Zunächst ging es darum, die Erkenntnisse der Diplomarbeit, vor allem aber den Vorschlag, ein neuartiges Maschinenkonzept zu verwirklichen, in die Realität umzusetzen.

TRUMPF hatte 1950 während meiner Lehrzeit zum ersten Mal eine Million D-Mark Umsatz erreicht. Christian Trumpf war ein tüchtiger Kaufmann, der ein sehr effizientes System des Direktvertriebs in Deutschland schon vor dem Krieg aufgebaut hatte. Sein Unternehmen verfügte nur über ein sehr einfaches technisches Programm – biegsame Wellen, angetrieben von höchst einfachen Maschinen zum Bearbeiten von Gesenken und Werkzeugen, Elektrowerkzeuge zum Blechtrennen (die Motoren kaufte man zu) und schließlich Kurven- und Aushauscheren für die Blechbearbeitung. Die Firma wuchs schnell und verdiente Geld wie eigentlich alle, die in den Westzonen nach Kriegsende über Produktionsmittel verfügten und Produkte herstellen konnten, die das aufbauhungrige

Gerhard Gabriel präsentiert Christian und Anne Trumpf ein Modell der Aushauschere im Jahr 1954.

Deutschland brauchte. Es wäre fast ein Kunststück gewesen, in diesen ersten Jahren keinen wirtschaftlichen Erfolg zu haben.

Früh begann man, auch nach Auslandsmärkten zu suchen. Der von Bosch kommende junge Verkaufsleiter, Manfred Lang, knüpfte Verbindungen nach Frankreich, England und in andere wichtige Länder in Europa und machte auch schon Reisen nach Übersee, Japan und bis nach Australien. Als ich 1957 bei TRUMPF als junger Diplom-Ingenieur antrat, war das Programm noch immer einfach. Es hatte sich seit 1950 kaum verändert. Der Technische Leiter war ein Diplom-Ingenieur, dazu Teilhaber, charmant und gesellschaftlich versiert, aber technisch in meinen Augen wenig begabt. Natürlich muss man die fast zwangsläufige Konfrontation eines mit Wissen vollgestopften, tatendurstigen jungen Mannes mit einem eher theoriefeindlichen, selbstsicheren, wortgewandten Mann, der als Teilhaber in jeder Beziehung am längeren Hebel saß, von vornherein erwarten. Er war 18 Jahre älter als ich, in absolut sicherer Position. Gleichwohl witterte er Ungemach.

Ich war ihm zu unruhig, vielleicht auch zu leidenschaftlich in der Verfolgung meiner Ziele. Auf alle Fälle zu hartnäckig. Dazu kam, dass der Hauptgesellschafter, Christian Trumpf, und seine Frau Anne mit meinen Eltern befreundet waren. Frau Trumpf war meine Patentante, und Christian Trumpf hatte – im Laufe meines Erwachsenwerdens – zunehmend Interesse an mir gewonnen. Das Ehepaar war kinderlos. Das Interesse an jungen Menschen in ihrer Umgebung war, vielleicht deshalb, recht groß.

Den Vorschlag für eine neue Maschine, die TRUMPF weiterführen würde, hatte ich noch als Student dem Technischen Geschäftsführer Gabriel übergeben. Einige Wochen später rief er mich abends in sein Büro und berichtete, dass er bei einem Kunden – es war in einem Betrieb von Siemens – eine von einem fertigen Techniker weiterentwickelte Konzeption unserer Standardmaschine gesehen habe. Er war ganz begeistert von dem Konzept. Ich war entgeistert. Denn die Maschine, die er beschrieb, war ein Teil – allerdings ein geringer – meines Konzepts. Ich sagte: »Ich finde das sehr interessant, aber ich habe Ihnen das doch auch vorgeschlagen. Vor einigen Wochen habe ich Ihnen mein Konzept übergeben. Es geht aber viel weiter als das, was Sie gesehen haben.« Er erinnerte sich an meine Ausarbeitung zunächst nicht, fand sie aber dann in den Tiefen seines Schreibtisches. Die Unterhaltung nahm ein etwas frostiges Ende.

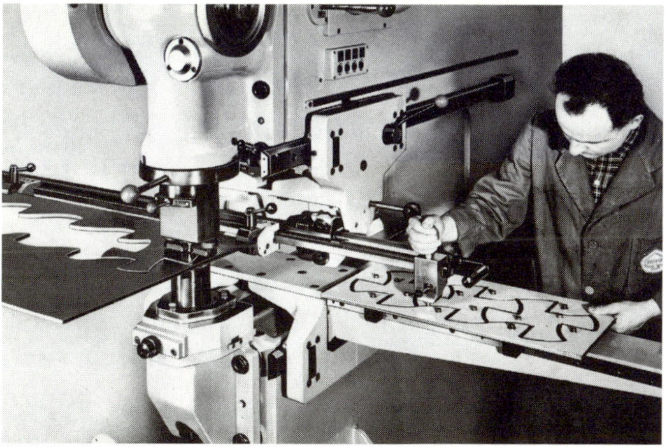

Die Kopier-Nibbelmaschine 1959. Das Werkstück wird durch Abtasten der Schablone »ausgenibbelt«.

Am gleichen Abend habe ich das Konzept nochmals etwas ausführlicher geschrieben und es Christian Trumpf gegeben. Der wiederum reichte es an seinen Verkaufsleiter weiter, einen studierten Ingenieur, der das Ganze prüfte und sehr gut fand. Man beauftragte mich, die Maschine zu konstruieren. Konkrete Unterstützung vom Unternehmen bekam ich keine. Ich durfte aber einen Studenten – Hubert Bitzel – anheuern, der mir beim Detaillieren meiner Konstruktion und bei der Zeichnungserstellung helfen sollte. Die Herstellung der Teile im Betrieb dauerte. Ich war ungeduldig und versuchte, meine alten Verbindungen aus der Lehrzeit zu aktivieren. Es gelang nur zum Teil, denn die Technische Leitung hatte an der ganzen Geschichte kein großes Interesse. Der Prototyp wurde aber im Winter 1957 fertig. Die Verkäufer, zunächst jene aus Deutschland, denen man das Konzept zeigte, waren begeistert.

Der zweite Prototyp wurde gebaut und erstmals auf der Technikschau in Utrecht im Frühjahr 1958 ausgestellt. Ich durfte dorthin reisen und erlebte glücklich die positive Resonanz der Kunden. »10 oder 20 Maschinen dieser Art werden wir wohl im Jahr verkaufen können«, meinte unser Technischer Geschäftsführer. Es wurden dann in den folgenden anderthalb Jahrzehnten insgesamt über 15 000 Stück.

Aus Utrecht, meiner ersten Auslandsreise bei TRUMPF, wollte ich meiner jungen Frau etwas mitbringen. Damals waren Armbänder Mode, an die man Erinnerungsstücke befestigte, sogenannte charm bracelets. Ich kaufte eine holländische Windmühle aus Gold, und weil mir dies so preisgünstig erschien, auch gleich eine Armkette dazu. Zwölf Gulden sollte diese kosten. Der Juwelier war sehr freundlich und montierte die kleine Windmühle gleich. Als es ans Zahlen ging, merkte ich, dass ich ein Komma nicht richtig gesehen hatte. Das Kettchen kostete 120 Gulden und damit mein gesamtes Bargeld, das ich in der Tasche hatte. Zu Fuß bin ich dann mit meinem Koffer zum Bahnhof gegangen.

Mein Studienkollege Eugen Herb war mit seiner Diplomarbeit schneller als ich und hatte schon im Winter 1956/57 bei TRUMPF als Konstrukteur begonnen – auf meine Empfehlung, denn ich dachte damals schon, dass diese Firma etwas ganz Besonderes werden könne. Gemeinsam stürzten wir uns auf alle offenen technischen Fragen im Hause TRUMPF. Die längst fällige Modernisierung unserer stationären Maschinen durch Zubehör wurde in Angriff genommen. Zusatzeinrichtungen zur Führung des Werkstücks entlang einer Geraden, ein Vorschubapparat zum Schneiden von Ronden und Ähnliches wurden konstruiert. Es gab auch Fehlschläge, aber insgesamt wurden wir von einer regelrechten Aufbruchstimmung getragen. Die Frühjahrsmesse 1958 in Hannover brachte einen großen Erfolg für die Kopier-Nibbelmaschine, wie »meine« Maschine inzwischen hieß. Das Kurzzeichen hieß »CN«, weil Christian Trumpf kopieren mit »c« schrieb. Der Kaufmännische Geschäftsführer und Teilhaber, Hugo Schwarz, erlebte die Euphorie auf der Messe und schlug vor, 50 Stück der Kopier-Nibbelmaschine aufzulegen. Man fertigte damals noch in Losen. Ich schwamm im Glück.

Dann kam das USA-Visum. Ich erhielt von Christian Trumpf ein glänzendes Zeugnis, und wir verließen tränenreich Deutschland. Die USA waren damals weit weg. Wir stürzten uns aus einer sicheren und vielversprechenden Welt – wie viele bei TRUMPF meinten – in ein großes Abenteuer. Oft habe ich gesagt, dass weder aus mir noch aus TRUMPF das geworden wäre, was später möglich wurde, ohne die Erfahrung in Amerika. Die Unterschiede zu unserem Leben in Deutschland waren eklatant. Nicht nur in den Firmen dort, die vor Kraft strotzten. Der Umgang der Menschen miteinander, der Wohlstand der großen Mittelklasse, der Straßenverkehr – es war einfach eine andere Welt. So waren wir – mindestens eine Zeitlang – kleine Einwanderer, schon etwas aus dem Nest gestoßen. Die Geborgenheit unserer Familie fehlte. Auch beruflich war es ein Anfang ganz unten. »Diplom-Ingenieur, what's that?«, fragte mich bei meinem Bewerbungsgespräch der Interviewer in Cincinnati, als ich ihm stolz mein Universitätszeugnis präsentierte. Auch meine sprachgewandte junge Frau war in den ersten Wochen immer wieder etwas verzagt – später wurde Amerika ihre große Liebe.

Nach 18 Stunden Nonstop-Flug in einer Super Constellation der Lufthansa waren wir in New York gelandet. Am 10. November 1958. Die vorgesehene Zwischenlandung in Irland war wegen eines Schneesturms nicht möglich gewesen, so flog der amerikanische Pilot eben weiter. Mit leerem Tank kamen wir am Flughafen Idlewild (später John F. Kennedy) in New York an.

Wir wurden von einem jungen Mann von der neuen TRUMPF Vertretung abgeholt und fuhren in die Stadt. Im 18. Stock des Commodore-Hotels sah ich aus dem Fenster auf den New Yorker Verkehr vor der Grand Central Station. »Wenn wir uns hier über Wasser halten können, Doris, dann bin ich froh«, sagte ich, »mehr können wir nicht verlangen.« Es kam ein Anruf aus dem neben dem Hotel liegenden Chrysler-Building, in dem unsere Vertretung untergebracht war. Er wolle mich begrüßen, sagte der für uns zuständige Abteilungsleiter, ob wir uns an der Bar treffen könnten. Ich machte mich frisch, wir waren immerhin fast zwei Tage ohne Schlaf gewesen. Meine Frau schlief ein wenig, und ich traf Mr. Gygax an der Bar. Ob ich wisse, was Gin & Tonic sei? »Nein«, sagte ich völlig wahrheitsgemäß. Ich hätte so etwas noch nie getrunken. Ich probierte es, fand es recht erfrischend und sah die Welt und Amerika nach dem zweiten Gin & Tonic schon ein wenig freundlicher. Der Ruf meiner Maschine war mir vorausgeeilt, und man fragte, ob ich bei einer Messe, die in Kürze in Chicago stattfände, nicht auf dem Messestand beratend und unterstützend dabei sein könnte. Das sagte ich gerne zu.

In Deutschland hatten wir einen neuen VW Käfer gekauft. Mit Aufpreis, denn wir mussten einen laufenden Vertrag kaufen. Die Lieferzeit für einen Käfer betrug damals 18 oder 20 Monate. Auf diesen warteten wir nun in New York. Er kam, der November-Stürme wegen, verspätet an. Zwölf Tage mussten wir warten, und unser Geld, das wir für unseren Anlauf in Amerika gespart hatten, schmolz wie Butter in der Sonne. 3600 D-Mark waren eben nur 800 Dollar. Der VW kam. Wir holten ihn im Hafen in Newark ab und gewannen tiefe Einblicke in die Psyche amerikanischer Hafenarbeiter. Denn das Auto war zwar unversehrt, aber ganz leer gestohlen. Wir hatten unter der Fronthaube einiges untergebracht, zum Beispiel einen kompletten schönen Werkzeugkoffer, der uns hätte sehr nützlich sein können. Auf eine strittige Auseinandersetzung ließen wir uns nicht ein.

Wir fuhren dann über den East River und durch den brodelnden Verkehr in Manhattan zu unserem Domizil und kamen mit unserem Autokennzeichen LEO (für Leonberg) dort wohlbehalten an. Es war einer der wenigen Fälle, wo ich als Fahrer die uneingeschränkte Bewunderung meiner Frau genoss.

Wir fuhren über den Pennsylvania Turnpike nach Akron und von dort weiter nach Cincinnati, das im Schnee versunken war. Meine Vorstellung bei der Cincinnati Milling war schwierig. Ich hatte keinen Vertrag, sondern nur ein wohlwollendes Schreiben, in dem man mir mitgeteilt hatte, dass ich vielleicht eine gute Ergänzung des Ingenieurstabs sein könne. Es hatte – wie sich zeigte – nicht allzu viel Gewicht. Vorweg erklärte man mir aber, dass man in Cincinnati niemanden brauche, die Zeiten seien schlecht, und

*Cincinnati Milling Machine Co., Hauptverwaltung.
Hier fuhr ich 1958 klopfenden Herzens
mit meinem VW vor.*

man habe sogar Mitarbeiter entlassen müssen. In Wilmington freilich – in einem Zweigwerk einhundert Kilometer nördlich gelegen – brauche man einen Entwicklungsingenieur. Dort solle ich doch hin. Auf die Frage, ob ich denn wisse, wie man nach Wilmington komme und wo dort das Werk sei, sagte ich, ich hätte keine Ahnung. Lou Dever, der Chefingenieur, jener, der (angeblich) nicht wusste, was ein Diplom-Ingenieur ist, nahm mein Originalzeugnis von TRUMPF – wie gesagt sehr wohlwollend und von einem vereidigten Übersetzer ins Englische übertragen –, zog seinen Kugelschreiber aus der Tasche und skizzierte mir auf der Rückseite meines Dokuments den Weg nach Wilmington. Das Zeugnis hatte also kein allzu großes Gewicht. Ich habe den Weg nach Wilmington gefunden. Aber meine Frau und ich waren bitter enttäuscht. Denn all unser Denken und auch die Kisten mit etlichen persönlichen Dingen für die nächsten Jahre waren nach Cincinnati dirigiert.

Wir kamen in eine typische amerikanische Kleinstadt, 10 000 Einwohner, viele Einfamilienhäuser, keine möblierten Wohnungen oder so gut wie keine, wie sich auf unserer Suche in den nächsten Tagen herausstellen sollte. Trotzdem – glücklicher hätte es sich nicht fügen können.

Das moderne Zweigwerk war überschaubar in der Größe. Ich wurde gebraucht und beruflich gefordert, und was ich machte, wurde bemerkt und beobachtet. Ich wurde im Entwicklungsbüro als Konstrukteur und bald als »technischer Rechner« für die ganze Abteilung eingesetzt. Die theoretische Ausbildung in Deutschland war der der amerikanischen Kollegen deutlich überlegen. Ich ging, wovor ich ein wenig Angst gehabt hatte, nicht in der großen Masse einer großen Firma unter (Cincinnati Milling hatte damals 6000 Beschäftigte).

In Wilmington gab es für die Absolventin der Dolmetscherschule keine geeignete Aufgabe. Nachdem wir unser Domizil gefunden hatten und es für uns wohnbar geworden war, suchte sie Möglichkeiten. Aber es gab nichts Geeignetes. Sie gab dem Sohn eines heimwehkranken Ungarn, der einen »Delicatessen Store« besaß und wahrscheinlich an k.u.k.-Zeiten zurückdachte, Deutschunterricht. Sie sprach am College und bei den »Brownies« (den weiblichen Pfadfindern) über Deutschland, und vor allem war sie für alles in unserem Haushalt als alleinverantwortlicher Innenminister zuständig. Um nichts musste ich mich kümmern. Sie erledigte alles, was zum täglichen Leben gehörte, auch die Behördengänge. Sie machte vor mir die amerikanische Führerscheinprüfung (bei der ich vier Wochen später durchfiel) und sorgte auch für den Service an unserem Volkswagen (in 40 Kilometern Entfernung war die Werkstatt). Vor allem aber besorgte sie die Korrespondenz mit Deutschland. Und dort, neben der für Familie und Freunde, vor allem die mit der Firma TRUMPF. Zwei dicke Leitz-Ordner mit Vorschlägen und Kommentaren, die ich diktierte und mit Zeichnungen ergänzte, füllten sich im Laufe der zwei Jahre in den USA.

Die Offenheit der Amerikaner, meiner Kollegen in der Firma, auch im privaten Bereich, war überwältigend. Wir wurden pausenlos eingeladen. Wir waren anders als die Society in »unserer kleinen Stadt«. Und deshalb suchte man unsere Nähe. Es entstanden Verbindungen, Freundschaften zu den Professoren im Quaker-College, zur Kirche, die in Amerika ihre Schäflein in unglaublicher Weise betreut und bindet. Auch im Country Club wurden wir Mitglied und spielten sogar ein wenig Golf.

Es entstanden auch enge Freundschaften, die dann ein Leben lang hielten. Philip Haynes, ein Arbeitskollege, lud uns schon in den ersten Tagen in Wilmington in sein Haus ein. Wir sollten helfen, den Weihnachtsbaum zu schmücken. Philip Haynes verdanken wir viele kluge Hinweise, die uns halfen, Amerika zu verstehen.

Im Unternehmen kam ich gut voran. Ich begann mit dem üblichen Stundenlohn. Einige konstruktive Aufgaben erledigte ich mit wechselndem Erfolg. Dann fiel ich auf durch die Neuberechnung von Zahnrädern im Getriebe der von uns gefertigten Drehmaschinen. Die Getriebe waren laut, die Zahnräder mussten in

1958 in Wilmington/Ohio mit unserem treuen Volkswagen.

einem aufwendigen Verfahren eingeschliffen (wir sagen dazu eingeläppt) werden. Durch Korrektur der Zahnform bei der Herstellung konnte man nach dem Rechenverfahren aus einem deutschen Fachbuch eine Verbesserung erreichen. Ich schlug dies vor, berechnete das Ganze, und man schickte mich mit meinen Zeichnungen in die entsprechende Abteilung in

Cincinnati, da Wilmington keine geeigneten Maschinen zur Zahnradfertigung hatte. Der Chef sei ein Mr. Gene Henley, schrieb man mir auf. Ich fuhr hin und erklärte ihm die Zeichnungen in meinem etwas mühsamen Englisch. Er hörte mir eine Zeitlang zu und sagte dann: »Du kannst ruhig Deutsch mit mir sprechen.« Und als ich auf Deutsch antwortete, sagte er: »Du kannst auch Schwäbisch mit mir sprechen.« Gene Henley hieß Eugen Hähnle und war aus Sindelfingen. Er hat die Räder wunderbar gefräst.

Das Ganze war ein Erfolg. So musste ich mein Verfahren dem Vizepräsidenten, Al Blackburn, der für die Produktion zuständig war, vortragen. Mein Abteilungsleiter fuhr mit. Ich hatte mich einen Abend auf die Begegnung vorbereitet, mit Hilfe eines amerikanischen Freundes alle Fachausdrücke übersetzt, memoriert und trug vor. Nach zwei oder drei Minuten unterbrach mich Al Blackburn und sagte: »Ich verstehe es ohnedies nicht, aber es ist gut gemacht.« Und dann fragte er meinen Chef, was ich verdiene. Es waren 125 Dollar in der Woche. Er meinte, 200 Dollar seien auch richtig; auch müsse man mich aus dem Stundenlohn in das Monatsgehalt überführen. Das Ganze war ein wunderbarer Fortschritt. Wichtig war auch, dass ich von Stund an einen reservierten Parkplatz hatte, den ich allerdings nicht brauchte, da meine Frau mich meistens in die Firma fuhr, denn wir besaßen immer nur unseren Volkswagen.

Al Blackburn interessierte sich in der Folge für mich. Zwei- oder dreimal bin ich ihm begegnet, und als ich gekündigt habe, um nach Deutschland zurückzugehen, ließ er mich zu sich kommen und fragte, warum ich denn Amerika verließe. Ich erklärte ihm

TRUMPF und die Chancen, die ich für diese Firma und für mich dort sähe. Er schüttelte den Kopf und meinte, es sei ein Fehler. Denn ich hätte doch große Chancen hier und in der Firma. Ingenieure meiner Qualifikation seien gesucht. Er verabschiedete mich mit den Worten »You are the biggest fool I have ever seen« und klopfte mir auf die Schulter. Im Zeugnis schrieb er, dass man mich jederzeit wieder einstellen werde, wenn ich nach Amerika zurückkäme.

Glück in Amerika – und Abschied

Dies war wohl die schönste Zeit in unserem Leben – unser zweites Jahr in Amerika. Unser Leben war erfüllt von Erfahrungen und Erlebnissen, wie sie einem nicht oft widerfahren. Wir lebten sorgenlos. Ich hatte kein großes, aber ein gutes und stetiges Einkommen. Ich musste mich als Konstrukteur in der Firma anstrengen, begegnete viel Neuem, aber hatte keine Verantwortung für Mitarbeiter, Termine oder Finanzen. Ein Angestellter war ich halt, kein Unternehmer – und für eine bestimmte Zeit war dies durchaus angenehm.

Mit TRUMPF stand ich in ständiger brieflicher Verbindung – mit Christian Trumpf und vor allem mit der Konstruktionsabteilung dort, mit meinem Freund und Studienkollegen Eugen Herb. Ich schlug vor, kommentierte, kritisierte, konstruierte auf einem kleinen Zeichenbrett, das wir für ein paar Dollar gekauft hatten. Meine Frau tippte die Texte dazu auf ihrer Reiseschreibmaschine »Erika«. Unsere Freizeit war immer von Arbeit begleitet.

Weihnachten 1959 in den USA. Die glückliche Mutter und unsere Tochter Nicola.

Meine emotionale Bindung zu TRUMPF war eng. Cincinnati Milling, mein Arbeitgeber, spielte technisch und unternehmerisch in einer anderen Liga. Aber mein (technisches) Herz gehörte TRUMPF. Die

Bindung an diese Firma kann man vielleicht als eine erste Liebe begreifen, über die man nicht hinwegkommt.

Unser Apartment, hübsch, antik möbliert, wurde zu eng. Meine Frau erwartete unser erstes Kind. Wir suchten und fanden ein schönes Haus in einer ruhigen Straße mit alten Bäumen am Rande der Stadt. Es war innen frisch hergerichtet, enthielt nur ganz wenige Möbelstücke und hatte einen wunderbaren Garten. Wir ergänzten mit Geschick und wenig Geld das Mobiliar und hatten im Spätherbst 1959 ein wunderbares Heim.

Am 15. Dezember 1959 wurde unsere Tochter Nicola geboren. Wir schwammen im Glück. Schon vier Tage nach der Geburt kamen Mutter und Tochter wohlbehalten nach Hause. Wir hatten ein wunderbares Weihnachtsfest. Wir hatten einen Christbaum mit echten Wachskerzen, was unseren Freund Ted Vandervort, der in der freiwilligen Feuerwehr diente, zutiefst beunruhigte. Er verlangte, dass wir immer einen Eimer Wasser in dem nächstgelegenen Wandschrank hatten. Wir haben ihn nie gebraucht.

Kulturell lebten wir unser eigenes Leben. Wir hatten gleich am Anfang einen Plattenspieler gekauft, der allerdings neben den gewünschten Tönen einen Brummton mit einer Frequenz von 60 Hertz erzeugte. Ein »AC-Humm« wie uns der Verkäufer erklärte, ohne Abhilfe schaffen zu können. So hörten wir Mozart und Beethoven, Schubert und Brahms immer mit einem brummenden Begleitton. Und in den Programmen, die wir aus unseren Platten zusammengestellt hatten (wir hatten einen Zehnplattenwechsler), lasen Mathias Wiemann oder Erich Ponto zwischen den Musikstücken deutsche Lyrik von Matthias Claudius bis Wilhelm Busch.

Wir lernten auch Gershwin und Cole Porter kennen und richtigen amerikanischen Jazz, kundig begleitet von unserem Freund Martin Giesbrecht, Professor für Ökonomie am College in Wilmington. Martin hatte an amerikanischen Universitäten studiert, aber seine Promotion als Fulbright-Student an der Ludwig-Maximilians-Universität in München geschrieben. Seine Frau Patricia hatte an der Juilliard School Musik studiert. Beide kannten Deutschland. Martin sprach fließend deutsch. Durch sie lernten wir das kulturelle Leben in einem amerikanischen College einer Kleinstadt kennen. Sie wurden Freunde fürs ganze Leben.

Nach einem Konzert im Wilmington College trafen wir bei unseren Freunden Giesbrecht Otto Beer und seine Frau. Beer fristete sein Leben am Quaker College durch die Betreuung kultureller Veranstaltungen. Beide waren im Dritten Reich aus Deutschland vertriebene Juden. Er kam gleich auf uns zu, sprach Deutsch und zeigte ein lebhaftes Interesse. Sie war ganz distanziert. Er sprach über unsere engere Heimat. Er war im Ersten Weltkrieg als deutscher Offizier verwundet worden und lag in Heilbronn im Lazarett. Nach Stuttgart sei er damals wiederholt gekommen, um seine Braut zu treffen. Er habe Stuttgart und seine Umgebung mit den Wäldern und Seen in schönster Erinnerung.

Wir waren sehr unsicher. Denn es war für uns sehr bedrückend, ein Opfer Hitlers kennenzulernen und sozusagen seiner Freundlichkeit ausgeliefert zu sein. Wie sollten wir uns verhalten? Ganz unbefangen, denn wir hatten ja mit der Vergangenheit nichts zu tun? Oder schuldbewusst, weil man sich der Bindung an sein Vaterland nie ganz entziehen kann? Wir führten ein gutes und offenes Gespräch – und berührten das Tabuthema der Vertreibung nicht. Doris gewann das Herz von Otto Beer mit ihrer unwiderstehlichen Herzlichkeit. Er schenkte uns später, als wir Wilmington verließen, einen kleinen Stich vom Bärenschlössle bei Stuttgart, der heute noch in meinem Arbeitszimmer hängt. Meine Frau und ich sprachen nach dieser Begegnung unter uns über die Frage der Kollektivschuld und waren über das kluge Wort unseres ersten Bundespräsidenten Theodor Heuss von der Kollektivscham dankbar. Diese haben wir durchaus empfunden.

In den Jahren und Jahrzehnten danach hatten wir viele solcher Begegnungen. In den USA, in Israel und auch in Deutschland. Es entstanden Verbindungen, die zu Freundschaften wurden. Die Bedeutung des jüdischen Bürgertums in Deutschland, sein Beitrag zur Entwicklung unserer Kultur, die produktive Unruhe, die von den deutschen Juden ausging, ihr Einfluss auf die Wissenschaft können nicht hoch genug eingeschätzt werden.

Was Hitler den Juden angetan hat, war nicht nur ein barbarisches Verbrechen, es war auch ein geistesgeschichtliches Fiasko. Wir haben uns immer wieder bemüht, wenigstens ein Quäntchen der deutschen Schuld abzutragen. Der wesentliche Beitrag kam hier von meiner Frau. Sie pflegte Freundschaften in New York, in Israel und auch in Deutschland, zum Beispiel im Harz mit dem für uns unvergesslichen Dr. Klaus Barner. Es waren ganz unterschiedliche Menschen, denen wir begegneten. Aber alle hatten ein gemeinsames Trauma.

Ursula Brunst, die 18-jährige Tochter einer befreundeten Familie in Deutschland, kam als Au-pair-Mädchen zu uns nach Amerika. Wir hatten eine wunderbare Hausgemeinschaft, und es gab für uns Eltern auch ein wenig Freiraum. Wir machten Reisen an die Ostküste, nach Cape Cod und Boston. Wir erlebten New York, geführt von unserem Freund Martin Giesbrecht. Wir besuchten die Niagara-Fälle. Wir fuhren nach Kentucky und sahen die Calumet-Farm, die schönste Farm für die Zucht von Rennpferden auf der Welt.

Es gab berufliche Höhepunkte – das 75-jährige Jubiläum meines Unternehmens Cincinnati wurde groß gefeiert. Hunderte von Kunden kamen zu einer eintägigen Tour durch die Fabriken in Cincinnati und sahen an herausgehobenen Punkten die neuesten Produkte. Eine Drehmaschine mit einem Werkzeugrevolver, den ich konstruiert hatte, war ein Teil der Ausstellung. Ich hatte das große Glück, bei der Entwicklung der ersten numerisch gesteuerten Maschinen mitwirken zu dürfen. Dabei lernte ich eine völlig neuartige Technik kennen, nämlich die Steuerung von Werkzeugmaschinen mit Computern. Die NC-Steuerung, wie sie später dann hieß, gab der Maschine vor, in welche Position sie zu fahren hätte, welcher Kontur sie folgen müsse, um das gewünschte Werkstück zu erzeugen, und welches Werkzeug dabei einzusetzen sei. Die Technik war ebenso neu wie störanfällig, aber unglaublich interessant. Diese Erfahrung sollte einen ganz wesentlichen Einfluss auf meine künftige Arbeit bei TRUMPF haben. Allerdings Jahre später.

Beim Familientag gewannen wir einen riesigen Schinken – auch das kleine Glück war uns hold. Aber das Heimweh und das Versprechen, bei TRUMPF nach zwei Jahren wieder anzufangen, waren auch da. Am Ende eines langen und schönen Sommers 1960 kündigte ich in meiner Firma. Anfang Oktober wollte ich gehen. Vorher hatte uns noch eine Lizenzzahlung aus Deutschland erreicht. Ein Scheck über 10 000 D-Mark. Lizenzen für die Kopier-Nibbelmaschine und einige andere patentierte Konstruktionen für das Geschäftsjahr vom 1. Juli 1959 bis 30. Juni 1960. Waren wir jetzt reich? Wohl kaum. Aber ein Gefühl erhöhter Sicherheit hatten wir schon.

Wir hatten immer geplant, nach etwa zwei Jahren nach Deutschland zurückzukehren. Stellten wir das nun in Frage? Eigentlich nicht, denn die Bindung an unsere Familien und an Deutschland waren eng. Meine Besessenheit – so kann man es nennen –, aus meinen TRUMPF Ideen mehr zu machen, spielte eine Rolle. Auch die Art und Philosophie der Gesellschaft, die uns in der amerikanischen Kleinstadt begegnet war. Wir hatten großartige Menschen kennengelernt. Liebenswürdig und liebenswert, offen für Begegnungen, freundlich – aber letztlich doch fremd oder mindestens anders. Sie kannten und brauchten vieles nicht, was uns wichtig war. Unsere Verbindung zur deutschen Kultur, zur Literatur, zur Musik und Kunst wurden oft nicht verstanden. Was es in der Architektur bedeutet hatte, von der Romanik zur Gotik zu kommen und welches Ereignis die Renaissance war, war für unsere amerikanischen Freunde – verständlicherweise – weit weg. Die amerikanische Gesellschaft ist durch große Unterschiede geprägt. Nicht nur der materielle Wohlstand ist sehr unterschiedlich verteilt, dasselbe gilt auch für Bildung und Lebensart. »Vielleicht haben Sie noch nicht die richtigen Leute kennengelernt?« meinte einmal ein sehr kultivierter Geschäftsfreund, der uns in sein schönes Haus eingeladen hatte und der uns Bach auf seiner Hausorgel vorspielte und dessen Bibliothek wir bewunderten. Al Schnaitmann, unser Geschäftsfreund, hatte sicher recht. Aber wir lebten in der kleinen Stadt Wilmington und nicht in New York. Und ich war ein Werkzeugmaschinenbauer in Ohio und kein Literaturprofessor in Princeton. Auch der Konformismus der Amerikaner störte uns manchmal. Es war zu vorhersehbar, was wann und wie gesagt werden würde, meinten wir.

Fünfzig Jahre später sehe ich vieles anders. Wir leben inzwischen auch in Deutschland in geistigen Reservaten.

Wir planten zum Abschied eine Reise quer durch die Vereinigten Staaten von Ost nach West, von Wilmington nach Los Angeles. Von dort wollten wir dann nach Hause fliegen. Sechs Wochen Zeit nahmen wir uns. Die längsten Ferien unseres Lebens. Wir fuhren durch Illinois nach Springfield, wo Lincoln gelebt und gearbeitet hat. Wir berührten den blank gegriffenen großen Zeh seines Denkmals. Wir fuhren auf der Route 40 nach Westen, überquerten in Hannibal den Mississippi. Dort, wo Mark Twain geboren wurde, und dort, wo Tom Sawyer den frisch gestrichenen Zaun hinterließ, den wir – frisch gestrichen – bestaunten.

Wir fuhren durch die unendliche Weite von Kansas. Stunden und Stunden. Nachmittags gegen vier Uhr mussten wir eine Bleibe suchen, denn die Sonne schien horizontal von Westen in unser Auto. Die Route 40 führt schnurgerade von Osten nach Westen. Einmal kamen wir an einem solchen Nachmittag, etwas abseits der Straße, in eine kleine Stadt – Smith Center. Der Ort hatte 280 Einwohner und zeichnete sich dadurch aus, dass er den Mittelpunkt der Vereinigten Staaten markierte. Mathematisch ausgedrückt, den Flächenschwerpunkt. Wenn man das sogenannte Mainland – also die Vereinigten Staaten ohne die außen liegenden Territorien wie Alaska oder Hawaii – aus Pappe ausschneidet und sie auf einer Nadelspitze balanciert, dann steckt die Nadelspitze in Smith Center. 1400 bis 1600 Meilen sind die Küstenstädte entfernt. San Francisco oder New York, New Orleans oder Seattle. Ein unendlicher Himmel wölbte sich in der frühen Dämmerung über uns. Die Farmer der Umgebung kamen zu einem Drink in die Bar unseres Motels, in dem wir nächtigten. Jeder von ihnen war Herr über einige tausend Hektar Land. Als freie, unabhängige Herren fühlten sie sich – das spürte man. Zum ersten Mal haben wir den Isolationismus in Amerika wirklich begriffen. Was kümmert diese Menschen die Unruhe in den Küstenstädten Amerikas – von Europa ganz zu schweigen.

Weiterfahrt nach Denver. Durch die abweisenden Rocky Mountains nach Salt Lake City, die Mormonen-Stadt mitten in der Wüste. »This is the place«, sagte Brigham Young, der Anführer der Mormonen, die im 19. Jahrhundert aus dem Mittelwesten vertrieben hier ankamen. Es waren 15 000 zu ihrem Zug durch die »Great Plains« aufgebrochen. Weniger als die Hälfte kam nach dem Zug durch die »Great Plains« und einem bitteren Winter an. Und hier, aus diesem Wüstenplatz, meinte Young, könne sie niemand vertreiben. Sie errichteten eine Stadt, und was für eine.

Dann San Francisco – überwältigend die Fahrt über die Golden Gate Bridge. Weiter durch den Yosemite Park, einen Nationalpark. Wir mieteten ein Cottage für die Nacht. Nachts durchsuchten die Bären die vor der Hütte stehenden Müllbehälter nach Essbarem. Man solle sie am besten nicht beachten oder gar stören, dann seien sie ganz harmlos, wurde uns versichert. Weiterfahrt nach Los Angeles, wo die ältere Schwester meiner Mutter lebte, die 1926 nach Amerika ausgewandert war. Alleinstehend hatte sie sich als Kinderschwester und später als Gesellschafterin reicher Amerikaner – und die gibt es in Los Angeles zuhauf – einen bescheidenen Wohlstand erarbeitet. Sie nahm uns mit offenen Armen auf, und wir machten von Los Angeles aus Ausflüge in die nähere und weitere Umgebung. Nach Palm Springs etwa, dem Baden-Baden Amerikas, oder nach San Diego, der damals schönsten und saubersten Stadt des Landes, direkt an der Grenze zu Mexiko gelegen. Wir fuhren auch hinüber. Unmittelbar nach der Grenze fielen wir gewissermaßen in das erste große Schlagloch. Was für ein Unterschied zum reichen Amerika! Eine Hüttenstadt, dieses Tijuana – eine Wellblech- und Pappdeckelstadt in den Außenbezirken. Wir entdeckten ein Schild, handgeschrieben auf einer der Hütten »Cheapest Divorces in Town«. In gegenseitiger Übereinstimmung kehrten wir alsbald um und kehrten in unser Motel in Los Angeles zurück. Wir verkauften unseren braven Volkswagen, nahmen Abschied von unseren kalifornischen Freunden und flogen erwartungsvoll nach Deutschland zurück.

Der Rückflug war zunächst ein ästhetisches und technisches Erlebnis. Die Douglas DC-8 war der erste Jet, in dem wir flogen, ganz neu und in Raum- und Geräuschkomfort eine neue Dimension für uns. Wir flogen die sogenannte Polarroute. Ein ganzes Stück weg vom Pol landeten wir in Grönland und flogen anschließend nach Kopenhagen. Müde kamen wir nach 14 Stunden Flug an, es war im späten November. Es war grau, kalt und neblig trüb. Was für ein Unterschied zu dem sonnigen Kalifornien mit seiner klaren Luft. Europäische Männer in ihren schweren Mänteln und mit Hüten bevölkerten am frühen Morgen den Flugplatz. Alles war so anders. »Sollen wir nicht umkehren?«, fragte Doris. Zwei Stunden später waren wir in Stuttgart. Unsere Familien erwarteten uns mit Freude und Butterbrezeln, die wir so sehr vermisst hatten. Es war auch schön, wieder zu Hause zu sein.

Der Anfang bei TRUMPF

Am Jahresende kamen wir zurück. Am 1. Januar 1961 wollte ich bei TRUMPF wieder anfangen. Vorab machte ich in der Konstruktionsabteilung und auch beim Technischen Geschäftsführer einen Antrittsbesuch. Christian Trumpf war zu der Zeit verreist und hielt sich in seinem Landhaus auf.

Sechs oder sieben Mitarbeiter hatte die Konstruktionsabteilung, die ich leiten sollte. Eine feste, verlässliche Größe darin war mein Studienkollege Eugen Herb. TRUMPF plante einen Neubau und hatte deshalb diese Abteilung in einer Baracke auf einem benachbarten Grundstück untergebracht. Was die äußeren Umstände anging, war ich ein Hans im Glück – im wahrsten Sinne des Wortes, auch im privaten Bereich. Wir hatten mit großem Glück, wie man uns allseits versicherte, eine Vier-Zimmer-Wohnung gegenüber unserem Fabrikanwesen gefunden. Vom großen Wohnzimmer aus gab es sogar einen Ausgang auf eine kleine Terrasse. Aber es war ein schlechter Tausch, wenn wir an unser Haus in Wilmington dachten.

Mein technischer Chef, Gerhard Gabriel, empfing mich freundlich. Er hatte Grund dazu, denn wenige Wochen zuvor hatten er und sein kaufmännischer Kollege, Hugo Schwarz, ihre Anteile am Unternehmen aufstocken und ein Vorkaufsrecht für den größten Teil der TRUMPF Anteile vereinbaren können. »Ich werde immer Ihr Chef bleiben«, meinte er freundlich, aber bestimmt. Mit Christian Trumpf sprach ich wenig später darüber. Er hatte mir anderes versprochen und dies auch öffentlich bekundet, zum Beispiel bei unserer Hochzeitsfeier drei Jahre zuvor. Hatte er das vergessen? Hatte er sich über meine Zufriedenheit in Amerika geärgert? War das Ganze ein Affront, um mir meine Grenzen aufzuzeigen? Oder war ihm die Geschichte einfach entglitten? Die Möglichkeiten bei der Firma TRUMPF waren schließlich Teil meines Rückkehrentschlusses gewesen. Man hatte mir gesagt, ich könne die Konstruktionsleitung übernehmen und später auch Teilhaber werden. Hatte sich das alles in Luft aufgelöst?

Die Konstruktionsleitung sollte ich übernehmen, das stand fest. Prokura erhielt ich auch und 1650 D-Mark Monatsgehalt. Aber vom Gesellschafter war keine Rede mehr. Mich interessierten in allererster Linie die technischen Möglichkeiten und Notwendigkeiten bei TRUMPF. Der Gesellschafterstatus war mindestens zunächst für mich nicht so entscheidend. Noch viele Jahre danach war mir der Gesellschafterstatus weit weniger wichtig als das technische Ansehen, das das Unternehmen TRUMPF genoss. Dafür fühlte ich mich verantwortlich. Ich wollte immer die besten und modernsten Maschinen bauen, die es in unserem Sektor gab. Die Gebäude, in denen wir arbeiteten, sollten dazu passen. Der Außenauftritt sollte erstklassig sein, von den Prospekten bis zum Messestand. Wahrscheinlich hat mich diese Grundhaltung veranlasst, mich ganz mit meiner Arbeit zu identifizieren und trotz nicht gehaltener Versprechen bei TRUMPF zu bleiben.

Christian Trumpf

Christian Trumpf war ein schwieriger Mann, klein von Statur mit einem guten Kopf, sehr intelligent, auch klug, aber mit einem unsicheren und belasteten Gemüt. Er war ehrgeizig und fast ehrsüchtig. Seine Geschwister waren völlig anders. Ganz einfache Leute ohne das stetige Suchen nach Aufstieg, das ihn kennzeichnete. Christian Trumpf war ein glänzender Kaufmann, der immer auch mit seinem eher bescheidenen Maschinenprogramm viel Geld verdiente. Die Bekanntschaft meiner Eltern zum Ehepaar Trumpf begann ganz einfach. Eine junge Frau, Anne Trumpf, kam zu meiner Mutter ins Geschäft und hat sich für Ostasiatika interessiert. Es muss 1927 oder 1928 gewesen sein. Aus Bemerkungen eher kryptischer Art von Anne und vor allem Christian Trumpf entnahm

Christian Trumpf bei seinem 75. Geburtstag 1967 und seine Frau Anne.

ich, dass sie wohl meine Mutter, die 1926 geheiratet hatte, sehr ermunterte, eine richtige Familie zu gründen, weshalb sie wohl auch meine Patentante wurde. Anne Trumpf war eine energische und kluge junge Frau. Sie kam oft zu uns und hat sich bei meiner Mutter ausgesprochen. Die Ehepaare hatten zum Duzfuß gefunden und waren, wie wir Kinder sagten, Tante Anne und Onkel Hans – Christian Trumpf nannte sich Hans. Anne, die leider als 62- oder 63-Jährige schwer stürzte, ein Schädeltrauma erlitt, von dem sie sich nie erholte, hat ihre letzten Jahre im Krankenhaus als Demenzkranke verbracht. Sie starb 1975, ein Jahr nach ihrem Mann.

Christian Trumpf war als Geschäftsmann sehr erfolgreich, aber gesellschaftlich blieb ihm die letzte Anerkennung versagt. In Schillers Vorrede zum »Wallenstein« steht die Zeile, dass er, Wallenstein, »der unbezähmten Ehrsucht Opfer fiel«. Das passt zu Christian Trumpf ein wenig, vor allem aber die folgenden Zeilen: »Von der Parteien Gunst und Hass verwirrt, schwankt sein Charakterbild in der Geschichte.« Es ist schwer, diesem Mann gerecht zu werden. Er war einerseits schroff und unzugänglich, oft auch nicht sehr taktvoll. Aber er war klug. Er war andererseits geschäftlich weitsichtig und ein vielseitig interessierter Mann. Er war kunstsinnig und nachdenklich in politischen und gesellschaftlichen Fragen. Seine soziale Einstellung fand darin ihren Ausdruck, dass er – lange bevor dies anderswo üblich war – Urlaubszuschuss und Weihnachtsgeld eingeführt hatte, außerdem für alle Mitarbeiter eine Gewinnbeteiligung.

Wir führten gute, ernsthafte Gespräche, und ich habe von ihm sehr viel gelernt. Dass ich sein Interesse an mir, auch seine Zuneigung nie vollen Herzens habe erwidern können, lag an meiner engen Bindung an mein Elternhaus. Ihn an Vaterstelle zu sehen, war mir nicht möglich. Aber er hat in meinem Leben eine ganz wichtige Rolle gespielt. In seine Hände hatte ich mein wirtschaftliches Schicksal gelegt. Und er hat mich am Ende auch nicht enttäuscht. Im Gegenteil!

In der Firma war es mir zunächst viel wichtiger, meine Kopier-Nibbelmaschine deutlich zu verbessern und die Erfahrungen aus den USA anzuwenden, um so etwas Ähnliches wie eine richtige Werkzeugmaschine zustande zu bringen. Aber bei TRUMPF fehlte es an allem – am Verständnis der technischen Geschäftsführung, an der Erfahrung der wenigen Konstrukteure, die ich hatte, und vor allem an den Fertigungsmitteln im Unternehmen. Alles war sehr einfach ausgestattet. Unser Maschinenpark war auf die Herstellung kleiner Elektrowerkzeuge und Vorsatzgeräte für biegsame Wellen ausgerichtet. Für die Bearbeitung der Maschinenkörper, der stationären Maschinen, hatten wir keine ausreichende Fertigungstechnik. Die Führungsschienen für die Koordinatenführung an der Kopier-Nibbelmaschine waren ungehärtet. Auch wurden sie auf eine rohe, unbearbeitete Stahlkonstruktion geschraubt, wobei die unterschiedlichen Abstände von Schiene zum »welligen« Maschinenkörper mit Unterlegscheiben ausgeglichen wurden. Ich konstruierte ein einfaches, handgeführtes Schleifgerät für die Auflagepunkte der Schienen. Wir erfanden eine Flammhärteanlage für die Schienen und verbesserten so, immer noch auf höchst einfache Weise, die Möglichkeiten Schritt für Schritt. Unsere konstruktive Fantasie eilte den realen Möglichkeiten oft voraus. Aber mit Fantasie und Geduld verbesserten wir die Fertigungstechnik.

Noch bevor ich im Herbst 1958 nach Amerika gegangen war, hatte ich den Vorschlag gemacht, die Kopier-Nibbelmaschine weiterzuentwickeln. Dem Nibbeln sollte das Stanzen hinzugefügt werden. Nibbeln ist ein konsekutives, schrittweises Stanzen mit einem meist kreisrunden Werkzeug zur Erzeugung eines Ausschnittes oder einer Außenkontur in einer Blechtafel. Beim Stanzen kann man mit *einem* Werkzeug in *einem*

Niedergang, einem Hub, wie wir sagen, eine Ausschnittform erzeugen, die präzis der Werkzeugform entspricht. Man kann so komplexe Ausschnitte, auch sehr kleine Ausschnitte, sehr schnell herstellen. Der Gedanke war während meiner Abwesenheit nicht vergessen, aber beiseite gelegt worden. Und auch nach meiner Rückkehr gab es Widerstände gegen die Realisierung. Aber Hartnäckigkeit führt zum Ziel.

Ein Maschinenbaustudent, der gerade ein Praktikum machte und bereits ein geschickter Konstrukteur war, wurde beauftragt, den Einzelhub bei unserer schwersten Kopier-Nibbelmaschine zu verwirklichen. In zwei oder drei Monaten gelang es ihm, und damit war die Kopierstanze, eine Weiterentwicklung der Kopier-Nibbelmaschine durch Hinzufügung eines wichtigen Merkmals, geboren. Die Stanzwerkzeuge konnten wir nicht selbst herstellen, wir mussten sie zukaufen. Das bedeutete, dass wir mit den Werkzeugen lange Lieferzeiten hatten und auch nicht anpassungsfähig waren. Wenige Jahre später, als ich die Entscheidung dazu selber treffen konnte, richteten wir eine Produktion für Stanzwerkzeuge ein. Heute produzieren wir Stanzwerkzeuge in Deutschland, USA, in Japan und in Brasilien und machen damit viele Millionen Euro Umsatz im Jahr.

Japan – ein Erlebnis. Und harte Arbeit

Die Begeisterung für Ostasiatika verband meine Eltern und das Ehepaar Trumpf. Trumpf war ein großer Sammler. Mit Geduld und Hartnäckigkeit und einigem Geld hatte er sich eine sehr bedeutende Sammlung an japanischer Kleinkunst, sogenannter Netsuke, sowie an japanischen und chinesischen Lacken zusammengetragen. Die Sammlung gehört heute dem Lindenmuseum in Stuttgart. Nicht nur bei meinem Vater, sondern auch in Köln und Hamburg und nach dem Krieg in London und Zürich hatte er gute Stücke gekauft und ersteigert. Eine Japanreise lag für ihn also aus doppeltem Anlass nahe. Da gab es die geschäftliche Verbindung und dann den Wunsch, das Land zu erleben, aus dem seine Sammlung stammte. Dies war der eigentliche Grund für eine Reise, die er 1962 antrat, und zu der er mich aufforderte, mitzukommen. Unsere Firma hatte einen Vertreter in Japan, und Japan war ein kleiner, aber wachsender Markt für unsere Maschinen. Und so wollten wir sehen, wie die Japaner auf unsere neue Kopier-Nibbelmaschine reagierten.

Die skandinavische Fluggesellschaft SAS hatte gewagt, eine Polarroute einzurichten. Von Kopenhagen flog man in acht oder neun Stunden nahe am Nordpol vorbei nach Anchorage in Alaska, von dort noch einmal sieben Stunden nach Tokio. Das war bequemer und kürzer als die Südroute, die über Rom, Athen, Karachi, Bombay, Bangkok und Hongkong führte und auf der man mehr als 30 Stunden unterwegs war. Der 71-jährige Christian Trumpf wagte es also. Vorsichtig, hypochondrisch und einer eher reiseungewohnten Generation angehörend, war es für ihn ein großer Schritt. Zuerst flogen wir nach Kopenhagen. Zwei Tage haben wir dort sozusagen Luft geholt und dabei das mitgenommene Bargeld (Trumpf wollte in Japan Kunstkäufe tätigen) im Hotelsafe bei der Abreise vergessen. Ohne Geld kamen wir in Tokio an. Zum ersten Mal hörte ich das etwas schrille, hohe Lachen unseres japanischen Geschäftsfreundes Yasufuku, als wir unsere Geldnöte gestanden. Er war überrascht und ein wenig verlegen wegen unserer Ungeschicklichkeit und flüchtete sich in Gelächter. Wir müssten halt zur Deutschen Botschaft, meinte er – und hat uns natürlich ausgeholfen. Kreditkarten gab es bei uns noch nicht.

Wir fuhren in die Stadt. Eineinhalb Stunden durch enge Straßen, erfüllt mit asiatischer Geschäftigkeit. Läden und gegen die Straße offene Handwerksbetriebe säumten den Weg. Handel und Wandel, quirlig, unordentlich. Die Arbeit wurde vielfach in tiefer Hockstellung auf dem Boden verrichtet. Eine asiatische Stadt eben. So ganz anders als mein Japan-Bild, das von den Holzschnitten aus der Sammlung meines Vaters stammte. Anders auch als das sich ganz rasch wandelnde Japan der späteren Jahrzehnte. Aber das Hotel war ein Traum. Palace Hotel hieß es. Direkt an den unglaublichen Mauerwällen, die den Kaiserpalast umschließen, mitten in Tokio gelegen. Zum ersten Mal sah ich eine Ladenstraße im Untergeschoss eines Hotels. Perlen und Seide und japanisches Kunstgewerbe, aber auch Kameras, unglaublich billig, und Transistorradios in Fülle wurden angeboten. All das wurde von Amerikanern – die dominierten – und auch Europäern wie wild gekauft. Japan, das lernte ich schon in den ersten Stunden im Hotel, begann sich als Industrienation breit zu entfalten.

Christian Trumpf, ganz Japankenner und Weltmann, verlangte am nächsten Morgen beim Frühstück grünen Tee. Das ganz und gar auf westliche Gäste eingestellte Hotel – so gut wie kein Japaner logierte dort – war darauf nicht vorbereitet. Der Service in dem noblen Frühstücksrestaurant, mit seinen großen Scheiben gegen einen japanischen Garten mit wunderbaren Kiefern und über Felsen rieselndem Wasser, brach zusammen. Der Kellner am Tisch, bei dem die unerwartete Bestellung aufgegeben wurde, verbeugte sich, sprach in rascher Folge »Yes, yes, yes« und zog die Luft rückwärts durch die Zähne ein, was für Kenner bedeutet, dass es so etwas eigentlich nicht gäbe. Aber im Palace Hotel gab es nichts, was es für die Gäste nicht gegeben hätte. Konferenz mit dem Oberkellner, Bildung einer kleinen Beratungsgruppe mehrerer Oberkellner mit unserem Kellner, der, vorsichtig auf unseren Tisch weisend, von der Bestellung berichtete, Hinzuzug des Geschäftsführers im Cut mit gestreifter Hose, der ebenfalls sein Gesicht in Falten legte. Der grüne Tee kam, aber mit großer Verzögerung und nach ganz beträchtlicher Unruhe. Für mich war das ein Schlüsselerlebnis. Wir Europäer können besser improvisieren. Wir können uns mit dem Unerwarteten und Ungeplanten eher zurechtfinden. Darin liegt auch unsere Chance im Wettbewerb mit den Japanern.

Am nächsten Tag fuhren wir mit der Eisenbahn in das nahegelegene Hakone, den japanischen Schwarzwald. Der Zug war blitzsauber, reservierte Plätze, sekundengenaue Abfahrt. Ein japanisches Hotel in den Bergen. Mit eigenem Hotelkimono, den alle Gäste trugen. Spartanische Zimmer – ein Fußboden aus Reisstrohmatten, sogenannten Tatamis. Das Zimmer war leer, der Futon, eine dicke Matte, lag aufgerollt in einem Wandschrank. Von den Schuhen trennte man sich am Hoteleingang. Ein großes Badebecken im Freien. Versorgt aus der hoteleigenen heißen Quelle. Roher Fisch am Abend. Ich war überwältigt von Japan.

Es kam die Nachricht, dass unser Geld eintreffen würde. Am Flughafen sollte der Kapitän des nächsten SAS-Flugzeuges – es kam eines alle drei Tage – das Geld übergeben. Ich wurde hinbeordert. Die Übergabe war schwierig. Da war der Kapitän *vor* dem Zoll, und da war ich, fünf Meter entfernt, *hinter* dem Zoll. Der Kapitän wollte mit dem Geldsäckchen in der Hand den Zoll passieren. Für ihn war das kein Problem. Aber das Geld! Ihm gehörte es ja nicht. Er war nur der Überbringer. »Unaccompanied money« fehlte in der Liste der Zollbeamten. Geld ohne einen Besitzer. So etwas hatte es noch nie gegeben. Großes Rätselraten. Konferenz der Zöllner. Immer wieder war ratlos durch die geschlossenen Zähne eingezogene Luft hörbar. Der müde Kapitän wurde unruhig. Da kam die Erleuchtung. Ich musste durch den Zoll gehen, erhielt einen Stempel und das Geldsäckchen im Niemandsland, drehte mich um und war zwei Minuten später mit dem Geld und weiterem Stempel wieder eingereist. So hatte alles seine Ordnung.

Alsbald begann der Ernst des Lebens für mich. Christian Trumpf ging zunächst seinen touristischen Zielen nach. Wir flogen nach Osaka. Man reist in Japan zumindest als Anfänger immer mit Begleitung. Denn man muss mit dem Phänomen, ein Analphabet zu sein, erst einmal zurechtkommen und innerlich fertig werden. In Osaka gab es eine kleine, eher regionale Messe. Unsere Kopier-Nibbelmaschine war ausgestellt. Ich führte sie vor – nicht nur möglichen Interessenten, sondern vor allem den Verkäufern von Fujimoto Sangyo, unserer Vertretung. Es gab eine große Besprechung mit der Geschäftsleitung, in der ich über die geschäftlichen Ziele unserer Reise vortragen sollte. Ich war ganz unvorbereitet. Denn dass ich für die Technik da sei, war mir klar. Aber die strategischen Ziele, darüber hatte man mit mir nicht gesprochen. Gleichwohl legte ich dar, dass wir den japanischen Markt sorgfältig studiert hätten, dass wir Vergleiche über die Möglichkeiten für unsere Produkte im deutschen und japanischen Markt angestellt hätten, dass wir von der Kopier-Nibbelmaschine, der »CN«, in Deutschland 200 Stück im Jahr verkaufen würden und dass wir deshalb zur Überzeugung gelangt seien, dass 100 Maschinen pro Jahr in Japan absetzbar sein müssten.

Auf den technischen Kundendienst wies ich auch hin. Er sei, dies hatte ich auf dem Messestand festgestellt, höchst verbesserungsbedürftig. Die Techniker unserer Vertretung, die gleichzeitig den Vertrieb wahrzunehmen hatten, seien in jeder Weise unzureichend ausgebildet. Sie müssten dringend technisch geschult werden. Hierzu seien wir bereit. Man müsse Techniker nach Deutschland zur Ausbildung schicken.

Ein entsprechendes Programm müsse man schnell realisieren.

Fujimoto Sangyo, unsere Vertretung, war ein reines Handelshaus. Schwerpunkt waren chemische Produkte. Vor allem ging es um Plastikgranulat, das von der Mutterfirma Sumitomo Chemical hergestellt wurde. Die Maschinenabteilung hatte man durch Zukauf nur erworben, um durch den Verkauf von sogenannten Spritzgussmaschinen aus deutscher Produktion in Japan die Voraussetzung für den Verkauf der Plastikgranulate zu schaffen. Die technische Wartung war, wie ganz leicht festzustellen war, völlig vernachlässigt.

Eine Woche später stieß Christian Trumpf hinzu. Er hatte inzwischen Gärten, Tempel und Museen besucht, um seiner Japan-Leidenschaft zu frönen. Es gab eine zweite große Konferenz, natürlich mit Dolmetscher, in der aber die Japaner in der Einleitung, garniert mit Komplimenten und Höflichkeiten über unser Hiersein an sich und dem Ruhm der Firma TRUMPF (was reichlich übertrieben war), lange und unverständlich redeten. Christian Trumpf wurde ungeduldig. Man kam aber dann auf meine Vorschläge zu sprechen und sagte, man könne unseren Vorstellungen, 100 Kopier-Nibbelmaschinen zu verkaufen, zunächst nicht folgen. Aber man traue sich die Hälfte zu und bestelle hiermit 50 CN-Maschinen. Das war damals der größte Auftrag, den TRUMPF je erhalten hatte. Er sollte mir später Schwierigkeiten machen.

Ich hatte in der Zwischenzeit Kunden besucht und setzte diese Tätigkeit nach dem Treffen in Osaka fort. Denn Christian Trumpf ging wieder seinen Sehnsüchten nach und versuchte, seine Sammlung zu ergänzen. Es zeigte sich übrigens, dass es in Japan schwieriger war, gute japanische Kunst (der Vergangenheit) zu kaufen als in Europa, wo der Kunsthandel über viele gute Stücke verfügte.

Bei meinen vielen Kontakten in der japanischen Industrie bei möglichen Abnehmern habe ich die ganze Spannweite einer sich radikal verändernden Industriestruktur erlebt. Ich habe einfache Betriebe mit gestampftem Boden besucht, wovon einzelne schon mit TRUMPF Maschinen ausgerüstet waren. Man wollte mehr über die Maschinen und ihre Möglichkeiten wissen. Ich erklärte, zeichnete und machte Kundendienst, vielfach auf dem Boden hockend, die Ersatzteile auf einem Bogen Packpapier ausgebreitet, auf dem ich sie auch wieder zusammenschrauben musste.

Dann sah ich Kawasaki Industries, wo die ersten Shinkansen-Züge – modernste Technik – gebaut wurden. Eine ideale Anwendung für unsere Kopier-Nibbelmaschinen. Die Firma war glänzend ausgestattet. Vielfach mit deutschen und amerikanischen Werkzeugmaschinen. Wir besuchten einen Schiffbauer, mehrere Werkzeugmaschinenhersteller und viele Job Shops. Das sind Produktionsbetriebe ohne ein eigenes Produkt. Sie liefern zu. Sie sind, wie sich später zeigen sollte, unsere eigentliche Klientel in Japan. Viele Betriebe waren, wie gesagt, höchst bescheiden ausgestattet. Raumnot überall. Das Büro über der Werkstatt angeordnet, nur über steile Stahltreppen erreichbar.

Die Sprachschwierigkeiten waren allgegenwärtig. Denn die mich begleitenden Verkäufer sprachen nur ein höchst bescheidenes Englisch. Ich habe mich diesem ein wenig angepasst, um verstanden zu werden. Meine Frau, die mich auf späteren Reisen nach Japan begleitete, amüsierte sich über mein Spezialenglisch immer aufs höchste. Wenn man schlecht verstanden wird, zeichnet man viel. Die Möglichkeiten der Maschine, die richtige Einstellung der Werkzeuge und so fort. Manchmal habe ich auch Vorschläge dazuerfunden, deren Realisierung für mich auch noch unsicher war.

Bei meinem nächsten Japanbesuch zwei Jahre später musste ich feststellen, dass meine Begleiter alle Notizzettel mit meinen Zeichnungen aufbewahrt hatten, sie aus der Tasche zogen und mir wieder unter die Nase hielten. Wirklich in Verlegenheit haben sie mich aber nicht gebracht.

Auch Toyota haben wir besucht. Dort wurden schon 1962 auf für mich imponierende Art und Weise Autos montiert. Sie seien für den japanischen Markt bestimmt, sagte man mir. An Export denke man noch nicht, aber das würde irgendwann kommen. Die Straßen, dies ist anzumerken, wurden damals in Japan von französischen, englischen und deutschen Autos beherrscht. Und wenn man besonders komfortabel und prächtig reisen wollte, fuhr man in einem amerikanischen Straßenkreuzer, allerdings auf völlig ungeeigneten und engen Straßen. Daran hat sich bis heute wenig geändert.

Unsere Zeit in Japan ging zu Ende. Vier Wochen waren wir dort gewesen. Abgelenkt, sehr gefangen genommen von einem faszinierenden Land mit großer Vergangenheit, aber auch geschäftlichen Notwendigkeiten und Möglichkeiten, hatten wir eine äußerst dramatische, weltpolitische Krise kaum wahrgenommen. Die Kuba-Krise. Russische Raketen auf Kuba. Russische Schiffe mit entsprechender Ladung sind dorthin unterwegs. Der amerikanische Präsident spricht ein

Ultimatum gegen diese äußerste Herausforderung aus. Die Russen drehen in letzter Minute um. Wir hatten es kaum mitbekommen.

Über Telex standen wir mit Deutschland in Verbindung. Wir tauschten uns über geschäftliche Dinge aus, aber auch Privates erreichte mich über die Firma. Denn telefoniert hat man aus dieser Entfernung damals nur im alleräußersten Notfall und mit stundenlanger Vorbereitung. Meine Frau hatte Fragen zu dem Reihenhaus, das wir erworben hatten und das im Bau war. Einen offenen Kamin wollten wir im Wohnzimmer haben. Aber ob die Küche dann nicht zu klein werde, fragte sie. Es blieben nur 6,5 Quadratmeter. Ich schrieb zurück, das reiche doch – mindestens für kalte Mahlzeiten.

Dann kam ein Telex mit Folgen. Otto Schäfer, der wichtige »Innenminister«, das heißt der Leiter des kaufmännischen Bereichs innen, schrieb, die Firma Black & Decker mit Sitz in Baltimore, USA, interessiere sich für die Lizenz eines unserer Elektrowerkzeuge. Das Patent sei gerade in den USA erteilt worden. Ich solle doch über die USA zurückreisen und dort meine Konstruktion erläutern. Ich war Feuer und Flamme und marschierte zur amerikanischen Botschaft in Tokio, um ein Visum zu holen. Ob ich je in den USA gewesen sei, wurde ich gefragt. Ja. Und mit welchem Visum? Einem Einwanderungsvisum. Dann sei ich nach Deutschland zurückgekehrt? Ja. Beim amerikanischen Vice-Consul, mit dem ich sprach, gingen alle Warnlampen an. Warum will der über Japan in die USA reisen? Man müsse in Deutschland zurückfragen und auch in den USA, und das werde eine gute Woche dauern, sagte er.

Ich wollte aber nach zwei Tagen reisen, verhandelte und bat, den Konsul sprechen zu dürfen. Der kam, schüttelte den Kopf, reichte mir meinen Pass und öffnete ihn in letzter Sekunde. »Aus Stuttgart kommen Sie? Kennen Sie den Burgholzhof (das Hauptquartier der Amerikaner in Stuttgart)?« Wir kamen ins Gespräch. Er war ein Stuttgart-Fan mit seligen Erfahrungen als Vice Consul dort. Wir tauschten uns aus über die einzigartige Topographie von Stuttgart, nur San Francisco in den USA könne mithalten, meinte er. Über die wunderbare Umgebung. Das Remstal und der »Ochsen« in Stetten hatten es ihm besonders angetan. Dann sagte er: »Don't you worry about your visa, we will fix it. We can never touch the law, but we can bend the regulation.«

Am nächsten Tag hatte ich mein Visum. Dass man innerhalb gesetzlicher Gegebenheiten beweglich bleiben kann, diese Einsicht wünsche ich jedem Beamten auf dieser Welt. Aus der Lizenz wurde übrigens nichts. Unsere Nibblerkonstruktion war den Amerikanern zu teuer.

Schöner Wohnen

Unser großer Japan-Auftrag wurde vom Vertrieb in Deutschland nicht ernst genommen. Man hielt ihn für eine Höflichkeitsgeste der Japaner gegenüber Christian Trumpf. Man hatte in Europa Probleme mit der Lieferzeit. Die Fertigungskapazität war viel zu knapp geworden. Unsere Maschinen hatten 12 bis 14 Monate Lieferzeit. Die japanischen Aufträge plante der Vertrieb deshalb nur zur Hälfte ein. Aber man kannte die

Japaner nicht. Sie erwarteten exakte Einhaltung der vereinbarten Termine. Ich kämpfte für unsere Zusagen, und wir hielten dann die Liefertermine einigermaßen ein. 1962/63 hatten wir den kältesten Winter seit Menschengedenken und gleichzeitig den ersten Japaner zu einer mehrwöchigen Schulung in Deutschland. Der arme Kerl litt entsetzlich unter der barbarischen Kälte.

Der Bau unseres Reihenhauses ging nur schleppend voran. Dabei waren wir in Eile. Unser zweites Kind kündigte sich an.

Das Jahr 1963 war für die Firma wichtig. Uns gelang eine wichtige technische Innovation. Mit Innovation meine ich eine in ein Produkt umgesetzte Idee. Das kam so: Die schwedische Konkurrenz Pullmax hatte im Markt beträchtliche Erfolge mit einer stationären Kantenschrägmaschine zur Schweißnahtvorbereitung. Im Grunde war die Maschine eine Kreisschere mit schräggestelltem Messer. Eigentlich kein mit unserem Programm konkurrierendes Produkt. »Die kriegen damit bei unseren Kunden den Fuß in die Tür«, meinte Christian Trumpf. Ich sah mir die Maschine an. Sie war einfach, schnitt einwandfrei, aber war keine überzeugende Lösung. Die Maschine war, wie gesagt, stationär. Die in der Regel schweren Werkstücke mussten durch die Maschine durchgeschoben werden. Ich überlegte mir, dass es günstiger wäre, den Vorgang umzudrehen. Man müsste eine kleine Maschine konstruieren, die zum Werkstück käme – ein Elektrowerkzeug also.

An einem Sonntagmorgen zeichnete ich auf der Rückseite eines Briefumschlags ein neuartiges Werkzeugprinzip auf und rechnete nach, ob die Leistung

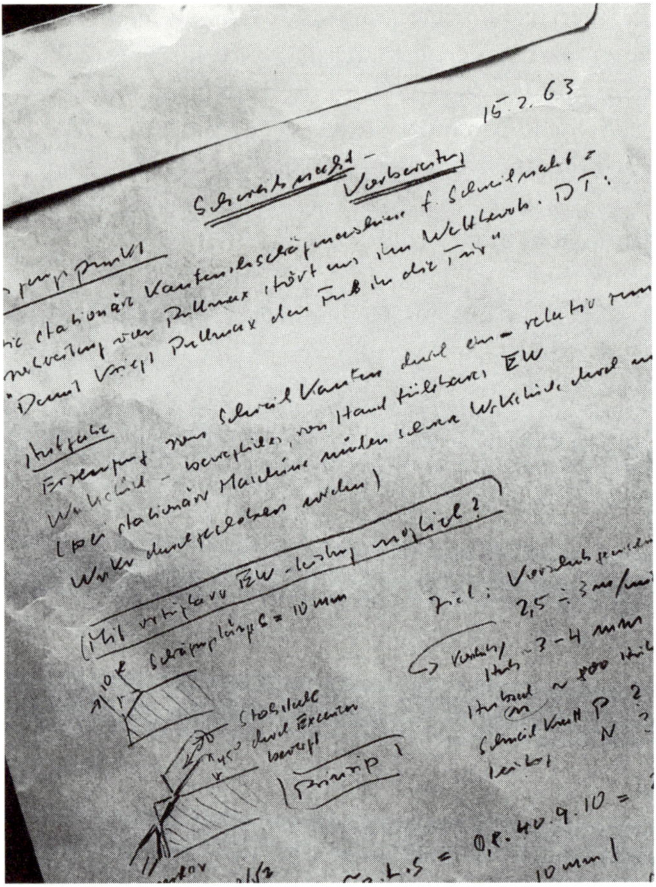

Das TKF-Prinzip 1963. Auf der Rückseite eines Briefumschlags »erfunden«. Vom Entwicklungsaufwand her gesehen die erfolgreichste Maschine, die wir je gebaut haben.

der damals stärksten Elektrowerkzeugmotoren ausreichen würde, um Schweißkanten, also Schrägungen an Blechkanten ausreichend schnell zu erzeugen. Es müsste gehen, ergab die Rechnung. Das Werkzeugprinzip war in unserem Versuch ganz schnell zu realisieren.

Wir nutzten eine stationäre Maschine zur Erprobung. Nach zwei Stunden hatten wir ein Ergebnis. Es war gegenüber meiner Skizze sogar noch eine gewisse Vereinfachung möglich. Wir begannen sofort mit der Konstruktion des Elektrowerkzeugs. Eugen Herb – ein sehr begabter Konstrukteur – brachte die Konstruktion in wenigen Wochen zu Ende. Fast als Abfallprodukt hatten wir noch zwei weitere Elektrowerkzeuge auf der gleichen Plattform, also mit demselben Motor mit Getriebe und mit der gleichen Exzenter-Kinematik realisiert.

Auf einen Schlag drei neue schwere Elektrowerkzeuge. Besonders der Schweißkantenformer TKF 100 hatte einen sensationellen Erfolg und einen glänzenden Deckungsbeitrag. TRUMPF ging es in den folgenden Jahren wirtschaftlich sehr gut, wesentlich beeinflusst durch die Erträge aus dem Schweißkantenformer.

Im Sommer 1963 bezogen wir unser neues Reihenhaus in Gerlingen. Wir konnten es kaufen, als gerade mit dem Bau begonnen worden war. Der erste Käufer, ein Bankier aus Stuttgart, war aus persönlichen Gründen zurückgetreten. Die Möglichkeit, das Haus zu erwerben, war einer der glücklichen Zufälle in unserem Leben. Aber eigentlich war es nicht nur Zufall. Der Kauf kam durch Vermittlung des Direktors des Bauträgers, einem Jugendfreund meiner Frau, zustande. Im kleinen, aber exquisiten Haus waren wir endlich ganz daheim, auch meine Frau, die Amerika länger und intensiver vermisst hatte als ich. Die Finanzierung war kein allzu großes Problem. Aber bei der Einrichtung haben wir doch sehr gespart. Im großen Wohnzimmer, jenem mit dem offenen Kamin, brachten wir eine

Sitzgruppe von Knoll unter. Entwurf Florence Knoll. Wir wählten die Ausführung mit schwarzen Stahlgestellen. Eleganter wäre Chrom gewesen, aber auch ein paar Hundert D-Mark teurer.

Zwei Wochen nach dem Einzug im September wurde unsere Tochter Regine geboren. Im Marienhospital in Stuttgart. Meine Frau war dort in guter Hut, deshalb verließ ich sie drei Tage nach der Geburt, um zur Messe nach Mailand zu fahren. Auf dem Weg dorthin besuchte ich unsere erste eigene Auslandstochter in Zug, in der Schweiz. Es gab dort einen Geschäftsführer und zwei Mitarbeiter, die sich um den Vertrieb und den Service unserer Maschinen kümmern sollten. Das Ganze war in der zweiten Etage eines Bürohauses untergebracht. Ein bescheidener, aber wichtiger Schritt.

Der Firma TRUMPF ging es gut. Die Umsatzrendite lag in den Sechzigerjahren fast immer zwischen 15 und 20 Prozent. Das Umsatzwachstum wies Werte von 20 bis 30 Prozent aus. Es gab auch schwächere Jahre. Im Durchschnitt erreichten wir aber ein Wachstum von 15 Prozent. Auch die Mitarbeiterzahl erhöhte sich stetig. 1961 bis 1970 nahmen wir von 325 auf 610 Mitarbeiter in Deutschland zu. Das Schwergewicht unserer Entwicklung bei TRUMPF blieb das Werkzeugmaschinenprogramm. Die Kopier-Nibbelmaschinen wurden »automatisiert«. Zunächst in kleinen Schritten. Einstellungen, die bisher von Hand notwendig waren, wurden motorisiert und durch Knopfdruck gesteuert. Damals versuchten wir, die Abtastung der Schablone und die Bewegung des Werkstücks ebenfalls zu automatisieren. Zunächst mit einem hydraulischen Fühler, der Hydraulik-Vorschubmotoren steuerte. Das Konzept war nicht überzeugend. Die Hydraulikmotoren bewegten sich kontinuierlich, wir brauchten aber taktweisen Vorschub. Der Werkzeugverschleiß erhöhte sich durch das kontinuierlich anstehende Drehmoment. Dazu kam, dass auch die Führungseinrichtung sich verbog, was zu einem ungenauen Arbeitsergebnis führte. Die HCN, die hydraulische Kopier-Nibbelmaschine, war kein Markterfolg. Sie war aber für unsere Lernkurve wichtig.

Wir hatten vorher keine Erfahrungen bei TRUMPF mit hydraulischen Antrieben. Auch unsere Kenntnisse in Steuerungs- und Regelungstechnik waren unzureichend. Das galt für die Entwicklung wie erst recht für die Produktion. Auch der nächste Schritt 1964 oder 1965, die direkte optische Abtastung von Zeichnungen, den wir bei der Kopier-Nibbelmaschine taten, war technisch problematisch. Das sich taktweise im Hub der Maschine bewegende Werkstück und die Vibrationen durch den Nibbelvorgang beeinträchtigten die Nachführsicherheit des optischen Fühlers, wie das auch schon beim Hydraulikfühler der Fall gewesen war. Der Optrumat, wie wir die Maschine nannten, war aber nach verschiedenen Verbesserungen, die wir und der Lieferant des optischen Systems, die Firma Sick, vorgenommen hatten, durchaus brauchbar. Wir verkauften einige Dutzend Maschinen, aber eine ganz überzeugende Lösung war es für uns nicht.

Die Innovation als Grundprinzip und der Grundsatz, originelle und »einmalige« Lösungen zu bieten, wurden honoriert. »Bei euch gibt es doch immer etwas Neues.« Mit dieser Erwartung kamen die Kunden auf unseren Messestand und auch nach Stuttgart in unser Werk. Unsere Verkäufer waren darauf eingestellt, den prinzipiellen Unterschied zu verkaufen. Mit dem Preis als Wettbewerbsvorteil haben wir nie operiert.

Das Prinzip der ständigen Veränderung des Maschinenprogramms birgt durchaus Risiken. Es ist auch anstrengend, mindestens aber anregend. Einerseits muss sich die Fantasie des Konstrukteurs ständig mit dem Suchen nach Neuem und unerwarteten Lösungen beschäftigen, andererseits muss man den Mut haben, Produkte auf den Markt zu bringen, die noch nicht lange erprobt sein können.

Die Verknüpfung von Fantasie und Mut schien mir aber der einzige Weg zu sein, um rasch dem Ziel näherzukommen, ein anerkannter Maschinenbauer zu werden. Wir wollten nicht nur ideenreich, sondern auch erstklassig in der Qualität sein, bei Letzterem aber hatten wir ständig mit den unzureichenden Fertigungsmöglichkeiten in unserem Hause zu kämpfen. Ein bequemes Dasein war das nicht. Hingabe und Talent wurden ständig gefordert, um den Erfolgsweg weitergehen zu können. Von Glück war es, dass es immer wieder gelang, junge und begeisterungsfähige Mitarbeiter für TRUMPF zu gewinnen, die sich ganz mit dem Unternehmen und mit unseren Zielen identifizierten.

Wir wuchsen und wuchsen. Japan war inzwischen unser größter Markt. Jedes Jahr flog ich hin. Manchmal auch zweimal. Über 200 Kopier-Nibbelmaschinen pro Jahr lieferten wir nach Japan.

Der Vertrieb – das Paradestück von TRUMPF

Das Paradestück von TRUMPF war – schon vor dem Zweiten Weltkrieg – der Vertrieb. Das kleine Unternehmen mit einem doch sehr einfachen Programm leistete sich einen Direktvertrieb in Deutschland. Vier oder fünf Vertreter waren über das ganze Land verteilt und verkauften exklusiv TRUMPF Produkte. Das Konzept beruhte auf zwei Grundgedanken: Einmal auf einem strikten Gebietschutz für jeden und einem Entlohnungssystem, das ein kleines Fixum mit hohen Provisionen verband.

Dies war für gute Verkäufer attraktiv. Die Herren waren erfolgreich und entsprechend selbstbewusst. Ihnen oblag, neben dem Verkauf, auch die Marktforschung. Sie berichteten über Kundenzufriedenheit oder auch das Gegenteil. Sie schätzten die Qualität der Konkurrenz ein, und sie beurteilten die Wettbewerbsfähigkeit unserer Produkte. Verkäufer, Marktforscher, Produktmanager in einem, das verhalf ihnen zu einer außerordentlich starken Position im Unternehmen. Vertreterkonferenzen hatten zu Beginn meiner Tätigkeit die Qualität römischer Kampfspiele. Wenn sie, die Vertreter, die Daumen senkten, hatten die Techniker im Haus schwere Stunden. Christian Trumpf war stolz auf seine Verkaufsorganisation, und die Vertreter sahen sich sozusagen als scharfes Schwert an einem zu schwachen Arm.

Meine ersten Erfolge im Hause hingen auch mit dem Vertriebskonzept zusammen. Das Unternehmen hungerte nach Neuem. Die rasche Folge, in der neue

Produkte in den frühen Sechzigerjahren präsentiert wurden, verschaffte mir und meinen (wenigen) Konstrukteuren bald große Anerkennung. Es war ein schönes Gefühl, der junge Star im Hause zu sein. Da der Außendienst von Kaufleuten dominiert war, aber technisch zunehmend anspruchsvollere Produkte zu verkaufen hatte, musste viel erklärt werden. Ich nahm mich auch dieser Aufgabe mit Freuden an. Dies bezog sich nicht nur aufs Inland, sondern in zunehmendem Maße auch auf unsere Auslandsvertretungen. Meine Erfahrungen in den USA und die Fähigkeit, fließend englisch sprechen zu können, halfen dabei.

Der TRUMPF Auslandsvertrieb lag in den frühen Sechzigerjahren noch ganz in den Händen von selbstständigen Vertretungen. Der sehr agile, aus Neigung wie Überzeugung kosmopolitische Verkaufsleiter Manfred Lang suchte ständig neue internationale Kontakte. Er verstand, sie dann vielfach in Beziehungen zu verwandeln, die sogar einen freundschaftlichen Charakter hatten. Das Netz der Verbindungen war in den Jahren nach dem Zweiten Weltkrieg aus dem verfemten Deutschland Schritt für Schritt aufgebaut worden. Die kleine Firma TRUMPF hatte eine erstaunliche Weltpräsenz. Sie reichte von Österreich bis Australien und von Schweden bis Argentinien. In ganz Westeuropa waren Verbindungen geknüpft worden. Auch in die USA gab es schon in den frühen Fünfzigerjahren Kontakte und später eine feste Vertretung.

Besucher, die nach Stuttgart kamen, luden wir häufig zum Abendessen ins Schlossgartenhotel ein. Dort wohnten unsere Gäste meistens, und dort gab es ein schönes Restaurant. Der umsichtige Hotelier Bachstein deckte uns jeweils einen schönen Tisch, auf dem

Christian Trumpf am Zeichenbrett – er lässt sich von mir auch Details erklären.

die Fahnen der Gastnation und die der Bundesrepublik Deutschland standen. Wir warben um Vertrauen und Freundschaft – eine fast zwanghafte Prägung der Nachkriegsdeutschen. Zu zeigen, dass es auch andersdenkende Deutsche gebe, das war uns ein ständiges Anliegen. Einen Hitler vergessen zu machen, bedarf es vieler Generationen.

Die Ernsthaftigkeit unserer Bemühung um die Kunden haben wir nie verlassen. Wir haben immer das freundschaftliche Gespräch gesucht und durch unsere Produkte überzeugen wollen. Bei fast allen Besuchen war ich einbezogen, um unsere neuen Produkte zu präsentieren. Holländern, Franzosen, Schweizern, Italienern und Amerikanern führten wir unsere Entwicklungen vor. Immer hatte ich Gelegenheit zu zeigen, was wir gedacht und gemacht haben, und vielleicht strömte auch ein Teil meiner Begeisterung auf unsere Vertreter über – jedenfalls waren die Begegnungen stets von froher Erwartung auf künftige Geschäfte geprägt.

Es gab auch Erfahrungen *in* den Märkten. Ich reiste nach England, Österreich, Italien und natürlich nach Japan und in die USA. In London gab es in den Sechzigerjahren eine wichtige Werkzeugmaschinenmesse, die Olympia-Show. Die Ausstellungshallen in London waren so alt wie das Empire, das damals durchaus noch lebte. Kanadier, Inder und Australier kamen dorthin und natürlich die Engländer selbst. Ich erinnere mich lebhaft an eine Begegnung mit einer sehr vitalen Gruppe unserer australischen Vertretung aus Melbourne, Sydney und Perth. Sie hatten Stuttgart besucht und waren auf unserem Messestand gewesen. Wir verstanden uns prächtig, und wir wohnten im gleichen Hotel in London. Jeder hatte ein getrenntes »Dinner Appointment«, aber danach, so meinten unsere Freunde, müsse man sich unbedingt noch im Hotel treffen. Dies geschah dann auch in der kleinen Suite eines der Australier. Die Wogen gingen hoch. Begeistert wurde von Maschinen – aber auch von den Eindrücken in der Stadt – berichtet. Einige unserer australischen Freunde waren von ihren Frauen begleitet, für die der Besuch in London eine Erfüllung war.

Australier sind es gewohnt, in der Freiheit zu leben und Platz zu haben. Entsprechend laut war die Unterhaltung. An der Tür klopfte es. Nach einiger Zeit hörte es auch einer aus unserer lärmenden Runde. »It's sounding a bit«, mahnte der Hotelmanager mit englischem Understatement. Er hatte recht. Wir waren tatsächlich zu laut. »We are just carrying on a friendly conversation«, meinte der Inhaber der Suite. Auch er hatte recht. Wir hatten uns tatsächlich sehr freundschaftlich angeschrien. Es sprachen halt einige gleichzeitig. Der Hotelmanager zog sich zurück, unsere Unterhaltung wurde gedämpfter, und ich hatte wieder einmal angelsächsische Toleranz im Umgang miteinander erlebt.

Auch in unser kleines Haus luden wir Gäste ein. Amerikaner, Australier und vor allem Japaner waren unsere Vorzugsgäste. Die sprachliche Verständigung mit den Japanern war mühsam. Sie konnten häufig englisch lesen, es aber durch Hören nicht verstehen und vor allem nicht sprechen. Der Sohn des Inhabers unserer japanischen Vertretung (für die wir inzwischen wichtig geworden waren), Tatsuo Fujimoto – etwa 20 Jahre alt –, war in Deutschland, um unsere für die Japaner fast unbegreifliche Sprache zu lernen. Im Goethe-Institut in Blaubeuren ging er, heimwehkrank, seinem unerreichbaren Vorhaben nach. Die Wochenenden verbrachte er häufig bei uns in der Familie. Sein besonderer Freund war der dreijährige Peter. Dieser hatte zu unserer großen Freude, im Frühjahr 1967 geboren, unsere Familie vollendet.

»Petel«, wie Tatsuo ihn nannte, war ihm durch Sprachqualität und Unbefangenheit am nächsten. Wir ersetzten verbale Kommunikation durch Empathie, die wir durch Gesten ergänzten.

Einmal rief ich unseren Sohn Peter mit dem Wort »Bube«. »Bube, Dame, König, As«, echote es von Tatsuo zurück – er hatte also doch Deutsch gelernt.

Auch eine japanische Hochzeit richteten wir aus. Haruo Yoshioka, der Sohn des für unser Geschäft in

*Unsere deutschen und japanischen »Kinder« –
wir sind die »Hochzeitsstifter«.*

Japan zuständigen Direktors, war zum gleichen Unterfangen – dem Erlernen der deutschen Sprache – zu uns geschickt worden. Er blieb eineinhalb Jahre und lernte glänzend Deutsch. Am Ende seines Aufenthalts wollte er seiner japanischen Braut Deutschland zeigen und dann auch noch hierzulande heiraten. Wir lernten, als »Hochzeitsstifter«, das Shinto-Ritual und feierten ein großes Fest. »Petel« weigerte sich, den aus Japan geschickten Kimono anzuziehen. Die Mädchen waren flexibler.

Die Familie

Unser Leben war bestimmt durch Familie und Arbeit. Nebenfreuden, wie Kaffeeklatschrunden oder Kegelabende im Männerkreis, hat es für uns nie gegeben. Aber wir waren erfüllt vom Leben mit unseren Kindern, wir waren gesund und lebten in einem kleinen, aber schönen Haus. Das eigene Haus entsprach unserer Herkunft und beruhigte unser schwäbisches Gemüt. Wir hatten auch Freude an unseren wachsenden wirtschaftlichen Möglichkeiten. Sie waren durchaus begrenzt, aber das, was uns wichtig war, konnten wir uns auch leisten. Und: Ich war begeistert von meiner Arbeit und den sichtbaren Erfolgen, die daraus hervorgingen.

In diesen Jahren führten wir – Doris und ich – ein bipolares Leben. Familie und Firma. Durchaus in ebenbürtigem Nebeneinander. Unsere Familien, aus denen wir kamen, waren für Doris und mich immer wichtig gewesen. Sie blieben es auch, als wir selbst eine Familie waren, mit drei – wie wir immer fanden – wunderbaren Kindern. Wir stammten beide aus für heutige Verhältnisse kinderreichen Familien. Doris und ihre drei Schwestern waren in unserer Schulstadt Korntal und in ihrem Umfeld ein Ereignis. Lebhaft, hübsch und voller Tatendrang, wurden sie vielfach umschwärmt. Alle haben Männer aus unserem Gymnasium oder aus der Universität Stuttgart geheiratet. Drei Ingenieure aus drei Fakultäten und einen Betriebswirt. Die Schwestern blieben immer eng verbunden, auch als sie selbst Familie und Kinder hatten. Die jüngste Schwester Hanne und ihr Bauingenieur-

Meine Schwester Marie-Luise 1949.

Mann Bernd – die kinderlos blieben – sind Teil unserer engsten Familie geworden.

Auch mit meiner Familie – insbesondere mit meinen Eltern – bestand immer ein enges Verhältnis. Schon in der Kindheit und Jugend waren die Überzeugungen und das Beispiel meines Vaters für mich sehr wichtig gewesen. Er redete wenig und sagte viel. Meine Mutter, liberal und von Glanz und Imponiergehabe unabhängig, war meine Ratgeberin in allen Lebens- und Liebesfragen. Wenn ich Schulfreundinnen, denen ich etwas näher stand, nach Hause brachte, sagte sie meist nichts. Dann wusste ich schon Bescheid. Von der gerade 16-jährigen Doris Schaible aber war sie gleich angetan. Sie fand sie frisch, natürlich,

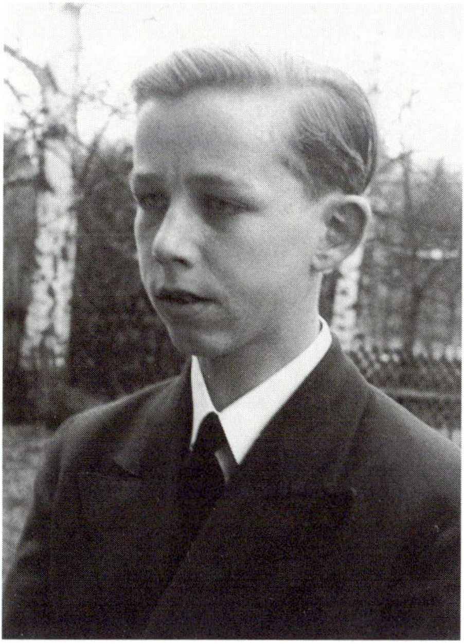

Mein Bruder Hellmut 1950.

intelligent und mochte sie. Mir waren auch die physischen Vorzüge sehr wichtig.

Meine beiden Geschwister waren sehr unterschiedlich. Marie-Luise, meine jüngere Schwester, war still, in sich gekehrt, immer liebenswürdig und sanft, aber durchaus eigenwillig und mit klaren Zielen versehen. Ihre Zielstrebigkeit verband sie mit weiblicher List. Nach der zehnten Klasse verließ sie mit der mittleren Reife die Schule. Sie ging als Au-pair-Mädchen ein Jahr in die französische Schweiz. Danach besuchte sie – wohl auf elterlichen Rat – eine kaufmännische Berufsschule, absolvierte aber parallel eine Schauspielausbildung. Alsbald trug sie Gedichte und Prosa in makellosem Deutsch vor. Für uns war das ein wenig seltsam anzuhören. Denn wir sprachen in der Familie ein gepflegtes Schwäbisch.

Aus ihrem Schauspielerumfeld kamen merkwürdige Gestalten in unser Haus. Sie trugen zu große Pullover und hatten zu lange Haare, die nach unserem Eindruck zu selten gewaschen wurden. Ein Graus für meinen Vater, den Ästheten. Einmal hielt er eine längere Ansprache vor der Familie an seine Tochter, die er zärtlich liebte. Für die Welt, in die sie strebe, meinte er, sei sie letztlich nicht geschaffen. Man lebe dort nach anderen Maximen als den unseren, die schließlich auch die ihren seien. Man müsse dort manches tun, was sich nicht gehöre. Die Ansprache fiel ihm sichtlich schwer. Denn er sprach viel lieber über chinesische Holzschnitte oder einen romanischen Fries. Meine Schwester hat den Schauspielerberuf nie ausgeübt. Aber die Liebe zur Literatur blieb ihr erhalten.

Mein sechs Jahre jüngerer Bruder Hellmut war mir immer sehr nahe. Schon als kleines Kind fiel er durch seinen trockenen Humor auf. Später wurde er ein treuer Begleiter bei meinen vielen Umtrieben. Er studierte nach dem Abitur Elektrotechnik an der Universität Stuttgart und ging zur Deutschen Bundespost in die Telefontechnik. Er war der erste Beamte in unserer Familie, aber er wurde bei der Post nicht restlos glücklich. Als Zehnjährigen nahm ich ihn einmal zum VfB mit. Dieser spielte gegen den FSV Frankfurt und gewann 4:1. So gewann der VfB auch das Herz meines Bruders – für ein ganzes Leben.

Unsere engste Familie – ich meine Doris und die Kinder – war in den Sechzigerjahren eine fest gefügte Einheit. In jeder freien Stunde waren wir für unsere Kinder da. Es war die Zeit der Entdeckung der antiautoritären Erziehung. Das Buch über die Summerhill-Schule lag auf dem Nachttisch jeder besseren Dame. Wir – insbesondere ich – verhielten uns aber recht konservativ. Wir pflegten auch traditionelle Bräuche. So kam zum Beispiel am 6. Dezember jedes Jahr ein Meister aus der TRUMPF Produktion mit rotem Mantel, Pelzmütze und Bart als Nikolaus zu uns. Es waren auch Kinder von Freunden da. Mit der Rute schlug er an die Tür, dann mahnend auf den Tisch und las zunächst das Sündenregister vor. Der immer energischen und mutigen Nicola, fast sieben Jahre alt, standen zwei dicke Tränen in den Augen. Die dreijährige Regine, sonst eher schüchtern, stand unaufgefordert auf, reckte sich kerzengerade und sagte laut: »Ich bin lieb, und meine Nicola ist auch lieb«, setzte sich hin, und der Bann war gebrochen.

Die Geburt unseres Sohnes Peter im April 1967 empfanden wir als eine vollkommene Ergänzung unserer Familie. Als er geboren wurde (er kam zwei Wochen zu früh), war ich wieder einmal auf einer Geschäftsreise in den USA. Als ich aus New York kommend im Hotel in Chicago eincheckte, begrüßte mich der Portier mit den Worten: »Congratulations, you have a son.« Ich war, wie man in Amerika sagt, »flabbergasted«. Gleich telefonierte ich mit meiner Frau und buchte den Rückflug. Die Eröffnung der Weltausstellung in Montreal, zu der ich eingeladen war, sagte ich ab.

Im Sommer konnte das Baby noch nicht reisen. So blieben Mutter und Sohn zu Hause. Die beiden Mädchen, fast vier und siebeneinhalb Jahre alt, fuhren mit mir nach Österreich ins Inselhotel im Faaker See. Dies waren für uns besondere Ferien. Der damals noch re-

Die Töchter Nicola und Regine in Kärnten 1967.

lativ junge Mann mit zwei Kindern allein – so etwas fand Beachtung. Was war da los? Wir ließen das ganze Hotel im Unklaren. Im nächsten Jahr, als wir wieder dort waren – diesmal mit Mutter und Sohn –, waren etliche der Stammgäste geradezu erleichtert. Also doch kein geschiedener Mann mit partiellem Sorgerecht! Meinem Ruf als treusorgender Vater hat es übrigens gutgetan, dass meiner Frau berichtet wurde, wie sehr wir drei zusammengehalten hätten, und dass die Mädchen immer tadellos gekleidet zum Abendessen erschienen seien.

So haben wir das Jahr 1968 bewältigt. Mit Familie, Bürgerlichkeit, Tradition – und Arbeit.

Geschäftsführer und Teilhaber

Die Firma TRUMPF gedieh in den Sechzigerjahren, und ihr Ansehen wuchs. Immer noch langsam, wie ich meinte, aber stetig. 1960 war die Gesellschaftsform der GmbH + Co. KG bei TRUMPF eingeführt worden. 20 Prozent des Kapitals hafteten als GmbH, also in der Form einer Kapitalgesellschaft mit der Einlage, die die Gesellschafter jeweils in diese GmbH eingebracht hatten. Es gab insgesamt vier Gesellschafter in der GmbH. Christian Trumpf und seine Frau Anne, die zusammen 63 Prozent hielten. Außerdem Hugo Schwarz, der Kaufmännische Geschäftsführer, und Gerhard Gabriel mit je 18,5 Prozent. Das Kapital der GmbH betrug zunächst 100 000 und später 500 000 D-Mark. Im Sommer 1963 bat mich Christian Trumpf zu einem Gespräch und eröffnete mir, dass er und die anderen Gesellschafter beschlossen hätten, mich in die GmbH, also in die haftende Gesellschaft, aufzunehmen und mich gleichzeitig zu einem Geschäftsführer dieser GmbH zu machen.

Die haftende Einlage, die ich zu leisten hatte, betrug 72 000 D-Mark. Daneben war noch eine Barzahlung an die Gesellschafter vorgesehen, da der wahre Wert des Gesellschaftsanteils deutlich höher als der Nominalwert liege, so wurde mir erklärt. Ich nahm das Angebot an. Zwölf Prozent des GmbH-Kapitals wurden mir angeboten, das entsprach durchgerechnet 2,4 Prozent am Gesamtkapital des Unternehmens. Es war für mich recht einfach, die Kapitaleinlage aufzubringen, denn die mir zufließenden Lizenzgebühren waren überwiegend im Unternehmen als Darlehen stehen geblieben. Was für die Zuzahlung für die Gesellschafter über den Buchwert hinausging, musste ich nach den Vorstellungen der Gesellschafter von außen holen. Ich nahm einen Bankkredit auf, für den mein Vater die Bürgschaft übernahm.

Meine Beteiligung ging übrigens zu Lasten der Anteile des Ehepaars Trumpf, die dann noch zusammen 51 Prozent an der GmbH hielten. Der mir zufließende Gewinnanteil war bei 2,4 Prozent der Anteile recht bescheiden. Der Umsatz des Unternehmens betrug im Jahr 1965 knapp 20 Millionen D-Mark, der Gewinn immerhin 3,2 Millionen D-Mark. Mit meinem Eintritt als Gesellschafter der GmbH und der Bestellung zum Geschäftsführer musste ich auf meine Lizenzen, die ja für Arbeitnehmererfindungen bezahlt wurden, verzichten. Hatte der kluge Kaufmann Trumpf ausgerechnet, dass es billiger war, mich zu beteiligen als mir weiterhin ständig wachsende Lizenzen zu bezahlen? Ich glaube das nicht, aber vielleicht hatte er mit diesem Argument seine Mitgesellschafter überzeugt. Ich meine, dass er zu der Überzeugung gekommen war, dass er auf Dauer entweder seinen damaligen technischen Leiter oder mich halten könne. Deshalb dieser erste Schritt, der – für sich betrachtet – kein gutes Geschäft für mich war.

Später erfuhr ich aus den Unterlagen, dass zum damaligen Zeitpunkt ein bereits 1960 von Christian und Anne Trumpf verfasstes Testament bestand, das vorsah, dass ich die Anteile von Frau Anne Trumpf erben sollte. Dieses Testament wurde alsbald geändert und alle Anteile des Ehepaars Trumpf fielen an ihre adoptierten Kinder, Max und Anne Trumpf (eine Nichte von Christian Trumpf). Ich war und bin über diese Entscheidung froh. Erben soll man von seinen Eltern oder von sonst jemandem aus der Familie. Die Firmenanteile aber wollte ich kaufen und habe dies auch danach getan – 40 Jahre lang, bis mir und meiner Familie die Firma ganz gehörte. Manchmal war der Weg mühsam. Er zwang zu bescheidener Lebensführung und zur Sicherstellung ordentlicher Gewinne im Unternehmen. Denn der Kaufpreis musste verdient werden. Mit dem stetigen Wachstum der Firma wurden auch die Anteile immer teurer. Aber der Kaufpreis konnte bei kluger Unternehmensführung erwirtschaftet werden. Es war ein langer Weg, aber ich bin jeden Schritt gerne gegangen.

Einen Teil der jeweils erworbenen Anteile habe ich dann sozusagen unterwegs an meine Kinder und auch an meine Frau übertragen und dabei jeweils die Schenkungssteuer bezahlt. Nur bei der Übertragung der letzten jeweils 3 Prozent auf die Kinder im Jahr 2005 mussten diese die Schenkungssteuer selbst bezahlen. Ich vertraute früh auf die Qualität unserer Kinder und war sicher, dass sie das Unternehmen einmal in meinem Sinne weiterführen würden. Ich ging bei den frühen Anteilsübertragungen davon aus, dass die Firma eher größer als kleiner würde und dass die Erbschaftssteuer in irgendeiner Form bleiben würde. Beide Annahmen erwiesen sich als richtig.

Im Frühjahr 1965 – also ein dreiviertel Jahr nach meinem Eintritt als Gesellschafter in die TRUMPF

GmbH – rief Christian Trumpf Hugo Schwarz und mich in sein Büro. »Die Sache mit Gabriel ist geplatzt«, erklärte er. Der Teilhaber und Geschäftsführer Gabriel werde umgehend das Haus verlassen. Ich solle die technische Leitung übernehmen, und Hugo Schwarz und ich sollten den Anteil von Gabriel übernehmen und zwar so, dass wir an der GmbH und an der KG jeweils die gleichen Anteile hätten. Die Konstellation in der Gesellschaft war also fast die alte. Christian Trumpf und seine Frau Anne hatten die Mehrheit. Der Kaufmann Hugo Schwarz und ich als Techniker hatten die Tagesgeschäfte zu führen und in grundsätzlichen Fragen Direktiven entgegenzunehmen. Vor der Übernahme der Gesamtverantwortung für die Entwicklung, die Produktion und wichtige Teile des Vertriebs hatte ich keine Angst. Im Gegenteil: Endlich konnte ich den Weg des Unternehmens wesentlich bestimmen. Ich war 35 Jahre alt und eigentlich am Ziel meiner Wünsche. Die Zukunft des Unternehmens lag wesentlich in meiner Hand, und ich sollte 20 Prozent des Gesellschaftskapitals erwerben können. Die mussten zwar aus den zu erarbeitenden Gewinnen erst noch bezahlt werden. Aber das machte mir keine großen Sorgen. Es gab zwar viel zu tun. Der Umsatz im Geschäftsjahr 1965/66 – also dem Jahr meiner Übernahme – stagnierte. Der Gewinn hatte sich halbiert, die Umsatzrendite war erstmals seit über zehn Jahren auf einen einstelligen Wert gefallen. Sie betrug jedoch immerhin noch 8,7 Prozent vom Umsatz. Wir wussten aber, dass wir den Abfluss von Kapital durch das Ausscheiden des Gesellschafters Gabriel rasch kompensieren wollten. Es musste sich also im Unternehmen einiges ändern.

Die Abfindungsverhandlungen waren schwierig. Christian Trumpf hatte eine Wertermittlung des Unternehmens bei unserer Hausbank in Auftrag gegeben. Es mussten durchgerechnet etwa 18 Prozent aller Firmenanteile von Gerhard Gabriel gekauft werden. Das Ergebnis, vom Vorstandsvorsitzenden der Stuttgarter Girokasse erstellt, fiel aus, wie Christian Trumpf dies gewünscht hatte. Bescheiden. Prompt kam von Gabriel ein Gegengutachten – mit dem vierfachen Wert. Die Führung der weiteren Verhandlungen wurde jetzt Hugo Schwarz und mir, dem völligen Greenhorn, überlassen. Auf jeder Seite gab es einen Anwalt. Und wie so oft in solchen Fällen hatten wir den Eindruck, dass der Anwalt der Gegenseite eloquenter, aggressiver und in jeder Hinsicht der gefährlichere sei als der, der unsere Interessen vertrat. Ich lernte viel über Substanz- und Ertragswert und ihr jeweiliges Gewicht. Ich verinnerlichte das »Stuttgarter Verfahren«, begriff was Risikoabschläge sind und dachte an unseren Mechanikprofessor Grammel, der uns das rationale Denken beigebracht hatte. Die Betriebswirtschaft und ihre Anwendung, so erkannte ich nach einiger Zeit, waren gar nicht so schwierig.

Schließlich fanden wir, nach monatelangem Austausch von Schriftsätzen, einen Ausweg. Wir ließen ein drittes Gutachten erstellen. In meiner unmittelbaren Nachbarschaft wohnte ein Wirtschaftsprüfer, Dr. Fritz Wünsch. Er war Partner einer angesehenen Stuttgarter Wirtschaftsprüfungsgesellschaft. Mit ihm sprach ich über die Angelegenheit. Wir beauftragten ihn mit einer Unternehmensbewertung, und er produzierte einen Wert (der zwischen den Extremen lag), den er auch überzeugend zu begründen wusste, für Freund

und Feind sozusagen. Wir kamen zu einer Einigung. Im Januar 1966 wurde der Vertrag unterschrieben. Rückwirkend zum 1. Juli 1965 war ich Gesellschafter der KG mit 15 Prozent und der GmbH mit 24,5 Prozent Anteilen.

Warum es zum Zerwürfnis von Trumpf mit Gabriel gekommen war, habe ich nie erfahren. Ich wollte es eigentlich auch nicht wissen. Als wir beim Notar die Verträge unterschrieben hatten, standen wir – Hugo Schwarz, Gerhard Gabriel und ich – noch einen Moment vor der Tür. Wir gaben uns die Hand, dann trennten sich unsere Wege. Hugo Schwarz und ich gingen nach links, Gabriel nach rechts. Trotz aller Differenzen der vergangenen Jahre habe ich Gerhard Gabriel menschlich geschätzt.

Jetzt war ich der vierte technische Leiter der noch relativ jungen Firma TRUMPF. Sollte ich es auch bleiben?

1967 – Der große Sprung, die NC-Maschine

Die Erweiterung und die Verbesserung unseres Programms gingen fast Monat für Monat voran. Schon 1960 hatte ich in den USA die Technik der numerischen Steuerung für Werkzeugmaschinen kennengelernt. Die Amerikaner nahmen sich der neuen Möglichkeit in großer Breite an. Die Wege der Maschinenschlitten und der Bearbeitungswerkzeuge wurden »numerisch«, also dem zurückzulegenden Weg nach, vorgegeben und automatisch ausgeführt. Auch alle Nebenfunktionen, wie das Auslösen eines Stanzhubs oder die Wahl der Drehzahl der Antriebsmotoren, konnten in dem Programm untergebracht werden, das den Herstellungsprozess steuerte. Die Änderung der Fertigungsdaten für ein beliebig anderes Werkstück, das auf der gleichen Maschine hergestellt werden sollte, konnte durch eine einfache Änderung des Vorgabetextes ermöglicht werden, der die Werkstückzeichnung in Steuerbefehle für die Maschine umsetzte.

So war die automatische Fertigung unterschiedlicher Werkstücke auf nur einer Maschine auf einfache Weise möglich geworden. Die Produktion kleiner Serien, selbst von Einzelstücken, in numerisch gesteuerten Maschinen, eröffnete neue Horizonte. Kleinserien konnten mit Fertigungskosten hergestellt werden, die bisher nur in der Großserienfertigung unter Einsatz teurer Werkzeuge und Vorrichtungen möglich gewesen waren. Die Verknüpfung der simultanen Bewegung mehrerer Maschinenachsen erlaubte eine Fertigung komplexer Werkstücke ohne Schablonen, Modelle und aufwendige Vorrichtungen. Dieser Gedanke stand sogar am Anfang der Entwicklung der numerischen Steuerung am Massachusetts Institute of Technology (MIT) im Jahr 1956. Die amerikanische Luftwaffe wollte für die weitere Entwicklung ihrer Flugzeugtypen – die sie für notwendig hielt – möglichst geringe Aufwendungen haben. Deshalb sollte nicht jede Entwicklungsstufe mit teuren Vorrichtungen und Werkzeugen physisch realisiert werden. Vielmehr sollte jeder Schritt nach vorne elektronisch gespeichert werden, aber mit der Möglichkeit, die letzte Technik – wenn notwendig – zu realisieren.

Diese kühnen Gedanken wurden zunächst bei der Herstellung einfacher Werkstücke angewandt. Wenn man zum Beispiel in ein flaches Blech an verschiedenen Stellen unterschiedliche Stanzungen einbringen wollte, konnte man dies mit einer sogenannten Punktsteuerung für zwei Achsen realisieren. Das Blech wurde in eine Koordinatenführung eingespannt und mit zwei gesteuerten Bewegungsachsen in die jeweils notwendige Position unter dem Stößel gebracht, der das Stanzwerkzeug führte. Nach Erreichen der programmierten Position wurde der Stanzhub durch die Steuerung ausgelöst. Diese Lösung für Revolverstanzmaschinen zeigte die amerikanische Firma Wiedemann auf der Werkzeugmaschinenmesse in Chicago schon im Jahr 1960.

Ich stand staunend vor der Wiedemann-Maschine, erkannte aber gleich, dass die Führungskinematik für das Blech umständlich und störanfällig gelöst war. Trotzdem: Die Geschwindigkeit, mit der die Maschine arbeitete – mit Positioniergeschwindigkeiten von sechs Metern pro Minute wurde das Blech verschoben –, schien enorm. Sie war es auch im Vergleich zur manuellen Bewegung durch einen Bedienungsmann. Außerdem wären menschliche Fehler jetzt eliminiert, wurde obendrein versichert. Die Revolverstanzmaschine konnte auch die Werkzeuge automatisch wechseln. Der Wechsel beschränkte sich aber auf einfache Stanzwerkzeuge.

Nach Deutschland zurückgekehrt, träumte ich von solchen Lösungen. Aber die deutsche Werkzeugmaschinenindustrie und auch die renommierte deutsche Wissenschaft waren skeptisch. Zu teuer, zu störanfällig, zu langsam und zu ungenau seien die numerisch gesteuerten Maschinen. Man analysierte, diskutierte, wartete ab.

Meine Studienkollegen saßen, als ich aus den USA zurückkehrte, teilweise immer noch an ihren Dissertationen. Einer, der bei einem prominenten deutschen Werkzeugmaschinenhersteller eine experimentelle Doktorarbeit schrieb, veröffentlichte einen Aufsatz, in dem bewiesen wurde, dass die Technik der numerisch gesteuerten Maschine nie kurvengesteuerte Drehautomaten ersetzen könne. Das Verhalten der Wissenschaft und Industrie ist nicht ungewöhnlich für uns. Wir sind an neuen Gedanken durchaus interessiert, aber wenn sich ein Wagnis mit der Gefahr der mangelnden Perfektion im Ergebnis verbindet, warten wir lieber ab.

TRUMPF war in den frühen Sechzigerjahren auch aus anderen Gründen nicht in der Lage, an die NC-gesteuerte Maschine auch nur zu denken. In der Produktion, aber auch in der Entwicklung fehlten alle Voraussetzungen. Aber nach der Bewältigung mehrerer Entwicklungsstufen wuchs unser Mut. Auch das Angebot numerischer Werkzeugmaschinensteuerungen durch deutsche Elektronikhersteller wurde interessant.

Im Sommer 1966/67 begannen wir, ernsthaft mit dem Gedanken zu spielen, auf der Basis unserer Kopierstanze eine NC-Maschine zu bauen. Die Firma Siemens bot eine preisgünstige Steuerung mit elektrohydraulischen Schrittmotoren an, die im Wesentlichen von einer japanischen Firma entwickelt worden war. Dieses Konzept war für unsere Anwendung ideal. Für rund 40 000 D-Mark gab es eine Punktsteuerung – also eine Steuerung, die von Stanzpunkt zu Stanzpunkt fuhr –, und für den doppelten Preis eine Bahnsteuerung, mit der man auch das Konturnibbeln glaub-

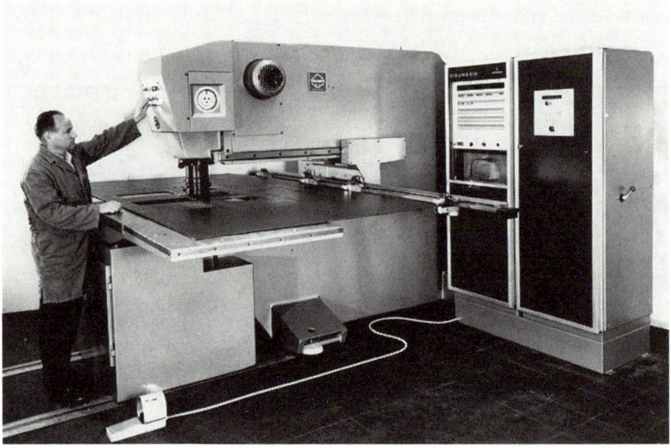

1967 TRUMATIC 20: Erste Werkzeugmaschine mit numerischer Bahnsteuerung zum Stanzen und Nibbeln. Die Schablone ist durch einen Lochstreifen ersetzt.

te realisieren zu können. Ich wollte zunächst nur die einfache Punktsteuerung einsetzen. Dies auch aus Kostengründen. Und auch technisch traute ich uns einfach nicht mehr zu, ohne in Schwierigkeiten zu geraten. Die Siemens-Ingenieure und meine Mitarbeiter überzeugten mich aber, dass wir es wagen sollten, die Bahnsteuerung einzusetzen. Das Wagnis gelang. Wir hatten – als erstes Unternehmen auf der Welt – eine Blechbearbeitungsmaschine, mit der man elektronisch gesteuert mit nur *einem* Werkzeug beliebige Ausschnitte und Konturen ausnibbeln, das heißt schrittweise ausstanzen konnte.

Christian Trumpf war im Sommer 1967 wieder einmal im Krankenhaus. Ich besuchte ihn und brachte ein Arbeitsbeispiel von unserer Wundermaschine mit. Ein Blechplättchen mit 100 Millimetern Durchmesser (dem größten Durchmesser, den wir stanzen konnten) und mit dem hineingenibbelten TRUMPF Logo. Dies mit einem Nibbelstempel, der nur vier Millimeter Durchmesser hatte – für Kenner unseres Geschäfts ein technischer Leckerbissen.

Dies sei auf einer elektronisch gesteuerten Maschine hergestellt, sagte ich stolz. Automatisch, ohne menschliches Zutun, man brauche nur einen Lochstreifen in die Maschine einzulegen und auf einen Knopf zu drücken. »Was soll denn die Maschine kosten?«, fragte er misstrauisch. »Etwa 180 000 D-Mark«, sagte ich und schwindelte ein bisschen, denn ich wusste, dass wir unter 200 000 D-Mark nicht zurechtkommen würden. Das war das Vier- bis Fünffache un-

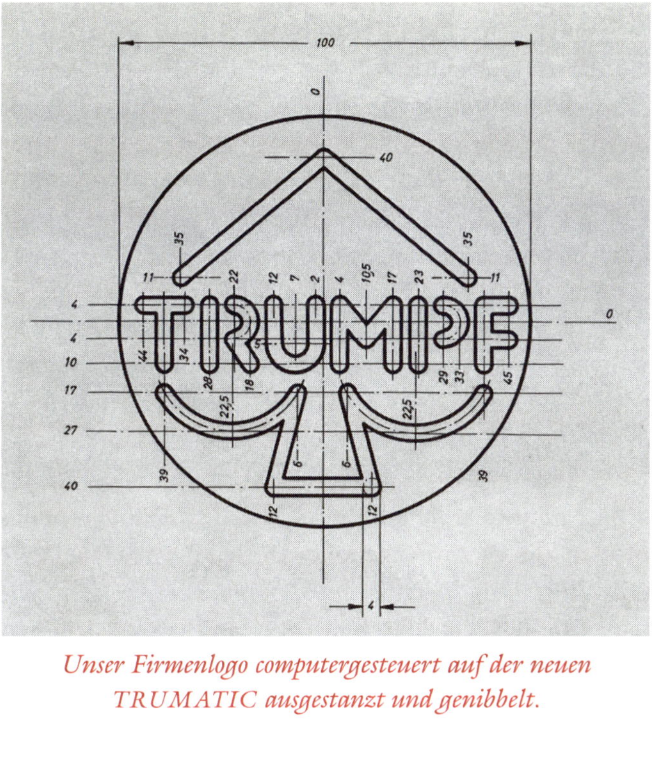

Unser Firmenlogo computergesteuert auf der neuen TRUMATIC ausgestanzt und genibbelt.

Im Jahr 2005 mit einer TRUMATIC, die den Weltruhm von TRUMPF begründete.

serer bisher teuersten Maschine. »Ihr habt euch vergaloppiert«, meinte er, »wir werden diese Maschine nie verkaufen können. Aber wir sind Gott sei Dank finanziell gesund, und wir werden auch dies durchstehen.« Ich ging enttäuscht, aber keineswegs entmutigt. Einen Entwicklungsauftrag für diese Maschine hat es übrigens nie gegeben. Wir haben sie einfach gebaut.

Auf der Werkzeugmaschinenmesse in Hannover 1967 war die Maschine eine kleine Sensation. Wir schwebten auf einer Wolke der Anerkennung und bekamen auch ein wenig Neid zu spüren. Unser Vertrieb im In- und Ausland lag mir zu Füßen. Siemens und BBC wollten auf der TRUMATIC, wie wir die Maschine nannten, Schalttafeln herstellen, Daimler Schablonen für die Werkzeugkontrolle, Bombardier Seitenwände von Eisenbahnwaggons. Textilmaschinenbauer kamen und Hersteller von landwirtschaftlichen Maschinen. Unsere japanische Vertretung bestellte eine Maschine. In Amerika, Frankreich und Italien gab es ernsthafte Interessenten. Uns war ein Durchbruch gelungen. Die Schrittmotorsteuerung hatte in unserer Maschine eine fast ideale Anwendung gefunden. Wir kamen mit der Programmierbarkeit von 0,1-Millimeter-Schritten aus (bei einer Positionierge-

Verladung einer TRUMATIC Maschine nach Übersee mit dem Autokran vor dem Werk Stuttgart-Weilimdorf 1969.

nauigkeit von 0,02 Millimetern) und erreichten Positioniergeschwindigkeiten von 24 Metern pro Minute. Vor allem aber konnten wir mit dem schrittweisen Stanzen, dem Nibbeln, Konturen ausschneiden. Das gab es sonst nirgends!

Nur eines war ganz ungelöst: Wo und wie sollten wir die Maschine bauen? In Stuttgart hatten wir eine kleine Werkstatt für den Versuch. Dort war die erste Maschine entstanden. Die zweite bis zehnte bauten wir auch dort, immer einzeln. Aber dann war alles wirklich zu klein. Bei der ersten Maschine gab es noch ein besonderes Problem. Auf einen Lastwagen verladen, erwies sich das Ganze als zu hoch, um durch die umbaute Hofeinfahrt hindurchzukommen. Es fehlten nur wenige Zentimeter in der Höhe. Wir ließen aus den Reifen des Lastwagens Luft ab und konnten durchfahren. Die Gesamthöhe der Maschine wurde entsprechend reduziert. Damit war das kleine Problem gelöst. Es hat aber zugleich die Situation deutlich gemacht, in der wir uns befanden.

Das Jahr 1968

Der Sprung nach vorn musste auf allen Ebenen bewältigt werden. In der Entwicklung, wo einfach unser Wissen vermehrt und vertieft werden musste. In der Produktion, wo die notwendige Fertigungstechnik fehlte. Im Vertrieb, dem die Entwicklung in den ersten Monaten ständig zur Seite stehen musste, um die Maschine zu erklären. Dies galt sogar bis hin zu Prospekten, die in Umfang und Qualität dem neuen Produktniveau entsprechen mussten.

Zwei Jahre zuvor konnte ich Hans Klingel als Assistenten gewinnen. Er war mir zehn Jahre vorher – er war damals Lehrling bei TRUMPF – zugeordnet worden, um mir bei meiner Diplomarbeit als »Handlanger« zu helfen. Er hatte inzwischen Maschinenbau an der Fachhochschule in Esslingen studiert und sechs oder sieben Jahre in der renommierten Werkzeugmaschinenfabrik Hüller in Ludwigsburg als Konstrukteur gearbeitet. Er brachte große Erfahrungen in der Werkzeugmaschinenentwicklung und -fertigung mit. Außerdem verfügte er über eine beachtliche Energie und Chuzpe. Die brauchten wir auch. Denn wir verkauften TRUMATIC Maschinen, die wir nicht bauen konnten.

Im Werk Weilimdorf hatten wir inwendig einen dreiseitig umschlossenen Innenhof. Knapp 200 Quadratmeter groß. Den beschlossen wir zu überbauen, um eine kleine Montagehalle für die großen Maschinen zu gewinnen. Das war im Februar 1968, wenige Monate nach Vorstellung der TRUMATIC Maschine in Hannover. Es war kein sehr großes Bauvorhaben. Wir hatten auch keine Baugenehmigung. Aber es war schnell zu realisieren.

Als die zwölf Meter langen Fertigbetonträger, die den Hof überdachen sollten, vor der Fabrik auf der Straße lagen (die Polizei hatte den Lagerplatz pflichtbewusst abgesperrt), wurde uns doch etwas mulmig zumute. Ich – der Verantwortliche – flog sicherheitshalber eine Woche nach Amerika, um unerreichbar zu sein, für den Fall, dass die Baubehörde auftauchen würde. In Amerika gab es einige wichtige Interessenten für unsere neue Maschine. Als ich zurückkam, waren die Träger über dem Hof installiert. Vier oder sechs Wochen später begannen wir, in dem neuen Raum Maschinen zu montieren.

Es fehlte an allem. An Platz, Arbeitskräften und an Produktionsmitteln. Trotzdem wuchsen wir rasant. Von 1967 bis 1970 verdoppelte sich der Umsatz. 1970 wuchsen wir um 37 Prozent auf fast 41 Millionen D-Mark Umsatz. Die Umsatzrendite lag bei nahezu 20 Prozent. Den Personalmangel versuchten wir durch die Einstellung vorwiegend jugoslawischer Facharbeiter zu vermindern. Deutsche Facharbeiter waren so gut wie nicht zu finden. Wir kauften Bauernhäuser und bauten dort Wohnungen für die neu gewonnenen Jugoslawen ein. Für junge Deutsche – Techniker wie Ingenieure – waren wir durch unsere hochwertigere Technik attraktiv geworden.

Wir beschafften zusätzliche Maschinen, die wir vor allem in unserem Zweigwerk in Hettingen auf der Schwäbischen Alb installierten. Dort hatten wir die mechanische Fertigung bereits erweitert. Dort wuchsen wir auch »natürlich« durch die Ausbildung von Lehrlingen. Die Lehrlingsausbildung war in Stuttgart-Weilimdorf ganz vernachlässigt worden. An diesem Standort brauchten wir vor allem Platz. Dort saßen die Verwaltung, der Vertrieb und die Entwicklung. Dort wollten wir auch die TRUMATIC Maschinen bauen. Denn wir meinten, dies nur in Verbindung mit der Entwicklungsleitung bewältigen zu können. Wir versuchten zunächst, einen unmittelbar angrenzenden Bauernhof mit Stall zu erwerben. Er hätte unser kleines Grundstück fast verdoppelt. Aber wir hatten Glück: Der Bauer wollte nicht verkaufen. Er wollte ein Mehrfamilienhaus bauen und damit seine Altersversorgung sichern. Wir waren gezwungen, ein Grundstück zu suchen und darauf eine Fabrik auf der grünen Wiese zu bauen.

Das Verlassen der alten Gebäude, die Chance der Neukonzeption einer geschlossenen Anlage waren – richtig genutzt – ein Befreiungsschlag. Wir suchten in naher Umgebung. Wir schlugen einen Kreis von fünf Kilometern um die alte Fabrik (denn wir wollten keinen Mitarbeiter durch den Ortswechsel verlieren). Wir sprachen mit den umliegenden Gemeinden. Zuerst mit der Stadt Stuttgart, wo uns eine umständliche Bürokratie vergrämte. Dann fanden wir im nahen Ditzingen nahe der Autobahn ein günstiges Gelände. Der vife Bürgermeister Scholder machte uns den Grunderwerb von zehn oder zwölf Grundstücksbesitzern leicht. Die Äcker in Württemberg sind durch die Folge der Realteilung meist schmal und klein. Aber durch das Verhandlungsgeschick des Bürgermeisters konnten wir an nur einem Nachmittag und zu einem einheitlichen Preis mit allen Grundstücksbesitzern einig werden. Wir kauften zwei Hektar – wie wir feststellen konnten – hervorragenden Ackerboden. Die Planung für die neue Fabrik konnte bereits im Frühjahr 1968 beginnen.

Wir planten mit Leidenschaft. Alles sollte anders werden. Nicht nur in der Produktion, wo wir uns hohe, lichterfüllte Hallen mit Kranbahnen (so etwas gab es bei TRUMPF bisher nicht) vorstellten. Auch sollte ein völlig neuartiges Versorgungssystem für Strom, Pressluft und Information am Arbeitsplatz installiert werden. Die Luft in der Halle sollte mehrmals in der Stunde umgewälzt und erneuert werden. Späne sollten automatisch entsorgt, die Emulsionen zur Werkzeugkühlung der Bearbeitungsmaschinen sollten nur aufbereitet entsorgt werden. Die Umkleiden mit Duschen für die Arbeiter im Betrieb sollten großzügig dimensioniert und hell sein. Wir dachten uns ein Schranksystem für die Arbeitskleidung aus, das automatisch durchlüftet wurde. Öl- und Schweißgeruch sollte es in den Sozialräumen nicht mehr geben. Auch in den Bürobereichen wollten wir einen besonderen Stil realisieren. Der Autobahnnähe wegen entschieden wir uns für ein geschlossenes, voll klimatisiertes Haus.

Ich erinnere mich an einen kalten Februartag ein halbes Jahr vor Baubeginn. Mit einem Phon-Messgerät prüften wir die Lärmimmissionen auf das Baugelände. Um die Sache gründlich zu machen, hatten wir einen Baukran bestellt, der eine kleine offene Plattform, eine Art Käfig, aber mit niederem Geländer, nach oben zog. In dem kauerten mein Assistent Klingel und ich nebst Messgerät. Wir ließen uns von Stockwerk zu Stockwerk ziehen. In 28 Metern Höhe, dem obersten vorgesehenen Stockwerk, war der Lärm am größten. Das Haus musste klimatisiert werden. Mein bergerfahrener, kletterkundiger Assistent erlebte das Ganze mit Genuss. Mir war es, schwankend im eiskalten Wind auf der klapprigen Plattform mit einem Boden aus Brettern – durch die Spalte zwischen den Brettern konnte man nach unten durchsehen –, ganz und gar nicht mehr wohl.

Wir entschlossen uns, die Büros mit einem flexiblen Trennwandsystem zu unterteilen. Die kleinen Arbeitsgruppen sollten beieinander bleiben. Nur in der Entwicklung blieben wir bei der üblichen Großraumlösung. Auf jedem zweiten Stock gab es einen Kaffeeautomaten. Auf der untersten belichteten Ebene ein Betriebsrestaurant. Ich wollte keine Trennung zwischen Arbeitern aus der Produktion und Büroangestellten in der Kantine. 15 Stuhlmodelle haben wir auf die Eignung für gemeinsame Nutzung untersucht. Neue Möblierung der Büros, keine Topfpflanzen, vom Mitarbeiter liebevoll gepflegt, sondern eine professionelle, aber zurückhaltende Begrünung der Büros war geplant. Jede Abteilung durfte aus einer großen Auswahl von Drucken oder Originalgraphiken bei einem Galeristen Bilder auswählen. »Stimulierende« Kalender und Fotos waren nicht zugelassen, auch kein pausfähiger Humor. In der Firma sollte überall ein bestimmter Stil deutlich werden. Anspruchsvoll, aber zurückhaltend – nobel, aber ein wenig streng sollte und durfte es sein.

Ist das eine Diktatur des Geschmacks? Manche mögen es so empfunden haben. Aber in den folgenden Jahrzehnten hat sich bei TRUMPF ein äußeres Bild entwickelt, das von allen akzeptiert wird und auf das wir stolz sind. Meine Frau war bei der Formulierung und Realisierung dieses Konzepts heftig involviert. Als Begleiterin, Beraterin, Kritikerin und, wie das so ihre Art ist, als Kämpferin.

All die schönen Ziele kosteten Geld. Über 22 Millionen D-Mark ergab die Vorausrechnung für die Gesamtinvestition. Das Unternehmen hatte einen Jahresumsatz von knapp 40 Millionen D-Mark. Wir überarbeiteten die Planung. Wir sparten, wo wir konnten, quälten unseren hervorragenden Architekten Haigis und das Baugewerbe und begannen im Sommer 1968 zu bauen.

Wie haben wir das alles finanziert? Wie haben wir das schnelle Wachstum organisatorisch bewältigt? Gab es keine Rückschläge? Schwierigkeiten gab es durchaus. Lieferengpässe bei Maschinen und Ersatzteilen. Notwendige Verbesserungen an den Maschinen. Auch Nachbesserungen, die wir bei gelieferten Maschinen vornehmen mussten. Konjunkturelles Auf und Ab. Aber es wurde immer gut verdient.

Christian Trumpf war ein besonnener Unternehmer. Er lebte gut, aber Exzesse kannte er keine. Es gab einen ehernen Grundsatz: Das in der Firma verdiente Geld musste in der Firma bleiben. Das galt vor allem für die Minderheitsgesellschafter. Und das Unternehmen verdiente immer gut. Wir hatten auch ein auskömmliches, sogar gutes Gehalt. Und wir sahen ein, dass das Prinzip der Eigenfinanzierung Opfer verlangte.

Die Grundgedanken, die wir in unserem Programm umgesetzt hatten, verschafften uns – freilich in einem kleinen Sektor – eine Monopolstellung. Wir verkauften den technischen Unterschied, und der hatte seinen Preis. Der bedeutendste technische Unterschied unserer TRUMATIC, der inzwischen wichtigsten Maschine, war die Möglichkeit des Konturnibbelns. Wir hatten ein (allerdings schwaches) Patent für die Steuerung des Vorschubs und eine Vereinbarung mit unserem Steuerungslieferanten Siemens, dass wir mit der dafür nötigen Steuerung exklusiv beliefert würden. Das Know-how stammte ja auch zu einem gewissen Teil von uns. Doch Siemens brach nach zwei oder drei Jahren die schriftliche Vereinbarung und belieferte ebenso unseren einzigen deutschen Konkurrenten, die Firma Behrens. Der dafür Verantwortliche bei Siemens zuckte auf meine Vorhaltungen hin mit den Schultern. Behrens, ein Hersteller von Revolverstanzmaschinen in Norddeutschland, der übrigens sehr gute Maschinen baute, konnte also – nach einiger Zeit – auch beliebig große Ausschnitte durch Nibbeln mit einem Rundstempel herstellen. In einigen Märkten spürten wir dies in den folgenden Jahren. Natürlich in Deutschland. Und dann in Russland. Bei einigen Firmen in Deutschland kamen wir einfach nicht ins Geschäft. Bei Nixdorf zum Beispiel – damals auf dem Höhepunkt seines Ansehens. Ich fuhr nach Paderborn. Man zeigte mir die Werkstatt voll mit Behrens-Maschinen. Heinz Nixdorf kam, um uns zu begrüßen, und rühmte die Vorteile unserer Konkurrenz-Produkte. Er wollte mich ärgern – das war offensichtlich. Aber er argumentierte aus meiner Sicht nicht glaubwürdig. Es kam zu einem Streitgespräch zwischen Heinz Nixdorf und mir, das unfreundlich und mit einem nicht überzeugten Nixdorf endete. »Ich hätte es mir denken können«, meinte der Nixdorf-Geschäftsführer Klaus Luft, ein Baden-Württemberger, der mich eingeladen hatte. »Solche Dickköpfe kommen nicht zusammen.«

Siemens haben wir den Vertragsbruch lange übel genommen. Die Firma Bosch, die eine alternative Steuerungslösung anbot, kam mit uns immer besser ins Geschäft. Mein umtriebiger Schwager, Gerhard Widl, war bei Bosch für diesen Bereich zuständig. Er musste große technische Anstrengungen machen, um die optimal geeignete Siemens-Steuerung gleichwertig oder besser zu ersetzen. Bosch blieb in den folgenden Jahrzehnten immer unser Lieferant. Jahrelang waren sie die Nummer eins in diesem Bereich. Siemens blieb auch im Geschäft. Aber der Konzern gewann erst unter Heinrich von Pierer, der sich persönlich bemühte, unser Vertrauen zurück. Behrens ging übrigens fast 20 Jahre später – wohl wegen seines zusammengebrochenen Russland-Geschäfts – in Konkurs. Ich habe das sehr bedauert. Denn Behrens war ein anspornender Konkurrent.

Christian Trumpf will ausscheiden

Meine Reisen nach USA im Dezember 1967 und im Februar 1968 zur Vorstellung der TRUMATIC Maschine im amerikanischen Markt brachten mich endgültig zu der Überzeugung, dass wir durch die COSA Corporation nicht ideal vertreten waren. Die Büros im Chrysler Building in Manhattan waren für unseren Vertrieb zu teuer. Die Vorführmöglichkeiten für unsere Maschinen fehlten ganz. Die technische Kompetenz war nicht ausreichend. Das hatten wir seit Jahren beanstandet, aber es änderte sich wenig. Eine eigene Niederlassung für Vertrieb und Service, nach dem in der Schweiz inzwischen bewährten Konzept, schien mir für den großen Markt das Richtige zu sein. Wir besprachen dies in der Geschäftsführung. Auch Christian Trumpf und Hugo Schwarz waren mit unserer Vertretung unzufrieden, wir erwogen die Sache nach allen Richtungen. Wo waren die Chancen (die ich sah)? Wo lagen die Risiken (die die Kaufleute bedachten)? Schließlich stimmten aber alle zu.

Christian Trumpf war ein Mann, der häufig, eigentlich fast immer, mit der gegenwärtigen Situation unzufrieden war. Vor entscheidenden Entschlüssen, die die Dinge verändern sollten, schreckte er aber immer wieder zurück. Er flüchtete sich dann in die Krankheit. So auch bei unserem Amerika-Projekt. Ich hatte meinen Flug gebucht und wollte die Sache rasch voranbringen. Es galt auch, einen Kündigungstermin zu beachten. Am Tag vor meiner geplanten Abreise teilte uns die Sekretärin von Christian Trumpf mit, er sei krank, und wir sollten mit allem abwarten. Ich war sehr verärgert, fuhr in das nahegelegene Wohnhaus von Trumpf und bat Hugo Schwarz mitzukommen. Die Haushälterin sagte, Herr Trumpf sei im Schlafzimmer im Bett, aber dort könne ich mit ihm reden. Sie kannte ja unsere langjährige persönliche Beziehung. Ich ging nach oben. Immer mit Hugo Schwarz im Schlepptau. Ich sagte, dass ich auf alle Fälle reisen würde, dann könne man ja immer noch entscheiden. Er verbiete die Reise, kam es zurück, und wenn ich doch führe, seien wir geschiedene Leute. Ende der Unterredung. Wir gingen.

Hugo Schwarz und ich machten in bedrückter Stimmung einen Waldspaziergang und beschlossen, *gemeinsam* zu reisen. Wir waren besorgt, aber entschlossen, diesmal Härte zu zeigen. Vor der Reise gab es noch Privates zu erledigen. Unser Reihenhaus war für meine Familie zu klein geworden. Wir hatten einen gut gelegenen, großen Bauplatz gerade gegenüber kaufen können. Der Plan für unser neues Haus war fertig. Der Bagger bestellt. Ich rief unseren Architekten an und sagte den Baubeginn ab. Ich sei mir nicht gewiss, ob ich noch eine sichere Existenz hätte.

Wir flogen in ein unruhiges Amerika. Im Frühjahr 1968 gab es in vielen großen Städten »riots« – Ausschreitungen – mit Plünderungen und Straßenschlachten zwischen den (meist schwarzen) Unzufriedenen und der Polizei. Es gab Mord und Brand. Wir reisten mit unserem bewährten Schweizer Geschäftsführer

Hans-Peter Bernet, der die Leitung unserer geplanten US-Tochter übernehmen sollte. Newark in New Jersey, Cleveland oder Dayton in Ohio waren als mögliche Standorte überlegt worden. Wir hatten auch an Chicago gedacht. Schon in New York und dann wieder in Cleveland gerieten wir an den Rand von Demonstrationszügen. Mit Fäusten wurde einmal auf das Dach unseres Taxis eingeschlagen. Mehr nicht, aber das reichte unserem Schweizer. »Ich kann mit meiner Familie« – er hatte drei kleine Töchter – »nicht in eine solche Stadt kommen«, sagte er. Es gebe auch ein anderes Amerika, erwiderte ich. Die kleinen Städte, das flache Land, seien ganz anders. Ich schlug vor, über das Wochenende nach Hartford in New England zu fliegen. Dort sei ein alter Freund von mir, Phillip Haynes, inzwischen Verkaufsleiter für New England bei einer Tochterfirma von Cincinnati Milacron, wie unsere alte Firma inzwischen hieß. Er lebte in Simsbury, einem idyllischen New England-Städtchen, unweit von Farmington, das sogar noch schöner war. Wir machten eine sonntägliche Rundfahrt durch diese Städtchen. Wir waren begeistert, sahen einen wunderbaren Industriepark, der mit Preisen für die vorbildliche Verbindung von Industrie und Landschaft ausgezeichnet worden war, und trafen am Montag früh den Gründer und Besitzer des Parks, Stanley Fisher – einen noblen Amerikaner. Wir mieteten (mit Vorbehalt) ein leerstehendes Gebäude, boten Phillip Haynes die Position des Verkaufsleiters an und flogen zufrieden zurück.

Christian Trumpf empfing uns frostig in seinem Haus, denn er war noch immer krank. Er war wütend, deprimiert, aber er hatte innerlich unsere Entscheidung akzeptiert. »Du hast ja doch das Sagen«, meinte er zu mir, »macht mir ein anständiges Angebot, und ich gehe raus.« Wir baten ihn, das Ganze noch einmal zu überlegen. Aber er blieb bei seinem Entschluss. Dr. Wünsch, unser Wirtschaftsprüfer, machte eine einfache Unternehmenswertberechnung. Wir addierten das Darlehenskonto von Christian Trumpf und hatten eine Gesamtsumme von 20 Millionen D-Mark für den Anteil von Christian Trumpf aufzubringen. Dies bei einem Umsatz, der im Geschäftsjahr knapp 30 Millionen D-Mark betrug. Allerdings mit einem Gewinn von 5,6 Millionen D-Mark. Wir gingen zu unserer Hausbank, der Landesgirokasse in Stuttgart. Der Vorstandsvorsitzende, Dr. Walther Zügel, und sein Vorstandskollege, Otto Seiter, der uns betreute, überlegten nur kurze Zeit. Dann rieten sie uns, den Schritt zu tun. Sie waren auch bereit, den Kauf zu finanzieren. So etwas konnte man damals noch in einer Stunde zustande bringen. Christian Trumpf konnte nur über die Hälfte der Anteile des Ehepaars verfügen. Denn Anne Trumpf war zu diesem Zeitpunkt schon nicht mehr geschäftsfähig. Das Vormundschaftsgericht, das sie betreute, wollte an ihrem Firmenanteil festhalten.

TRUMPF ohne Christian Trumpf

Ich war innerlich aufgewühlt. Denn das Unternehmen TRUMPF und sein Gründer waren für mich eine feste Einheit. Obwohl er rein rechtlich nicht für seine Frau sprechen konnte, blieb er durch ihre Anteile, die sozusagen auch ihm gehörten, mit dem Unterneh-

Mit meinem Kollegen und Mitgesellschafter Hugo Schwarz.

men verbunden. Auch seine emotionale Bindung an das Unternehmen blieb erhalten. Dies zeigte er in den Zahlungsbedingungen, die Hugo Schwarz mit ihm aushandeln konnte. Wir konnten die Zahlung über fünf Jahre verteilen.

Christian Trumpf trat zum 30. Juni 1969 als alleinzeichnungsberechtigter Geschäftsführer der TRUMPF Verwaltungs- und Beteiligungsgesellschaft und »als geschäftsführender Kommanditist der Firma TRUMPF und Companie aus gesundheitlichen Gründen« zurück. Nach dem Rücktritt von Christian Trumpf, so heißt es im Gesellschafterbeschluss, werden die Geschäftsführer Schwarz und Leibinger bei der GmbH alleinzeichnungsberechtigt werden. Durchgerechnet hielten Hugo Schwarz und ich je 35 Prozent am Unternehmen, Frau Anne Trumpf noch 30 Prozent. Mit diesem Tag ging die Ära von Christian Trumpf, der das Unternehmen 46 Jahre erfolgreich geführt hatte, zu

Ende. In diesen Zeitraum fielen die Weltwirtschaftskrise von 1930 bis 1932, Hitler und seine Aufrüstung, der Zweite Weltkrieg und die totale Niederlage sowie der Wiederaufbau danach. Dies war eine bewunderungswürdige unternehmerische Leistung. Alle Krisen hatte die Firma überstanden. Dafür gebührt ihm höchster Respekt.

Die Zukunft des Unternehmens lag nun in unseren Händen. Wir zweifelten nie daran, dass wir es schaffen würden.

Die Familie – Ansporn, Freude, Leid

Unseren Hausbau hatten wir im Herbst 1968 nach geklärten Turbulenzen in der Firma und nach beigelegtem Einspruch eines Nachbarn doch noch begonnen. Der Einspruch war berechtigt. Unser Haus stehe in Relation zu seinem zu hoch. Es stimmte – denn seines saß zu tief. Dies deshalb, weil der hinter ihm wohnende Kreisbaumeister freie Sicht zum Wald haben wollte. Wir fanden einen Kompromiss und senkten das Niveau unseres Hauses um 75 Zentimeter ab. Dies sollte freilich Folgen haben. Durch das zu geringe Gefälle unseres Untergeschosses gegenüber der Straßenkanalisation drang bei jedem größeren Regen Kanalwasser dort ein, immer viele Kubikmeter. Unser Innenschwimmbad im Untergeschoss litt darunter besonders. Es macht einfach keine rechte Freude, ein Schwimmbecken zu sehen, das aus der Kanalisation nachgefüllt worden ist.

Auch sonst gab es Ärgerlichkeiten. Kurz vor der Geburt unseres vierten Kindes, im späten Frühjahr 1970, trafen wir Christian Trumpf zu einem Abendessen im Schlossgartenhotel. Er wohnte dort, denn seine Haushälterin hatte Urlaub, und seine Frau war schon lange in der Pflegeabteilung des Bürgerhospitals untergebracht. Trumpf war schlechter Laune und nörgelte während des Abendessens vor sich hin. Auch beim Wein löste sich die Stimmung nicht. Alles sei schlecht in der Firma, meinte er, wobei er freilich nichts mehr zu sagen hätte. Die amerikanische Tochter mache Verluste, die Vertretung in Frankreich schulde uns viel zu viel Geld, der Vertriebsleiter reise zu viel (oder auch zu wenig), jedenfalls liege dort vieles im Argen. Und so weiter und so fort. Ich verteidigte meinen Partner Schwarz, in dessen Verantwortungsbereich die Mehrzahl der Vorwürfe fiel, wobei ich aber auch immer mich selbst angesprochen fühlte. Nach einiger Zeit wurde es meiner Frau zu dumm. »Gibt es eigentlich auch Positives zu berichten, meine Herren? Ich jedenfalls bin nicht gewillt, mir das länger anzuhören – gute Nacht.« Sie stand auf und ging. Natürlich rannte ich ihr hinterher, nicht nur, weil sie den Autoschlüssel hatte.

Ich hatte ihr jähes Temperament oft erlebt. In der Öffentlichkeit kam es aber doch etwas unerwartet.

Im Mai war das Haus eigentlich nicht ganz fertig, aber wir mussten einziehen. Die übliche Kausalkette zwang uns dazu: Wir hatten unser Reihenhaus verkauft, der Käufer seine Eigentumswohnung, an jeder Schnittstelle drängte einer. Doris hatte, wie immer, alles vorzüglich organisiert. Jedes zusätzliche Möbelstück, das wir brauchten, war vorhanden. Jedes Bild hatte seinen Platz. Die Vorhänge hingen, die Lampen leuchteten, Helfer waren in ausreichender Zahl vorhanden. Am nächsten Morgen mussten wir sie in die Klinik bringen. »Absolute Ruhe« verordnete Professor Hepp. »Ihre Frau muss liegen, und wir versuchen, die Geburt zu verzögern, denn es ist viel zu früh.« Nach zehn Tagen kam unser viertes Kind, Jörg Karl Anton, als Sechsmonatskind auf die Welt. Die (katholische) Schwester Herta hat ihn notgetauft, denn das Kind musste sofort in die Kinderklinik in ein Spezialbett. Das Baby hatte immer wieder Atemstillstände. Wir waren voll Sorge.

Doris kam nach Hause, Jörg blieb in der Klinik.

Unser neues Haus war wunderschön. Hell und schlicht, auch – wie es unserer Auffassung entspricht – nobel, aber ein wenig streng. Wir konnten es nur betrübten Sinns genießen. Aber es war ein wunderschönes Gefühl, Platz im Haus und einen großen Garten zu haben. Und ein kleines Schwimmbad im Untergeschoss. Die Kinder und ich nutzten es leidenschaftlich. Ich tue das all die Jahre jeden Morgen. Doris hat ein eher distanziertes Verhältnis zu kaltem Wasser, das nach ihrer Überzeugung keine Balken hat. Sie badet lieber in der warmen Wanne.

Wir blieben in diesem Sommer zu Hause, um dem Baby nahe zu sein und machten kleine Ausflüge in unsere Heimat. Auf die Alb fuhren wir und in den Schwarzwald. Wir waren begeistert. Einmal so sehr, dass ich die Verabredung zu einem Abendgespräch mit einem unvergesslichen Nachbarn vergessen hatte und über eine Stunde zu spät kam. Gerhard Staiger, damals Landgerichtsdirektor und Sprecher der CDU-Fraktion im Gerlinger Gemeinderat, wollte mich für seine Partei gewinnen. Ich entschuldigte mich zerknirscht und trat in die CDU ein. Aus Überzeugung, nicht aus schlechtem Gewissen wegen meines Zuspätkommens.

Nach einigen Wochen kam ein Anruf. Die Kinderklinik. Professor Grundler hatte festgestellt, dass die Verbindung vom Gehirn zur Wirbelsäule bei unserem Sohn Jörg noch nicht ausgebildet war. Man müsse operieren. Wir sollten zustimmen, auch wenn die Operation mit Risiken verbunden sei. Professor Pampus, ein Neurochirurg, erklärte uns dies näher. »Und wenn wir nicht zustimmen?«, fragte Doris. »Dann geht das Kind zugrunde«, war die Antwort. Wir stimmten zu. Eine Woche später starb Jörg. Die Operation war gelungen, aber durch die notwendige Bluttransfusion war Gelbsucht übertragen worden. Daran starb er mit dreieinhalb Monaten.

Wir haben ihn in Gerlingen begraben. An einem sonnigen Septembertag, der gleichwohl den Abschied fühlen ließ. »Ich hebe meine Augen auf zu den Bergen. Woher kommt mir Hilfe?« Unter dieses Psalmwort stellten wir fünf uns um das Grab, und darüber sprach unser kluger und feinsinniger Pfarrer Plank.

Die enge Bindung unserer Familie mit unseren drei »großen« Kindern gab uns Trost. Mein Leben war ganz durch Familie und dann durch die Firma bestimmt. Von der Zeitverfügbarkeit her gesehen in umgekehrter Reihenfolge. Der Verdacht, dass ich für die Kinder nicht genug Zeit hätte, hat mich immer etwas bedrückt. Wir haben später manchmal darüber gesprochen, und alle sagten: »Wenn wir dich gebraucht haben, warst du da.« Es ist eine einfache Weisheit: Zeit ist ein relativer Begriff. Sie kann lang und leer sein oder auch kurz und voller Intensität.

Die Ferien haben wir immer gemeinsam verbracht, mit Reisen nach Irland oder nach Gran Canaria, oft nach Österreich an den geliebten Faaker See. Später immer häufiger in unser schönes Berghaus nach Klosters. Die Kinder lernten Schwimmen und Skifahren, und was viel wichtiger ist, offen und neugierig zu sein für unsere Welt.

Eine besondere Reise machten wir zum 200. Geburtstag Amerikas 1976. Mit dem Auto fuhren wir zuerst durch Frankreich bis in die Normandie. Wir sahen die Spuren der Invasion der Alliierten 1944 und besuchten die Friedhöfe mit den Kriegsgräbern der deutschen und amerikanischen Soldaten. Die Zahl derer, die bei der Invasion ihr Leben lassen mussten, wurde auf den großen Friedhöfen mit den endlosen Reihen von Kreuzen oder Grabplatten deutlich. Wir waren alle erschüttert. In Cherbourg schifften wir uns auf der »Queen Elizabeth II« – dem Stolz der Cunard Line – ein und fuhren weiter nach Amerika. Einmal müssen wir auch mit dem Schiff dorthin reisen, dachten wir. Die Anfahrt nach New York war überwältigend. Die Freiheitsstatue im Morgenlicht. Dann Manhattan mit den gewaltigen Türmen, das World Trade Center, dahinter die grandioseste Stadtkulisse der Welt.

Wir wohnten in Connecticut, in dem kleinen Gästehaus unserer Firma, und erkundeten – erstmals touristisch – das sommerliche Neuengland. Alle waren begeistert. Unsere »kleine Liebe zu Amerika« wurde wieder einmal nachdrücklich unterstrichen. Nebenbei besprach ich in unserer neu erbauten Fabrik die Erweiterung unserer Produktion dort. Das große Ziel: Der Aufbau einer selbstständigen, in sich lebensfähigen Werkzeugmaschinenfabrik im amerikanischen Markt.

Die neue Fabrik – Zu neuen Ufern

Im Herbst 1972 wurde unsere neue Fabrik offiziell eröffnet. Wir fielen auf. Die Qualität der Gebäude und Einrichtungen war für ein Maschinenbau-Unternehmen unserer Größenordnung ungewöhnlich. Unser Anspruch an uns selbst auch. »Wir sind der Überzeugung, dass erstklassige Arbeit – die wir leisten wollen – auf Dauer nur in erstklassiger Umgebung entstehen kann. Wir brauchen dazu qualifizierte Mitarbeiter, die hohen Ansprüchen genügen. Diese gewinnen wir nur, wenn wir das gleiche Umfeld und die gleichen Arbeitsbedingungen bieten wie die herausragenden Firmen, die um uns herum in großer Dichte angesiedelt

Neubau Verwaltungsgebäude und Werkhalle in Ditzingen 1972.

sind.« Dies sagte ich in meiner Rede zur Einweihung, und das entsprach auch meiner tiefen Überzeugung.

Auch in der neuen Fabrik blieb uns der Erfolg treu. Der Umsatz stieg Jahr für Jahr, und die Umsatzrendite war im ganzen Jahrzehnt immer zweistellig. Nur im Umzugsjahr stagnierte der Umsatz. Die neue Fabrik war in Größe und Qualität ein Wagnis, aber sie öffnete die Tür in eine andere »Liga«. Der VDW (Verein Deutscher Werkzeugmaschinenfabriken e.V.), damals ein Eliteklub von vornehmlich alteingesessenen Familienunternehmen, entdeckte uns. Markus von Busse, Fabrikant und Vorstandsmitglied dort, zuständig für das Messewesen des Verbandes, besuchte uns.

Wir hatten bei einer vom VDW organisierten Messe in Moskau einen schwer zugänglichen Stand gehabt, in den wir nur mit großem Aufwand unsere Maschinen einbringen konnten. Wir beschwerten uns und hielten einen Teil der Standkosten zurück. Von Busse kam, um das Geld einzutreiben. Er hatte auch Erfolg, weil er uns für zukünftige Messen eine bessere Unterbringung garantierte. Er war von unserer Fabrik so beeindruckt, dass er mich gleich fragte, ob ich in den Vorstand des VDW eintreten wolle. Ich zögerte, denn jede Arbeitsminute galt meiner Firma. Abwesenheit für Verbandsaktivitäten war damals für mich noch undenkbar. Bernhard Kapp, der Vorsitzende des VDW, rief mich mit dem gleichen Anliegen an. Auch er Fabrikant und mit gewinnender Überzeugungskunst versehen. Nur zwei Sitzungen im Jahr seien es, meinte er. Man treffe interessante Leute, und man gewinne auch durchaus für das eigene Unternehmen dabei. Ich sagte zu, und meine Zusage begründete eine jahrzehntelange enge Verbindung mit dem VDW.

Ich war in einem noblen Herren-Klub gelandet. Die großen Namen unserer Branche fanden dort zusammen: Waldrich, Index, Böhringer, Burkhard & Weber, Schiess, Naxos und Schaudt, Gildemeister, MAHO und Wotan und viele andere. Die Fixsterne an meinem Werkzeugmaschinen-Jugendhimmel waren alle vertreten (viele der Sterne sind inzwischen verglüht). Man traf sich am Vorabend der Sitzung im Kurhotel in Bad Nauheim und trank Whisky bis spät in die Nacht. Am nächsten Morgen berichtete jeder in der Runde über die Situation in seinem Unternehmen. Man sprach über Lieferbedingungen, klagte über die Sitten der Automobilkunden, schwor, keine großen Nachlässe zu geben (wobei, das merkte ich bald, auch kräftig geschwindelt wurde) und unterhielt sich, wie man neue Märkte erschließen könne. Auch die Förderung von Wissenschaft auf unserem Sektor war immer ein wichtiges Thema. Denn es bestand eine lange Verbindung mit den wichtigen Universitäten, die auf unserem Sektor forschten.

Nach einiger Zeit kam Bernhard Kapp und bat mich, die Leitung des Rechts- und Steuerausschusses zu übernehmen. Ich war nicht gerade begeistert. Das bedeutete zusätzlichen Zeitaufwand und wichtiger: Das war nun wirklich nicht mein Spezialgebiet. Ich habe es dann doch gemacht und fand das Ganze sehr interessant.

Ein wichtiges Thema war die Neuformulierung der Lieferbedingungen. Konnte und sollte es besondere für den VDW geben? Die erfahrenen Herren dachten so. Denn die Werkzeugmaschine war ja die »Königin« der Maschinen. Königinnen können ihre eigene Etikette verlangen. Der VDMA (Verband Deutscher Maschinen- und Anlagenbau e.V.) überzeugte mich dann, dass die Lieferbedingungen für alle Maschinen (Druckmaschinen, Textilmaschinen oder Baumaschinen) die gleichen sein müssten wie für die Werkzeugmaschinen. So wurde es auch verwirklicht. Dass wir nicht alle Bedingungen bei unseren Kunden voll durchsetzen konnten, ist ein anderes Thema.

Als Ausschussvorsitzender gehörte ich nun dem Engeren Vorstand an. Dieser wiederum bildete zusammen mit dem Geschäftsführer des VDW die deutsche Delegation im CECIMO, dem Europäischen Komitee für die Kooperation der Werkzeugmaschinen (Comité Européen de Coopération des Industries de la Machine-Outil). Der Verband hatte seinen Sitz in Brüssel. 13 Nationen waren Mitglied. Die großen Länder Europas England, Frankreich, Deutschland, Italien, Spanien und die Schweiz (ein bedeutendes Werkzeugmaschinenland), aber auch die kleineren wie Österreich, Holland, Schweden, Finnland, Portugal.

CECIMO organisierte eine gemeinsame europäische Werkzeugmaschinenmesse, die EMO, die bedeutendste Werkzeugmaschinenausstellung der Welt. Man sprach über Normen, tauschte Wirtschaftsdaten aus und überlegte, welche Initiativen für unsere Industrie in Europa und in den einzelnen Ländern sinnvoll und notwendig seien.

Man tagte zweimal im Jahr, jeweils in einem anderen Mitgliedsland. Die Effizienz der Sitzungen war gering. Der gesellschaftliche Nutzen groß. Man lernte Europa kennen. Jedes Gastland, in dem die Sitzungen abgehalten wurden, strengte sich an, das Land in seiner besten Weise zu zeigen, und man gewann Freunde aus unserer Industrie in ganz Europa.

Auch der VDMA, unser Spitzenverband, der alle Maschinenbauer vertritt, meldete sich. Ein Wirtschaftsredakteur der »Stuttgarter Nachrichten« plane einen Artikel über den deutschen Maschinenbau und dessen internationale Wettbewerbsfähigkeit. Wir hatten wieder einmal einen konjunkturellen Abschwung. Ob TRUMPF nicht dieses Interview übernehmen könnte? Wir seien doch trotz der Krise erfolgreich und publizistisch unverbraucht. Der Journalist sei zwar ein Linker, so wurden wir »gewarnt«, aber man könne mit ihm reden, und er sei für Argumente offen. Dr. Eichmeier kam. Wir führten ein Gespräch, das über zwei Stunden dauerte. Eichmeier war sehr überrascht, wie er sagte, dass er zwölf Kilometer von Stuttgart entfernt ein Unternehmen mit über 600 Mitarbeitern und 50 Millionen D-Mark Umsatz fand, das keiner kannte.

Er schrieb einen für TRUMPF außerordentlich positiven Artikel, den wir aber für durchaus objektiv hielten. Durch das Gespräch entstand eine persönliche Beziehung, die über Jahrzehnte dauerte. Als unsere Tochter Nicola während ihres Philologie-Studiums ein Praktikum bei einer Zeitung machen wollte, betreute er sie bei den »Stuttgarter Nachrichten« aufs Beste. Viele wohlwollende Berichte über unsere Firma folgten in den »Stuttgarter Nachrichten«. Bald dann in der ganzen deutschen Wirtschaftspresse.

Das Interview mit Eichmeier war ein sogenannter Paradigmenwechsel für TRUMPF im Umgang mit den Medien. Es entsprach meiner Überzeugung, dass es unsere Firma verdiene, in der Öffentlichkeit vorgestellt zu werden. Auch die Öffentlichkeit hatte Anspruch, über unser Tun unterrichtet zu werden. Der klassische schwäbische Unternehmer alten Schlages dachte ganz anders: Nur nicht mit Journalisten reden. Vor allem keine Zahlen nennen. Man wusste ja nie, was die Kunden und Konkurrenten daraus ableiteten und gegen einen verwenden würden. Im Verborgenen blühen war die Devise und Bescheidenheit eine Zier. Die Bilanz und die Gewinn- und Verlustrechnung waren Geheimdokumente. Die holte man aus dem Kassenschrank, der im Chefzimmer stand, und ließ allenfalls den Bankier einen kurzen Blick hineinwerfen, um sie alsbald wieder einzuschließen. Nach Hause nahm man sie nie, damit die Frau auf keine dummen Gedanken zum Geldausgeben käme. Ähnlich dachte man auch bei TRUMPF. Die freundlichen Presseberichte aber las man trotzdem gerne.

Zeit für Politik?

Die politische Landschaft in Baden-Württemberg war nach dem Zustandekommen der sozialliberalen Koalition im Bund im Herbst 1969 ein wenig in Unordnung geraten. Traditionelle Wähler der FDP begannen, sich neu zu orientieren. Schon das Etikett »sozialliberal« war für mich ein Ärgernis. Sozial war unser Handeln auch, und liberal waren wir allemal. Aber mit dieser Koalition hatten wir nichts im Sinn. Also die CDU.

In Stuttgart formierte sich ein Kreis aus der mittelständischen Wirtschaft um die Vorstände Walther Zügel von der Landesgirokasse und Dieter Paulus von der Württembergischen Versicherung. Auf Einladung der Herren traf man sich im Haus Scheufelen in der Stafflenbergstraße zum Gedankenaustausch. Es ging (vordergründig) darum, Ideen und Vorschläge zu formulieren, wie sich die bürgerliche Mitte darzustellen gedachte, und (hintergründig) darum, Geld für die CDU zu sammeln. Die Einladenden wie der Tagungsort genügten dem Anspruch schwäbischer Honorigkeit. Ich nahm teil und lernte interessante Menschen aus dem schwäbischen Mittelstand, aber auch aus Großunternehmen kennen. Irrlichter waren ebenfalls darunter. Wir diskutierten über die Notwendigkeit, die Marktwirtschaft zu erhalten (wir sahen sie durch die aktuelle Regierungspolitik gefährdet), bejahten die Sozialpflichtigkeit des Eigentums, waren gegen nationale Alleingänge in der Wirtschaftspolitik und forderten einen flexibleren Arbeitsmarkt.

Als Referenten kamen der Stuttgarter Oberbürgermeister Manfred Rommel, der baden-württembergische Ministerpräsident Hans Filbinger sowie einige prominente Bundespolitiker. Wie immer nahm ich mich der Sache mit Begeisterung an, wenn auch im Hinterkopf eine leichte Reserviertheit gegenüber zu großer Parteinähe blieb. Ein noch so wohlformuliertes Parteiprogramm hat nie in allem recht. Und die Freiheit, eine eigene Meinung zu haben, war mir immer wichtig. Schulterklopfende Parteikameraderie oder unerbetene Nähe liegen mir nicht. Sie wurden in diesem Kreis auch nicht erwartet oder geübt. Vielmehr entstand ein Netzwerk von Menschen, die ähnlich dachten und die sich in einer Bundesrepublik zu Wort melden wollten, in der vieles im Umbruch und manches für sie unverständlich war.

Am 14. November 1973 starb Christian Trumpf. Er war 81 Jahre alt geworden. Seine letzten Jahre waren sehr beschwerlich gewesen. Seine kranke Frau lebte im Stuttgarter Bürgerhospital. In ihr Zimmer zog er für fast zwei Jahre mit ein, fühlte sich immer selbst krank und dem Tode nahe. Oft hatte ich in früheren Jahren von ihm gehört, dass er sich danach sehne, der Bürde der Leitung seines Unternehmens ledig zu werden. Er wolle sich um seine (bedeutende) Sammlung von Ostasiatika kümmern, wolle Freundschaften pflegen und Reisen machen. Davon war nach seinem Ausscheiden aus der Unternehmensverantwortung keine Rede mehr. Sein Leben war die Firma gewesen. Hobbys sind Nebenbeschäftigung, nicht Lebensinhalt.

In der Firma, die seinen Namen trägt, änderte sich durch seinen Tod nichts. Für mich war sein Tod aber durchaus ein großer Verlust. Auch wenn es längst keine Weisungen mehr von ihm gab, waren mir sein Urteil und vor allem seine Anerkennung wichtig. Er fehlte mir auch als interessierter Begleiter. Wenn niemand mehr vor einem steht, dem durch Verdienst und Tätigkeit, durch Erfolg und Alter Respekt zukommt, verliert man einen Orientierungspunkt. Für mich waren seine Person und sein Interesse an meinen Ideen immer ein Ansporn.

Anne Trumpf starb ein knappes Jahr nach ihrem Mann. Sie war in vielen Jahren eine treue Freundin unserer Familie gewesen. Besonders verbunden war sie mit meiner Mutter. Die beiden Frauen sprachen sich über vieles aus, das sie bewegte. Unvergesslich ein Anruf von Anne Trumpf an einem frühen Sonntagmorgen im Juni 1941. Das Gespräch dauerte nur kurz. »Krieg mit Russland«, sagte meine Mutter, als sie vom Telefon zurückkam. Sie fügte hinzu, dass sie beide der Überzeugung seien, damit sei der Krieg verloren, und Hitler, den sie beide ablehnten, würde verschwinden. Auch für meine Berufswahl hat sie, meine Patentante, eine wichtige Rolle gespielt. Jedes Jahr lag zu Weihnachten »Das neue Universum« auf meinem Gabentisch. Ich las es immer von vorne bis hinten, und Technik und Naturwissenschaften erhielten Rang und Profil in meiner Gedankenwelt. Anne Trumpf wurde von vielen, die sie kannten, wegen ihrer souveränen und klugen Persönlichkeit geachtet und geschätzt. Das Erlöschen ihrer Persönlichkeit durch die Erkrankung war für uns alle eine schlimme und schmerzliche Erfahrung. Bei der Beerdigung von Anne Trumpf sahen wir viele ihrer Weggefährten und Freunde, die oft Gäste bei Veranstaltungen in unserer Firma oder bei wunderbaren Festen der Familie Trumpf gewesen waren, zum letzten Mal. Eine Ära war zu Ende gegangen.

Hugo Schwarz und ich übernahmen, wie vertraglich vereinbart war, ihre Anteile und zahlten ihre Erben aus. Mit meinem Partner Hugo Schwarz verstand ich mich gut. Wir hatten die Arbeitsbereiche im Unternehmen aufgeteilt. Ich war für die Entwicklung, die Produktion und (unausgesprochen) für den Vertrieb zuständig. Schwarz kümmerte sich um das Rechnungswesen, die Finanzen und den Einkauf. Er bestimmte – nüchtern und zahlenbewusst – die Preise unserer Produkte. Wir fuhren gut damit. Ingenieure sind immer geneigt, ihre Produkte zu billig anzubieten. Der Markt will immer niedrige Preise. Und der

Entwickler, der sein Produkt liebt, will es anerkannt (und oft verkauft) wissen. Er neigt deshalb dazu, zu billig in den Markt zu gehen.

Auch die Temperamente von Hugo Schwarz und mir ergänzten sich gut. Hier der erfahrene, ruhige Kaufmann, dort der etwas ungeduldige, neugierige Ingenieur und Weltinteressierte. Von mir sollten in erster Linie die Antriebskräfte ausgehen. So wurde es allgemein erwartet und von Hugo Schwarz auch akzeptiert. Meiner Besessenheit, das Unternehmen voranzubringen, setzte er nie Widerstand entgegen. Aber meine Leidenschaft verstand er vielleicht nicht immer. Er war mit dem Erreichten meistens zufrieden. Ich eigentlich nie. Dies wurde auch in meiner engsten Umgebung, in der Entwicklungsabteilung, kritisch registriert. Warum immer wieder Neues? Warum das ständige Suchen und das Infragestellen bewährter Lösungen? Warum immer Zeitdruck bei der Einführung neuer Produkte? Ich hielt es für nötig, und die Konkurrenz sorgte auch für Druck. Vor allem ein neuer japanischer Konkurrent stand dafür.

Bei vielen Interviews hatte ich auf die Frage, was wir für Maschinen herstellten, geantwortet: »Wir machen Maschinen, um Löcher in Bleche zu machen.« Dies war auch die Hauptanwendung unserer numerisch gesteuerten Stanz- und Nibbelmaschine TRUMATIC. Sie war bei weitem unser wichtigstes Produkt und stand in Konkurrenz zu den sogenannten Revolverstanzmaschinen. Bei diesen Maschinen werden die Werkzeuge in zwei scheibenförmigen Tellern untergebracht, die im Maschinenrachen eingebaut sind. Jedes Werkzeug hat eine andere Form und stellt einen entsprechenden Ausschnitt im Blech her. Jeder Werkzeugsatz besteht aus zwei Teilen, dem Stempel, der im oberen Teller untergebracht wird, und dem Gegenwerkzeug, der Matrize, die unten eingebaut ist. Dazwischen gibt es auch noch den sogenannten Abstreifer, der aber oft mit dem Stempel zu einem Satz zusammengefügt wird. Im einen Werkzeugsatz wird durch Drehen der Teller in Arbeitsstellung gebracht. Das geht schnell: In weniger als einer Sekunde ist ein neues Werkzeug durch Drehen der Revolverscheiben in Arbeitsstellung. 20 bis 30 verschiedene Werkzeuge konnten die Revolverteller aufnehmen.

Als der neue japanische Konkurrent, die Firma Amada, erschien, hatten ihn zunächst die amerikanischen Hersteller von Revolverstanzmaschinen, die Firmen Wiedemann und Strippit, so wenig ernst genommen wie ihr deutscher Konkurrent Behrens. Auch wir fühlten uns nicht gefährdet. Die Japaner hatten laut Presseinformation in ihrer Maschine 72 Werkzeuge im Revolver untergebracht. Wie das? Sie hatten einfach im Revolverteller drei Werkzeugkreise gebildet und so die ganze Scheibe ausgenutzt. Die numerische Steuerung, die sie einsetzten, war in der Lage, die drei Werkzeugpositionen, die es nunmehr gab, durch Koordinatentransformation jeweils zu korrigieren. Die Maschinenkonzeption stammte von amerikanischen Ingenieuren. Sie wurde von den Japanern aufgenommen, und diese brachten die Maschine auch zum Laufen. Die etablierten amerikanischen Firmen, die auch schon den einfachen Revolver erfunden hatten (und dabei geblieben waren), wurden von den Japanern zunächst bedrängt und dann verdrängt. Ein Beispiel, das sich vielfach – in allen möglichen Feldern der Industrie – wiederholen sollte.

Auch wir waren vom Erscheinen der Japaner durchaus betroffen. Wir hatten aber ein anderes Prinzip als die Revolverstanzer. Wir wechselten die verschiedenen Werkzeuge entweder von Hand oder durch einen automatischen Wechsler direkt in den Maschinenstößel ein, den »Beweger« des Werkzeuges. Der Stößel war höchst komfortabel ausgestattet. Er hielt die Werkzeuge mit Hydraulikkraft fest, war im Maschinengestell stabil geführt und mit allerlei Sensorik ausgestattet. Wir konnten jedes Werkzeug deshalb vielseitiger einsetzen. Vor allem konnten wir mit jedem Werkzeug »nibbeln«, also schrittweise stanzen, und so jeden größeren Ausschnitt herstellen. Wir konnten auch unsere Maschine schneller auf ganz andere Werkstückfamilien umrüsten. Aber wir brauchten länger, auch mit unserem automatischen Werkzeugwechsler, um unterschiedliche Werkzeuge in die Arbeitsposition zu bringen. Flexibler waren wir, aber, bezogen auf das Einzelwerkstück, auch langsamer. Wir konnten jedoch – zum Beispiel über einen Wochenzeitraum – mehr unterschiedliche Werkstücke produzieren. Wir blieben ein erfolgreicher Außenseiter beim Stanzen mit numerisch gesteuerten Maschinen. Denn wir verkauften den kleinen Unterschied.

Wir erfanden eine Maschine mit zwei Werkzeugstößeln. Einer arbeitete immer. In den anderen wurde inzwischen ein neuer Werkzeugsatz eingewechselt. Dann trat der zweite Stößel mit dem neuen Werkzeug in Aktion. Die Werkzeugwechselzeit betrug null Sekunden. Unsere Schwäche war überwunden. Die Maschine war kein Markterfolg. Sie war zu teuer und auch zu kompliziert und damit störanfällig. Es ist falsch, nur mit dem Blick auf die Konkurrenz zu entwickeln.

Man muss die eigenen Stärken verstärken. So erfanden wir – Jahre später – ein Werkzeug, in dem mehrere kleine Werkzeuge untergebracht waren, die nacheinander in die Arbeitsposition gebracht werden konnten. Das Multitool, eine Idee von Hans Klingel, war eine viel bessere Lösung als unsere Doppelkopfmaschine.

Die Japaner entwickelten die Möglichkeit, einzelne Werkzeuge im Revolver zu drehen. Ein rechteckiger Ausschnitt konnte dann in jeder gewünschten Richtung in ein und demselben Werkstück mit nur einem Werkzeug hergestellt werden. Wir konstruierten eine drehbare Werkzeugaufnahme, in der alle Werkzeuge gedreht werden konnten. Und wir wuchsen. Nicht nur absolut, sondern auch im Anteil am Weltmarkt. Im Geschäftsjahr 1978/79 übersprangen wir zum ersten Mal die Umsatzgrenze von 100 Millionen D-Mark. Das Wachstum in diesem Geschäftsjahr betrug 24 Prozent, die Umsatzrendite 14,3 Prozent. Zwei Faktoren waren in erster Linie dafür verantwortlich: Die unaufhörliche Produktinnovation und die Gründung von Tochtergesellschaften für Vertrieb und Service in aller Welt.

Manche Entwicklungsvorhaben sind uns nicht gelungen. Es gab Fehlschläge in der Produktentwicklung aus unterschiedlichen Gründen. Meistens wurde der Marktbedarf falsch eingeschätzt. Die Fähigkeit, ein technisches Problem zu lösen, genügt nicht. Die Lösung muss den Anwendern klare Vorteile bringen. So entwickelten wir eine kleine stationäre Nibbelmaschine, weil wir vom Werkzeugprinzip unseres beweglichen Elektrowerkzeugs zum Nibbeln begeistert waren. Kaum jemand aber wollte die Werkstücke von

Hand durch die Maschine führen. Hätte uns eine Marktbefragung den Fehlschlag erspart? Ich bin nicht sicher. Kundenbefragungen liefern selten klare Vorgaben für Entwicklungsprojekte. Man verlangt dann nämlich vom Kunden eine intellektuelle Leistung, die man als Hersteller von Investitionsgütern selbst erbringen muss. Man kann vom Kunden nicht erwarten, dass er sich vorstellen kann, ob ihm eine Lösung, die es noch nicht gibt, Vorteile bringen wird. Diese Fantasieleistung ist Aufgabe des Entwicklers.

Es gibt auch Entwicklungen, die den technischen Möglichkeiten vorauseilen. Bei der Entwicklung einer automatischen Biegezelle, die wir TrumaForm nannten, wollten wir das Problem lösen, Blechteile für die Elektronikindustrie in der Größenordnung einer Schuhschachtel, die eine Vielzahl von Biegungen aufweist, computergesteuert automatisch herzustellen. Die Maschine brauchte zum Halten, Führen und Drehen des Werkstücks, was erforderlich war, um die nötigen Biegungen anbringen zu können, eine Vielzahl von bewegten Schlitten und Greifern. Die Programmierung war komplex und schwierig. Wir lernten, wie geschickt zwei Menschenhände sind, geführt von einem Menschenverstand, und wie schwer es ist, solches zu ersetzen. Die Maschine war zu teuer, zu langsam und zu wenig flexibel. Wir verkauften nur wenige Exemplare. Die Entwicklungskosten in Millionenhöhe waren verloren. Dieser Fehlschlag war auch eine Lektion in Demut für uns Ingenieure.

Tochtergesellschaften im Ausland

Die Schweiz war kein Kunststück. Die 1963 gegründete Tochtergesellschaft gedieh in vertrautem Umfeld. Sprache – wenigstens die geschriebene – und Mentalität sind der unseren sehr ähnlich. Zwar sehen nicht alle Schweizer das so, aber es stimmt trotzdem. Auch die Kundenstruktur entsprach der im Schwabenland gewohnten. Wir übernahmen das bewährte System des Direktvertriebs und waren mit einer kleinen Mannschaft von Verkäufern und Servicetechnikern sehr erfolgreich. Am schwierigsten war die Besetzung der Spitze. Nachdem wir den ersten Geschäftsführer in die USA versetzt hatten, taten wir uns lange sehr schwer, einen erstklassigen Schweizer als Nachfolger zu finden. Ein Schweizer musste es aber sein. Erst nach mehreren Wechseln fanden wir aus den eigenen Reihen einen geeigneten ersten Mann.

TRUMPF Maschinen Grüsch AG, Grüsch/Schweiz.

Die ausgeprägte Eigenständigkeit der Schweizer erlebte ich unter anderem bei einem Patentprozess, den wir führten. Ein Schweizer Unternehmen hatte unsere Kopier-Nibbelmaschine nachgebaut. Nicht in allen Einzelheiten, aber doch unter Verletzung eines Kernpatents, wie wir meinten. Es kam nach einigem Schriftwechsel zu einer gerichtlichen Auseinandersetzung. In der Schlussverhandlung wurde ich gefragt, ob ich auf Schriftdeutsch bestehe, dies sei mein Recht. Ich sagte, das sei nicht nötig, als Schwabe verstünde ich ja alles. Als mein Wortbeitrag kam – natürlich sprach ich Hochdeutsch –, merkte ich bald, dass ich, auch wegen der Sprache, als Fremdling in einer geschlossenen Gesellschaft plädierte. Das Urteil fiel für unseren Kontrahenten überraschend günstig aus. Justitia ist zwar blind, aber sie hat Ohren. Die Schweizer Maschine verschwand im Markt, trotz des gewonnenen Patentprozesses. Sie war nicht konkurrenzfähig.

Der Start unserer amerikanischen Tochter 1969 war schwieriger. Der amerikanische Präsident Nixon kündigte 1971 die Währungsvereinbarung von Bretton Woods. Die Wechselkurse konnten sich nunmehr frei entwickeln, und die Parität von Dollar zu D-Mark veränderte sich rapide. Wir hatten mit vier Mark je Dollar begonnen. Binnen weniger Monate kostete ein Dollar nur noch 3,20 D-Mark. Unsere Maschinen waren im amerikanischen Markt über Nacht um 20 Prozent teurer geworden. Unseren japanischen Konkurrenten ging es nicht viel besser. Die Japaner nennen deshalb die Freigabe der Wechselkurse bis heute den »Nixon-Schock«.

Auch die Wertung unserer Technik – mit dem daraus resultierenden Preis – war in den USA anders.

Wir mussten lernen, dass überlegene Technik zwar einen Mehrpreis rechtfertigt, dass aber der vom Kunden akzeptierte Preisabstand zur einfacheren Lösung bei Werkzeugmaschinen schnell eine Grenze findet. 10 oder 15 Prozent mehr kann man durchsetzen, aber dann ist Schluss. Dies gilt zwar überall, in Amerika aber gilt es nachdrücklicher als irgendwo sonst. »Maybe not so good, but good enough«, mussten wir oft hören, wenn wir einen Auftrag an die billigere Konkurrenz verloren hatten.

Die Weite des Landes und die großen Entfernungen ließen auch unser bewährtes System des Direktvertriebs nicht zu. Wir brauchten über das Land verteilt selbstständige Händler, sogenannte »distributors«, die oft viel versprachen und wenig hielten. Dies auch deshalb, weil sie mit ständigem Personalwechsel leben mussten. Kaum hatten wir einem Verkäufer etwas Grundwissen beigebracht, wechselte der den »Job« und verkaufte nun statt Werkzeugmaschinen Gebrauchtwagen oder Bürobedarf oder »frozen yoghurt« oder was auch immer. Firmentreue war so selten wie das Festhalten an einem erlernten Beruf. Die deutsche Unbeweglichkeit, so fanden wir, hat auch ihre Vorteile. In Regionen, die für uns wichtig waren, setzten wir fest angestellte und von uns ausgebildete »regional managers« ein. Diese hatten die Händler in ihrem Gebiet zu betreuen. Das Wissensdefizit bei vielen Händlern sollte dadurch gemindert werden. Wir begannen mit zwei »regionals« und bauten dieses System im Lauf der Jahre auf acht Personen aus.

Amerika wurde trotz aller Schwierigkeiten ein Erfolg. Ein unstetiger zwar, wie wir lernen mussten, mit Höhen und Tiefen. Aber mit Ausdauer und Hartnä-

TRUMPF Inc., Farmington/USA – im Hintergrund die Urzelle mit »Jahresringen«.

ckigkeit konnten wir nach Jahren ein Viertel des US-Markts erobern. Vor allem gegen Konkurrenten aus Japan, aber auch aus Europa. Die amerikanische Konkurrenz wurde über die Jahre schwächer und schwächer. Einzelne Firmen wurden sogar von ihren Lizenznehmern aus Japan aufgekauft.

Wir gründeten in den Folgejahren Auslandstöchter für den Vertrieb in England (1974), in Japan (1977), in Frankreich (1979), Brasilien (1981). Zwei Jahrzehnte später war TRUMPF in 32 Ländern mit eigenen Gesellschaften vertreten. Das mit Mühe und Sorgfalt aufgebaute weltweite Netzwerk selbstständiger Importeure fand unsere Neigung, eigene Vertriebstöchter zu gründen, nicht immer sehr glücklich. Der Verdacht lag nahe, dass wir den Importeuren die Erschließung ihres Marktes überließen, um dann die Früchte der Aufbauarbeit selbst zu ernten. Immer wieder mussten wir erklären, dass wir nur dann einen Markt selbst in die Hände nehmen wollten, wenn der Vertreter das Interesse an unseren Produkten verloren hatte. Oder wenn wir nach vielen Mahnungen aus guten Gründen sehr unzufrieden waren.

Das Konzept, mit eigenen Gesellschaften im Ausland vertreten zu sein, bindet Kapital. Zugleich fordert es persönliches Engagement der Firmenleitung des Stammhauses. Man muss bereit sein, sich anderen Verhältnissen und Mentalitäten zu stellen. Wie bei allem Neuen muss man auch hier Risiken eingehen. Aber es stärkt nach unserer Erfahrung die Position des Herstellers in jedem Markt. Die Käufer von Produktionsmaschinen überall auf der Welt gehen immer ein Risiko ein, wenn sie eine »fremde« Maschine kaufen, eine Maschine also, die in einem weit entfernten Land hergestellt wird. Wie setze ich meine Interessen durch, wenn die Maschine die Ansprüche nicht erfüllt? Wie erhalte ich Ersatzteile? Wie funktioniert der Service? Solche und ähnliche Fragen müssen sich die Käufer von Investitionsgütern stellen. Denn der Unternehmer oder verantwortliche Angestellte geht mit dem Kauf einer teuren Maschine immer auch ein persönliches Risiko ein.

Ein Produzent, der eine Tochtergesellschaft gründet, zeigt in dem jeweiligen Land Flagge. Er signalisiert, dass ihm der Markt wichtig ist und dass er dort bleiben will und für den Markt selbst ein Risiko eingeht. Ziel muss immer sein, für den Kunden in jedem Markt dieselbe Qualität zu bieten wie ein lokaler Hersteller.

In den Ländern des sogenannten COMECON, also den Ostmärkten, taten wir uns viel schwerer. Dort konnten wir keine Tochtergesellschaften gründen. Wir arbeiteten mit Exportfirmen oder, ganz gelegentlich, mit Agenten vor Ort zusammen. Zu unseren Landsleuten in der DDR hatten wir viele Jahre fast keinen Zugang. Um die UdSSR bemühten wir uns in besonderer Weise. Wiederholt waren wir in Moskau bei vom VDW organisierten Ausstellungen im Sokolniki-Park. Wir hatten immer einen großen Andrang auf unserem Messestand, aber verkauft haben wir wenig. Unsere Konkurrenz aus Norddeutschland machte das Geschäft. Uns standen unsere Geschäftsgrundsätze im Weg.

Ich hörte von großen Geschäften, über die meine Kollegen im VDW berichteten und glaubte, dass die Zusammenarbeit mit einem Wiener Exportunternehmen die Chancen für uns verbessern könnte. Aber wir kamen in Russland nicht voran. Ich wollte mich persönlich einbringen und reiste wiederholt nach Moskau. Außer Terminen in Ministerien, die vom üblichen Ost-Karbol-Geruch erfüllt waren, kam wenig zustande.

Einen Aufenthalt habe ich in besonders übler Erinnerung. In dem kleinen Duschbad in meinem Hotelzimmer lief die Toilettenspülung 24 Stunden mit erheblichem Geräusch, die Mechanik im Spülkasten war defekt. Später habe ich immer Schraubenzieher und eine Klempnerzange auf meine Ostausflüge mitgenommen.

Auch in Polen und Ungarn, durchaus interessante Märkte für uns, hatten wir keinen Erfolg. Eine Ausnahme war die Tschechoslowakei. Hier hatten wir eine fast privat organisierte, gleichwohl staatliche Importfirma als Agenten. Dort gab es einen rührigen jungen Mann, Milan Haltuf, der TRUMPF liebte und es fertigbrachte, die Türen für uns zu öffnen. Aber auch dort war das Geschäftsgebaren manchmal ungewöhnlich. Unser zuständiger Verkaufsleiter, Klaus Seilmeier, und ich waren einmal in Prag, um einen ersehnten großen Auftrag abzuschließen. Wir verhandelten mit der staatlichen Einkaufsgesellschaft. Die Verhandlung zog sich hin. Es war der 22. Dezember. Wir wollten natürlich unbedingt die letzte Abendmaschine nach Frankfurt erreichen. Unser tschechischer Verhandlungsführer wusste dies natürlich und stellte hohe Forderungen. Wir berieten uns und beschlossen, nicht nachzugeben. Milan Haltuf wollte uns notfalls mit dem Auto zur Grenze bringen.

Wir hielten durch, schlossen am Abend ab und fuhren los. An der Grenze sollte mein herbeitelefoniertes Auto warten. Wir kamen spät an der tschechischen Grenzstation an, es muss fast 23 Uhr gewesen sein, passierten den Zoll und standen im Niemandsland. Die deutsche Grenzstation war zweieinhalb Kilometer entfernt. Wir mussten zu Fuß weiterkommen. Mit Aktenköfferchen und glatten Sohlen. Es war dunkel, kalt, und es schneite. Nach einer halben Stunde mühsamen Wegs knackte es seitlich im Gebüsch. Eine tschechische Grenzstreife (wir waren ja noch auf tschechischem Gebiet), komplett mit Schäferhund, umgehängten Maschinenpistolen und weißen Tarnanzügen kam auf uns zu. Wir gingen mit klopfendem Herzen weiter. Nach einiger Zeit kam ein Auto von der tschechischen Seite. Ein alter Mercedes mit deutschem Kennzeichen, der hielt. Ein Deutscher, der noch vor Weihnachten seine in Tschechien verbliebene Mutter besucht hatte. Er nahm uns in sein schon vollgepacktes Auto. Noch nie habe ich mich in einem Auto so wohlgefühlt, eingezwängt zwischen Koffern und Paketen sitzend. Wir fanden meinen Fahrer an der Grenzstation und waren um drei Uhr früh zu Hause.

Erwerb der Mehrheit

Unsere Doppelspitze funktionierte gut. TRUMPF wuchs Jahr für Jahr. Mit den erzielten Gewinnen konnten wir ganz und gar zufrieden sein. Die Aufgabenverteilung war definiert, aber in der Zusammenarbeit gab es nie Schnittstellenprobleme. Uns ging es darum, das Unternehmen voranzubringen. Von meinen Bereichen gingen die meisten Veränderungen aus. Im Maschinenprogramm (das war meine ureigenste Aufgabe), in der Produktionstechnik (dort braucht man immer Geld für neue Maschinen und Gebäude) und in der internationalen Präsenz (die reizte mich in Amerika und Asien besonders). Mir fiel deshalb in besonderem Maß die Verantwortung zu, den 18 Jahre älteren Partner – dazu noch in der Position des Finanzchefs – über meine Absichten zu informieren und für neue Vorschläge zu gewinnen. Das gelang eigentlich immer. Wenn er aber warnend den Finger hob, nahm ich dies ernst.

Im Sommer 1976 hatte Hugo Schwarz eine gesundheitliche Attacke zu überstehen. Die Ärzte empfahlen dem 65-Jährigen, die sitzende Tätigkeit stark einzuschränken. Fast zur gleichen Zeit hatte ich mit ihm über eine sinnvolle, aus meiner Sicht auch notwendige Erweiterung unserer Geschäftsführung gesprochen und vorgeschlagen, auch angestellte Geschäftsführer zu bestellen. Ich dachte insbesondere an unseren hochverdienten Chef des kaufmännischen Innendienstes, Otto Schäfer, den ich für den Vertrieb verantwortlich machen wollte, dann aber auch an den Werkleiter unseres wichtigsten Produktionsstandorts in Hettingen, Karl-Otto Fetzer, als Geschäftsführer Produktion, und an Eugen Herb als Entwicklungschef. Hugo Schwarz meinte, das komme ihm durchaus entgegen. Er wolle sich ohnedies aus gesundheitlichen Gründen aus der Geschäftsführung zurückziehen. Ich solle die Gesamtleitung übernehmen. Er wollte Vorsitzender eines Beirats werden. So geschah es auch.

Wir richteten einen Beirat ein. Als Mitglieder konnten wir Dr. Walther Zügel, den Vorstandsvorsitzenden der Landesgirokasse, meinen Unternehmerkollegen Bernhard Kapp und den Wirtschaftsprüfer Dr. Fritz Wünsch, der uns wiederholt gut beraten hatte, gewinnen. Die Mischung von angestellten Geschäftsführern und einem Gesellschafter-Geschäftsführer funktionierte gut. Notwendig ist, dass der Gesellschafterstatus nicht mit Überlegenheitsgehabe verbunden wird. Der Gesellschafter, mindestens der Mehrheitsgesellschafter, ist in der stärkeren Position. Er hat aber den Außenstehenden und seine Kompetenz zu respektieren.

Für das nachhaltige Fortkommen eines Unternehmens ist eine Lösung mit zwei gleichberechtigten Partnern selten ein guter Weg. Spätestens in der nächsten Generation kann es Probleme geben. Hugo Schwarz und ich sprachen offen darüber. Ich sah verschiedene Möglichkeiten. Entweder einer von uns beiden müsse die Mehrheit erwerben, oder wir müssten einen Dritten als Gesellschafter gewinnen. Ich machte deutlich, dass ich – als der Jüngere – sehr interessiert sei, die

Mehrheit zu erwerben. Ich hatte zuvor mit dem Stuttgarter Anwalt Dr. Walter Sigle gesprochen und bei dem für unser Unternehmen zuständigen Vorstand Seiter von der Landesgirokasse – unserer Hausbank – Rat gesucht. »Machen Sie finanziell ein gutes Angebot«, meinte Seiter. »Billig wird es aber nicht.«

Walter Sigle, den ich in einer gemeinsamen Beiratstätigkeit kennen und sehr schätzen gelernt hatte, führte in meinem Auftrag ein Gespräch mit Hugo Schwarz, in dem er die Gesamtsituation besprach und meine Bereitschaft und meinen Wunsch, die Mehrheit zu erwerben, vortrug. Fritz Wünsch, der Wirtschaftsprüfer, machte eine Unternehmenswertberechnung, und die Landesgirokasse erklärte sich bereit, das Ganze zu finanzieren. Hugo Schwarz stimmte dem Vorschlag unter eine Reihe von zusätzlichen Bedingungen zu, und ich überlegte einen Sommer lang, ob ich einen solchen Schritt auch wagen könnte. Ich wagte es, nahm einen hohen einstelligen Millionenbetrag Schulden im privaten Bereich auf mich (eine der Bedingungen war, dass das Ganze privat finanziert werden müsste) und hatte im Jahr 1978, im Alter von 48 Jahren, die Mehrheit der Anteile der Firma TRUMPF in meiner Hand. Die Gesellschaftsanteile waren nun im Verhältnis 55 : 45 Prozent verteilt.

Natürlich war die Voraussetzung für eine Einigung das in Jahren von beiden erworbene Vertrauen. Wir beide waren überzeugt, dass der andere ein ehrbarer Kaufmann sei und dass deshalb für beide Seiten eine faire Lösung gefunden werden könne. Dass die Transaktion mit nur einem Anwalt bewältigt werden konnte, ist ungewöhnlich. Walter Sigle hat die seltene Gabe, Interessen wahrzunehmen, ohne Partei zu sein.

Wir bildeten einen neuen Beirat, den wir nun Verwaltungsrat nannten und der erweiterte Vollmachten hatte. Vorsitzender wurde wiederum Hugo Schwarz, Mitglieder waren wie bisher Dr. Walther Zügel, Bernhard Kapp und Dr. Fritz Wünsch. Neu hinzu kam Dr. Walter Sigle. Der Verwaltungsrat hatte nach dem neuen Gesellschaftsvertrag, den Sigle entwarf, weitgehende Kontrollrechte. Mir war das recht.

Die Notwendigkeit einer Geschäftsführung, vor Außenstehenden ihr Tun begründen zu müssen, bei allen grundlegenden Entscheidungen die Genehmigung des Verwaltungsrats einholen zu müssen, ist für eine gute Geschäftsführung kein Problem. Herr im Haus ist sie trotzdem und das Bemühen um die Zustimmung des Verwaltungsrats ein hilfreiches Exerzitium. Für die Geschäftsführung kamen oft wichtige Hinweise. Meist warnender Art, gelegentlich erfuhren wir aber auch Ermunterung. Meine Sorgen um die eingegangen Schulden nahm man ernst.

Die Rückzahlung der Schulden hat mich jahrelang beschäftigt. Die konjunkturell schlechten Phasen, die es in der zyklischen Werkzeugmaschinenindustrie immer wieder gibt, konnten wir aber immer ohne große Blessuren überstehen. Wir waren noch klein genug, um rasch reagieren zu können, und wir hatten eigentlich immer eine neue Maschine parat, um den Abschwung der Auftragseingänge zu dämpfen. Dazu kam, dass wir die Täler im Auftragseingang mit hohen Auftragsbeständen mindestens teilweise auffüllen konnten. Die Rückzahlung der Kredite war nie gefährdet und erfolgte wie vereinbart.

Unsere persönlichen Lebensverhältnisse litten nicht darunter. Ich hatte als Geschäftsführer ein in meinen

Augen ausreichendes Einkommen, um unseren Lebensunterhalt zu bestreiten. Darüber hinaus konnte ich vertragsgemäß Zinsen für mein Gesellschafterdarlehen (das ich aus meinen Gewinnanteilen bildete) zusammen mit einer Fest-Dividende auf das Gesellschaftskapital entnehmen. Diese Beträge verwendete ich zur Kredittilgung. Darüber hinaus durfte ich die Zinsen, die für die Kredite zu bezahlen waren, entnehmen. Dies allerdings nur in guten Jahren, wenn die Liquiditätslage dies zuließ. Aber wir hatten eigentlich immer gute Jahre. In den folgenden Jahren konnte ich meine Anteile in zwei Schritten um insgesamt 20 Prozent erhöhen. Im Jahr 1989 hatte ich 75 Prozent der Firmenanteile gekauft. Die Tilgungen für neue Kredite liefen weiter, allerdings hatte sich das Volumen, bedingt durch das immer größer gewordene Unternehmen, deutlich erhöht.

Der TRUMPF Laser

1917 schrieb Albert Einstein – damals Direktor des Kaiser-Wilhelm-Instituts in Berlin – eine Veröffentlichung, in der er nachwies, dass Lichtverstärkung möglich sein müsse. Es dauerte dann 43 Jahre, bis in einem amerikanischen Labor 1960 zum ersten Mal Laserlicht durch den Physiker Theodore Maiman erzeugt wurde. Den Nobelpreis erhielt er dafür nicht. Der ging an den Amerikaner Charles H. Townes sowie die Russen Nikolai Bassow und Alexander Prochorow, die die theoretischen Grundlagen für die Laserphysik legten. Maiman konnte nie verstehen, dass er beim Nobelpreis unberücksichtigt blieb. »Wo ist denn euer Laser?«, so fragte er seine theoretisierenden Kollegen.

Laser ist ein Kunstwort und ein Zauberwort zugleich. Der physikalische Effekt der Lichtverstärkung durch stimulierte Emission von Strahlung steht mit den Anfangsbuchstaben der englischen Beschreibung des Phänomens für das Wort LASER – Light Amplification by Stimulated Emission of Radiation. So kommt das Kunstwort zustande.

Ein Zauberwort ist Laser, weil er eine Welt von neuen Möglichkeiten in den verschiedensten Gebieten eröffnet. Mit Lasern kann man die losgelöste Netzhaut im Auge wieder am Augenhintergrund anschweißen, die Entfernung zum Mond messen, zentimeterdicke Stahlplatten durchschneiden, die Informationen auf CD-Platten abtasten, Schiffe zusammenschweißen, in Diskotheken ein Lichtfeuerwerk veranstalten, schmerzlos Zähne bohren und Falten im Gesicht glätten. Der Laser sei eine Erfindung, die eine Anwendung suche, so spottete man zuerst. Denn man erkannte nicht gleich, welche Möglichkeiten in dem Effekt stecken.

So sind wohl manche Sachen,
die wir getrost belachen,
weil unsre Augen sie nicht sehn.

So dichtete Matthias Claudius schon vor über 200 Jahren in seinem »Abendlied«.

Laser gibt es in den unterschiedlichen Leistungsklassen, vom Milliwatt- bis zum Multi-Kilowatt-Bereich. Laserlicht kann in sehr unterschiedlichen Medien erzeugt werden – in Kristallen, in Gasen oder auch in Flüssigkeiten. Auch Halbleiter – sogenannte Laserdioden – emittieren Laserlicht. Dabei ist die erzeugte Wellenlänge ganz verschieden. Weit im Infrarotbereich strahlen CO_2-Laser. Anders Kristalllaser dagegen in für unsere Augen sichtbaren Wellenlängen. Und wieder andere im ultravioletten, nicht sichtbaren Bereich. Laserlicht kann taktweise ausgestrahlt werden – gepulste Laser nennt man diese –, mit Pulslängen, die so kurz sind, dass sie nur ein Millionstel von einer Millionstel Sekunde dauern; 10^{-12} sec. ist die Pulslänge, sagen die Physiker dazu. Das Licht, das bekanntlich 300 000 Kilometer Weg in der Sekunde zurücklegt, schafft in dieser Zeit einen Weg von gerade 0,3 Millimetern. Mit solchen Pulsen kann man kalt Materie zerstören, weil die Wirkung des Pulses kürzer dauert als die notwendige Zeit, um einen Wärmeübergang zu ermöglichen. Man kann mit einem solchen Lichthammer einen Zündholzkopf durchbohren oder beschriften, ohne dass der sich entzündet. Oder man kann auch schmerzlos einen kranken Zahn aushöhlen.

Laserlicht hat zwei charakteristische Eigenschaften: Es ist monochrom, das heißt, es wird nur eine Wellenlänge ausgestrahlt, und die Strahlen, die ja den Charakter von Wellen haben, schwingen im Gleichtakt. Die Physiker nennen diese Eigenschaft kohärent. Laserlicht, auf einen Punkt gebracht, kann so eine außerordentlich hohe Energiekonzentration erzielen. Das Sonnenlicht ist im Vergleich dazu eine unordentliche Angelegenheit. Es setzt sich aus Strahlen aller möglichen Wellenlängen zusammen, und die schwingen auch keinesfalls koordiniert oder kohärent. Ein Brennglas, das das Sonnenlicht auf einem Blatt Papier konzentriert, kann dieses schwärzen oder sogar entzünden. Damit ist es aber getan. Das Laserlicht, auf den gleichen Punkt gebracht, kann Metall verdampfen. Der Lasereffekt macht Licht zum Werkzeug.

Laser ist aber nicht nur ein Kunstwort. Es ist auch ein Phänomen, das in der Natur nicht vorkommt. Erstaunlich ist, dass dieses »unnatürliche« Werkzeug bei keiner Anwendung auf gesellschaftlichen Widerstand stieß. Anders als die Kernenergie oder die Gentechnologie ist der Begriff Laser positiv besetzt – mehr: Er ist ein Zauberwort, das seine Hersteller und Anwender mit der Aura des Fortschritts verbindet. Dass eine neue Technik so empfunden wird, und zwar allerorten und sogar von den Grünen dieser Welt, ist eine Seltenheit. Dass man im Unbekannten keine Gefahr sieht, ist fast ein Wunder. Vielleicht muss man in der Medizin beginnen (wie es beim Laser mit der Augenheilkunde war), um akzeptiert zu werden. Allerdings ist dies bei der Gentechnik anders – die rote (mit Wirkstoffen für die Medizin) hat der grünen (hier sind Pflanzen gemeint) in der Akzeptanz wenig geholfen. Aber die allgemeine Zustimmung hat der Laseranwendung in der ganzen Breite Rückenwind verschafft.

Wir interessierten uns für den Laser als Schneidwerkzeug für Bleche. Bleche mit Licht trennen zu können, war ein kühner Gedanke. Aber die Vorteile lagen, wenn es denn ginge, auf der Hand. In den Fachzeitschriften war in den Siebzigerjahren immer häufiger zu lesen, der Laser sei jetzt in der Tat in der Lage, Bleche mit mehreren Millimetern Dicke zu trennen. Die Schnittfuge sei außerordentlich klein, sie betrage weniger als 0,5 Millimeter. Und die Wärmeeinbringung in das Werkstück sei gering. Für uns waren dies alles interessante Aspekte.

Aber es gab interne Widerstände – auch emotionaler Art – gegen eine intensive Beschäftigung unsererseits mit dem Laser. Wir waren doch die Könige des Nibbelns. Ausschnitte und Außenformen von Blechteilen in jeder gewünschten Form konnten wir durch schrittweises Stanzen – manuell oder auf computergesteuerten Maschinen – automatisiert herstellen. Niemand auf dieser Welt konnte dies besser. Unsere wichtigsten Patente bezogen sich auf das Nibbeln. Auch etliche meiner Patente gehörten dazu.

Warum sollten wir unser eigenes Tun in Frage stellen? Dazu kamen sachliche Gründe: Die von uns benötigten Laser waren damals nur in den USA zu bekommen. Sie waren teuer und, wie wir wussten, noch nicht sehr betriebssicher. Der kluge, aber auch ein wenig skeptische Leiter unserer technischen Grundlagenabteilung, Dr. Hubert Bitzel, meinte, dass wir mit den Lasern das Gleiche wie bisher zustande bringen könnten – aber zu wesentlich höheren Kosten. Ich war trotzdem entschlossen, mich um den Laser und seine Möglichkeiten zu kümmern. »Das Bessere ist des Guten Feind.« Ermuntert wurde ich von einigen jungen Ingenieuren in unserem Haus. Besonders hervorgetan bei den Vorgesprächen hatte sich Dr. Manfred Geiger, der sich später als Professor in Erlangen mit der Forschung in der Laseranwendung einen Namen machte.

Im Winter 1978 flog ich in die USA, um eine Reihe von Laserherstellern zu besuchen. Es war lausig kalt in Hartford, wo ich bei United Technologies einen Herrn Carstens traf, der mir Schnittproben seines Lasers in Blechen zeigte. Die Schnittproben, die er in einer Zigarrenkiste untergebracht hatte, sahen ganz gut aus. Ich durfte auch einen kurzen Blick auf seinen Laser tun. Ich reiste weiter zu GTE Sylvania in San Francisco und zu Coherent in Palo Alto. Das Wetter wurde von Ost nach West besser. Für den Laser galt dies auch, aber mit Einschränkungen. Den vierten Hersteller auf meiner Liste, Photon Sources in Michigan, besuchte ich nicht mehr – aus Zeitmangel, aber auch, weil ich von Coherent und seinem Produkt einen recht guten Eindruck gewonnen hatte.

Nach Deutschland zurückgekehrt, überzeugte mich meine Entwicklungsmannschaft, dass wir den Photon-Laser kaufen sollten, also jenen, den ich nicht gesehen hatte. Photon habe in München eine funktionierende Servicemannschaft. Unerfahren, wie wir in der neuen Technologie waren, bräuchten wir die Unterstützung unbedingt, um unser Projekt zum Laufen zu bringen.

Wir bestellten also einen Laser. Ein Ungetüm – mit einer Länge von 4,5 Metern und einer Ausgangsleistung von 500 Watt – stand nach einiger Zeit in unserer Versuchswerkstatt. Wir bauten den Laser im folgenden Frühjahr an unsere kleinste numerisch gesteuerte Stanzmaschine an. Wir schnitten Bleche, aber mit erheblichen Problemen. Der Laser schnitt, in unterschiedlichen Richtungen über das Blech bewegt, mit wechselnder Qualität. Mit dem Schnitt in der Mitte des Bleches zu beginnen, war nicht möglich, da der Laser nicht »einlochen« konnte. Also stanzten wir jeweils ein kleines Startloch vor. Das Problem der unterschiedlichen Schneidqualität des Lasers in verschiedene Richtungen war systemimmanent, wie wir im September bei der Werkzeugmaschinenausstellung in Chicago feststellen konnten. Ein amerikanischer Konkurrent – Strippit – zeigte eine NC-Stanzmaschine mit »unserem« Laser. Strippit hatte, das konnte man bei der Messevorführung sehen, die gleichen Probleme mit dem Laserschnitt wie wir.

Der Lieferant des Lasers war unmittelbar nach unserer Bestellung mit der Information, TRUMPF entwickle eine Laserschneidmaschine, zu unserem Konkurrenten geeilt und hatte ihn dadurch zu einer eigenen Entwicklung veranlasst. Der Laserlieferant hatte einen Vertrauensbruch begangen. Keinen Vertragsbruch, aber er hatte gegen die Usancen verstoßen. Man macht keine Geschäfte auf dem Rücken des Kunden.

Strippit hatte eine sehr ähnliche Konzeption in der Aufstellung des Lasers und der Zuführung des Laserlichts, wie wir sie in der Zwischenzeit auch realisiert hatten, sogar einige Monate früher als die Amerikaner. Was uns ungeheuer störte, war, dass uns der Entwicklungsvorsprung durch die frühere Ausstellung auf der amerikanischen Werkzeugmaschinenmesse sozusagen gestohlen worden war. Denn wir hatten geplant, sechs Monate später auf der europäischen Werkzeugmaschinenmesse in Mailand unsere Maschine erstmals zu zeigen. Darüber hinaus – und das war nun wirklich gravierend – hatte Strippit ein Patent angemeldet, das den Laseranbau an der Maschine schützte. Der Patentinhalt war aus unserer Sicht trivial, aber das amerikanische Patentamt dachte anders. Unsere Nichtigkeitsklage wurde rundweg abgewiesen. Wir hatten uns mit einem Patent auseinanderzusetzen, das uns wirklich ärgerte. Strippit untersagte die Einfuhr unserer Maschine in die USA. Wir widersetzten uns und verwiesen auf die Vorbenutzung. Die Entwicklung der Lasermaschine hatten wir angestoßen und die Konstruktion früher als Strippit realisiert. Es nützte uns nichts. Denn das amerikanische Patentamt verlangt, dass die Vorbenutzung in den USA stattgefunden haben muss, um relevant zu sein.

Wir lernten das amerikanische Handelsrecht kennen. Der Anwalt von Strippit bemühte eine Verordnung, die sich »Trade Expansion Act« nennt, die aber durchaus auch Reduktionen von Einfuhr meint. Wenn für eine amerikanische Firma ein Produkt durch ein Patent geschützt ist, kann die Einfuhr eines Produkts, das dieses Patent verletzt, verboten werden. Die Patentverletzung wird mit dem Begriff »Unfair Trade Practices« erfasst. Mit der Verordnung hätte man unter Umständen ein Verbot für die Einfuhr aller unserer Produkte bewirken können.

Die Rechtsanwälte beider Seiten stritten, tauschten Schriftsätze aus und kamen nicht weiter. Nach

18 000 Seiten beschriebenem Papier, Vernehmungen in Deutschland und einer Einladung an mich und unseren Entwicklungschef Klingel, in Washington für einige Wochen für Fragen zur Verfügung zu stehen, gaben wir auf.

Ich flog mit der Concorde am Morgen nach New York, traf auf dem Flugplatz den Präsidenten unseres Konkurrenten Strippit und handelte einen Lizenzvertrag aus. Sechs Prozent für alle Lasermaschinen, die wir in die USA einführten, wurden vereinbart. Wir fühlten uns zwar immer noch im Recht, die Lösung des Problems überzeugte uns aber. Denn ein Verhandlungskompromiss ist meist besser als eine vor Gericht durchgefochtene Entscheidung.

Die geschäftliche Wirkung war übrigens recht gering. Das Strippit-Produkt war unausgereift und schädigte den Ruf der Laserstanzmaschinen in den USA nachhaltig. Auch wir konnten danach nur wenige Maschinen in den USA verkaufen. Wir arbeiteten mit Nachdruck an der Verbesserung unserer Maschine und hatten im europäischen Markt erste Erfolge. Das Schneidproblem konnten wir endgültig mit Hilfe des Laserherstellers Coherent lösen. Coherent hatte herausgefunden, dass der Laserstrahl nicht linear, sondern zirkular polarisiert sein musste. Dann konnte man in jeder Richtung mit gleicher Qualität schneiden. Wir wechselten zu Coherent. Mir kam dieser Wechsel von Photon zu Coherent zupass. Ich hatte Photon den Vertrauensbruch nie verziehen. Geschäftspartner habe ich immer auch nach moralischen Kategorien ausgewählt.

Mit den immer besseren Stanz-Lasermaschinen hatten wir großen Erfolg. Schon nach drei Jahren waren nahezu 200 Maschinen im Feld. Coherent bemühte sich um uns und strengte sich an, unsere Wünsche zu erfüllen. Wir waren aber trotzdem über die Situation nicht glücklich. Wir waren abhängig von einem weit entfernten Lieferanten. Alle unsere Verbesserungsideen flossen kostenlos in seine Produkte ein und kamen so auf lange Sicht auch unseren Konkurrenten zugute. Denn Coherent belieferte natürlich im Laufe der Zeit auch andere Hersteller von Lasermaschinen. Die von Physikern konstruierten Laser entsprachen auch nicht den rauen Werkstattbedingungen. Vor allem war die Maximalleistung von 750 Watt, die wir erreicht hatten, zu gering. Der Markt verlangte stärkere Laser. Aber Coherent schaffte es nicht, einen 1000-Watt-Laser, den wir dringend forderten, zu realisieren. Wir entschlossen uns, einen eigenen Laser zu entwickeln.

Dieses Unternehmen war kühn. Wir waren Maschinenbauer. Wir konnten mechanische Gebilde ersinnen, die Werkzeuge und Werkstücke in Relation zueinander bewegten. Wir konnten das Ganze mit hohen Geschwindigkeiten und großer Präzision, gesteuert von Computern, bewerkstelligen. Aber von der Laserphysik hatten wir wenig Ahnung. Wir suchten deshalb zuerst in den frühen Achtzigerjahren Partner und wissenschaftliche Unterstützung. Wir suchten sie in Palo Alto, in Boston, in München, in Darmstadt und auch in Fürstenfeldbruck. Aber fündig wurden wir nur in Stuttgart-Vaihingen, in einem Labor der DFVLR, der Deutschen Forschungs- und Versuchsanstalt für Luft- und Raumfahrt. Dort entdeckten wir ein interessantes Laserkonzept. Gemeinsam mit der DFVLR starteten wir ein Projekt. Ziel war ein quergeströmter CO_2-

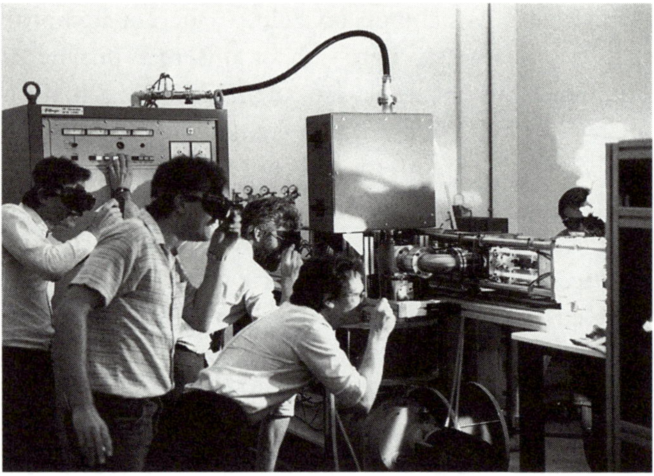

1984 erster geglückter Zündversuch des TRUMPF Lasers.

Laser mit mindestens einem Kilowatt Leistung. Das Projekt wurde vom Bundesministerium für Forschung und Technologie gefördert und vom VDI Technologiezentrum in Berlin begleitet. Nach einem guten Jahr hatten wir einen funktionsfähigen Laser mit 1000 Watt Leistung. Er hatte nur einen Nachteil: Er funktionierte immer nur zirka 90 Sekunden. Das genügte nicht. Das mechanische Grundkonzept stimmte nicht. Das notwendige Vakuum war in der gegebenen Konfiguration einfach nicht zu halten.

Ein CO_2-Laser ist ein kompliziertes Gebilde, bei dem Elektronik, Optik, Strömungstechnik und schließlich auch noch ein wenig Maschinenbau in einen Wirkungszusammenhang gebracht werden müssen. Wir entschlossen uns, auf der Basis des von der DFVLR inzwischen erworbenen Know-hows eine eigene Laserkonzeption zu verwirklichen. Wir wussten, dass dies ein Abenteuer war. Wir bildeten zunächst eine kleine

Entwicklungsgruppe. Diese bestand aus zwei Physikern, einem Maschinenbauer, einem Elektroniker und zwei erfahrenen Versuchsmechanikern nebst einer Sekretärin. Wir mieteten ein Gebäude in unmittelbarer Nähe zum Stammhaus. Dann ließen wir der kleinen Gruppe freien Lauf und verfolgten das Ganze nur durch einen oder zwei Besuche des Entwicklungschefs in der Woche. Auch ich war mindestens ein Mal im Monat für einige Stunden dort. Es gab ein Grundkonzept für den mechanischen Aufbau des Lasers, das von unserem kreativen Entwicklungschef Klingel stammte, mit einer klaren Vorstellung, wie die Laseranregung zu erfolgen habe. Dies als Ergebnis unserer Kooperation mit der DFVLR.

Nach knapp zwei Jahren hatten wir einen funktionsfähigen Laser. Für die notwendige wissenschaftliche Begleitung hatten wir den jungen Laserphysiker Dr. Reinhard Wollermann gewinnen können. Er hatte das Projekt mit der DFVLR als Gutachter begleitet und war von unserem Unternehmen und seinem Stil begeistert. Als wir am Ziel waren, im späten Sommer 1985, hatten wir den besten Schneidlaser der Welt. Auch hatten wir im ersten Anlauf eine Leistungsklasse erreicht, die im Markt auf der ganzen Welt nicht zu bekommen war. Technisch waren wir in diesem Sektor plötzlich klarer Weltmarktführer.

Wir stellten den Laser auf der EMO, der Welt-Werkzeugmaschinen-Ausstellung, zwei Monate später in zwei Modellen aus. Diese gaben 1000 und 1500 Watt Laserleistung ab. Der Laser war auf der Messe eine kleine Sensation. Sogar der Präsident unseres bis dato alleinigen Lieferanten Coherent beglückwünschte uns zu dem Erfolg, als er uns auf der Messe besuchte: »Für uns ist das eine wirkliche Herausforderung.« Er hatte recht. Nach kurzer Zeit bauten wir nur noch unsere eigenen CO_2-Laser an.

Der elektronische Teil für die Laseranregung wurde von der Firma Hüttinger in Freiburg geliefert. Hüttinger hatte einige Probleme auf der Gesellschafterseite und auch in der Führung. Aber Hüttinger war Alleinlieferant einer entscheidenden Komponente für unseren Laser. Mit dem Schwiegersohn der Hauptgesellschafterin, die damals schon 90 Jahre alt war, Dr. Fritz Ruf, dem Sprecher der Familie, konnte ich schnell ein Vertrauensverhältnis herstellen. Wir erwarben von Hüttinger zunächst 40 Prozent Firmenanteile. Kurze Zeit später haben wir dann auf 75 Prozent erhöhen können. Die Familie Hüttinger blieb mit 25 Prozent beteiligt. TRUMPF war als Laserhersteller in der ganzen Wertschöpfungskette etabliert.

Von dem CO_2-Laser, dem wir den Produktnamen TLF (TRUMPF Laser Fast Flow) gaben, haben wir bis zum Jahr 2009 über 20 000 Geräte geliefert. Wir erreichten in kurzer Zeit einen Weltmarktanteil bei Lasern dieser Art von 20 bis 25 Prozent. Die Laser wurden ganz überwiegend zum Schneiden von Blechen aus Stahl, Edelstahl, Aluminium und anderen metallischen Werkstoffen eingesetzt. Stahlbleche bis 25 Millimeter konnten bald getrennt werden. Dazu kamen Schweißaufgaben mit CO_2-Lasern, vor allem beim Dickblech-Schweißen, wie etwa im Schiffbau.

Der Festkörperlaser

Unser Laserangebot für die Fertigungstechnik war nicht vollständig. Uns fehlten kleine Laser zum Präzisionsschneiden und -schweißen oder auch zum Bohren, wie sie in der feinmechanischen Industrie, der Uhrenindustrie oder in der Medizintechnik gebraucht werden. Dazu werden sogenannte Festkörperlaser eingesetzt, solche, bei denen das Laserlicht in einem Kristall erzeugt wird. Und zwar in einem Aluminium-Granat-Kristall, der mit Yttrium angereichert oder, wie die Physiker sagen, dotiert ist. In einem YAG-Kristall (Yttrium-Aluminium-Granat) wird Laserlicht erzeugt, das eine sehr kurze Wellenlänge hat (1000 Nanometer). Das YAG-Laserlicht ist dem sichtbaren Licht, das 400 bis 800 Nanometer Wellenlänge aufweist, sehr nahe, und kann deshalb in flexiblen Lichtleitern transportiert und zur Wirkungsstelle gebracht werden. Dies ist ein großer Vorteil der Festkörperlaser. YAG-Laser werden auch für Laserbeschrifter eingesetzt – ein wichtiges Anwendungsgebiet angesichts der zunehmenden Notwendigkeit, auch Massenteile mit fortlaufenden Nummern zu beschriften.

Wir hatten den Ehrgeiz, der größte Anbieter von Lasern für die Fertigungstechnik zu werden. Also brauchten wir auch Festkörperlaser. Wir prüften, ob wir ein Festkörperlaser-Programm in der nötigen Breite entwickeln könnten, kamen aber bald zu der Erkenntnis, dass wir es mit eigenen Kräften und in der nötigen kurzen Zeit nicht schaffen könnten. Wir brauchten einen Kooperationspartner oder, noch besser, die Akquisition eines guten Festkörperlaser-Herstellers. Wir stellten das Projekt aber bald zurück, weil der Maschinenbau zu Beginn der Neunzigerjahre wieder einmal einen seiner regelmäßigen Abschwünge erlebte.

Die Krise von 1992 bis 1994 war im Maschinenbau – übrigens auch im Automobilbau – besonders heftig. Es war die bis dahin größte Rezession der Nachkriegszeit in unserer Branche. TRUMPF, nicht sehr krisengewohnt, hatte zwei Verlustjahre zu bewältigen. Im ersten Krisenjahr 1992 konnten wir gerade noch ein leicht positives Ergebnis erreichen. Doch dann kamen zwei Jahre mit deutlichen Verlusten. Wir sparten an allen Ecken und Enden, reduzierten die Beschäftigtenzahl von 3100 Beschäftigten zu Beginn der Krise auf knapp 2800. Es reichte nicht aus, Fluktuation nicht zu ersetzen und Mitarbeiter in einen frühen Ruhestand zu schicken, wir mussten auch 65 Entlassungen aussprechen. Dies war für uns alle eine ungewohnte und schlimme Angelegenheit.

Wir veränderten die Gesellschafterstruktur. Hugo Schwarz verkaufte 20 Prozent seiner Anteile an die BWK, die Baden-Württembergische Kapital-Beteiligungsgesellschaft, die zusätzliches Eigenkapital ins Unternehmen einbrachte. Ich wollte meine Anteile unter allen Umständen erhalten und nahm deshalb einen persönlichen zusätzlichen Kredit außerhalb des Unternehmens auf. Das Geld legte ich in die Firma ein. Unsere Eigenkapitalquote erhöhte sich von knapp 20 Prozent wieder auf gut 30 Prozent. Aber es war eine schwere Zeit.

Vor dem Eintritt der BWK hatte ich verschiedene Gespräche wegen Fremdbeteiligungen geführt. Es gab verschiedene Angebote bis hin zu einer Mehrheitsbeteiligung von zwei größeren Konzernen, die an TRUMPF sehr interessiert waren. Ich sollte, so sagte man mir, für einige Jahre Geschäftsführer bei TRUMPF bleiben und erst nach meinem 65. Lebensjahr ausscheiden. Ich war zu diesem Zeitpunkt ja schon 62 Jahre alt. Mir war der Erhalt der Selbstständigkeit unseres Unternehmens existentiell wichtig. Dafür war ich bereit, zusätzliche Anstrengungen und vermehrtes Risiko auf mich zu nehmen. Dazu kam, dass wir mit dem Chef der BWK, Professor Norbert Loos, einen fairen Partner fanden, der in unseren Verwaltungsrat eintrat und dort sehr positiv mitwirkte.

Mitten in der Krise kam der Anruf eines Unternehmensmaklers, der uns einen sehr renommierten Hersteller von Festkörperlasern im Schwarzwald anbot. Mein sehr entschlusskräftiger damaliger Assistent, der natürlich die Situation unseres Unternehmens genau kannte, lehnte kurzerhand ab und vergaß auch, mich zu informieren. Der Unternehmensmakler ließ sich aber nicht so leicht entmutigen, meldete sich erneut und erreichte schließlich mich am Telefon. Ich sah die Chance sofort, war aber höchst unsicher, was zu tun sei. Aber in ein Gespräch eintreten wollten wir auf jeden Fall. Die Firma Haas Laser, um die es sich handelte, schrieb rote Zahlen. Aber die Produktfamilie, die dort hergestellt wurde, war imponierend. Die Hausbank von Haas, die Baden-Württembergische Bank, wurde in die Gespräche einbezogen. Wie es der Zufall wollte, war die Baden-Württembergische Bank auch der größte Anteilseigner der BWK, die bei uns mit 20 Prozent beteiligt war. Wir führten mehrere intensive Gespräche und vereinbarten schließlich, dass wir zunächst 40 Prozent des Unternehmens kaufen würden, wenn die BWK den Rest übernähme. Wir waren bereit, die unternehmerische Führung und Verantwortung zu übernehmen, und taten dies auch alsbald. Der Geschäftsführer von Haas Laser, Paul Seiler, der das Unternehmen aufgebaut hatte, war mit der Übernahme des Unternehmens durch uns völlig einverstanden und behielt auch innerhalb unserer Gruppe seine Aufgabe. Mit großen Anstrengungen und klarer Führung des Unternehmens (und einer sich wieder belebenden Konjunktur) gelang es innerhalb weniger Jahre, gemeinsam mit unserem Partner BWK, Haas Laser zu einem erfolgreichen Mitglied der TRUMPF Firmengruppe zu machen.

Der Laser und seine Anwendung wurde das wichtigste Produkt der TRUMPF Gruppe. Und TRUMPF wurde der größte Hersteller von Lasern für die Fertigungstechnik auf der Welt. Im Geschäftsjahr 2008 betrug der TRUMPF Umsatz mit Lasern und Lasermaschinen über 1,5 Milliarden Euro – mehr als 70 Prozent des Gesamtumsatzes.

Der Erfolg der Lasertechnik hat das Unternehmen nochmals in eine neue Dimension katapultiert. Und auch dieser Erfolg hat – wie immer – viele Väter. Ich möchte den Erfolg nicht an einzelnen Personen festmachen (obwohl es natürlich immer Personen sind, die den Weg bereiten). Ich möchte die Eigenschaften, wenn man will, die Tugenden benennen, die das Wagnis gelingen ließen. Neugier steht ganz vorne. Man muss Unbekanntes wissen wollen. Man braucht Fantasie, um sich vorstellen zu können, was das Neue bewirken könne. Und den Mut, ein Risiko einzugehen. Auch die Bereitschaft gehört dazu, Bewährtes in Frage zu stellen und hinter sich zu lassen, und auch das Glück muss einem hold sein. Geduld muss man haben, um Rückschläge hinzunehmen, und nicht zuletzt ausreichend finanzielle Kraft. In der Summe also »Geist, Geduld, Geld und Glück«. Ob dieses Zitat nun dem Feldherrn von Moltke oder dem Nobelpreisträger Linus Pauling zuzuschreiben ist, soll offen bleiben. Stimmen tut es auf jeden Fall.

Die Kinder wachsen heran

Im Sommer 1973 verbrachten wir wunderbare Ferien in Graubünden. Mit zwei von unseren drei Kindern. Nicola war bei Freunden in den USA. Sie kam nur am Ende unseres Aufenthalts für ein paar Tage zu uns nach Klosters. Fast drei Wochen lang schien die Sonne. Wir erwanderten mit teilweise unwilligen Teenagern die Bergwelt oder waren – auf Wunsch der Teenager – auf der Liegewiese am Hotelschwimmbad.

Doris hatte kurze Zeit vorher von ihrem Vater ein Vorerbe erhalten. Unerwartetes bares Geld. Wir wollten mit dem Geld etwas Außergewöhnliches tun – etwas, was wir uns üblicherweise nicht erlauben würden. Am letzten Tag unserer Ferien regnete es, und wir beschlossen, in Klosters ein Grundstück für ein Ferienhaus zu suchen. Grunderwerb für Ausländer war nur in Ausnahmefällen möglich. Für uns sei er aber möglich, versicherte unser Anwalt in Zug, am Sitz unserer Schweizer Tochtergesellschaft. Wir betrieben doch ein Wirtschaftsunternehmen in der Schweiz, und deshalb seien wir erwerbsberechtigt.

Wir fanden ein abenteuerlich steiles Grundstück hoch über Klosters mit einem fantastischen Blick ins Prättigau. Dort bauten wir ein Haus für uns und unsere Kinder. Ein schlichtes, aber großzügiges Haus mit genügend Zimmern und Betten, um auch Gäste unterbringen zu können. Im Oktober 1976 war das Haus fertig. Doris und ihre treue Schwester Hanne mit ihrem Mann Bernd Wagner und die Kinder waren mit viel Umzugsgut (gekauft und gesammelt in Deutschland) vorausgefahren, den unfreundlichen und misstrauischen Schweizer Zoll überwindend.

Ich war wieder einmal durch geschäftliche Angelegenheiten verhindert, dabei zu sein, sollte aber unmittelbar folgen. Am Vorabend meiner geplanten Abreise rief meine Mutter an: Mein Vater habe einen Herzinfarkt erlitten und sei im Krankenhaus. Ich fuhr sofort nach Freudenstadt, wo meine Eltern im Ruhestand lebten. Es gab noch eine bewegende Begegnung mit meinem Vater auf der Intensivstation. Sechs Stunden später starb er an einem zweiten Infarkt. Er war 73 Jahre alt geworden. Für uns alle ein schwerer Verlust. Wir hatten als erstes Fest in unserem neuen Haus die Goldene Hochzeit meiner Eltern – zwei Monate nach seinem Tod – feiern wollen.

Gäste kamen in Vielzahl in unser Haus. Auch die Freunde unserer Kinder saßen um unseren großen runden Tisch oder am Kaminfeuer. Wir fuhren gemeinsam Ski, bestiegen im Sommer die umliegenden Gipfel, durchaus auch anspruchsvolle, mit Bergführer, über den nahen Silvretta-Gletscher. Die Gespräche, die wir mit den jungen Menschen führten, waren auch für uns Ältere wichtig. Wir begegneten Neugier und Engagement und manchem Unausgegorenen, aber alles immer von Ernsthaftigkeit getragen. Das Haus in Klosters wurde das, was wir uns vorgestellt hatten: unser Familienmittelpunkt. Auch unsere Kinder kamen während des Studiums und in den ersten Berufsjahren dorthin. Für unsere Familie waren die vielen Weihnachten in Klosters mit der warmen Geborgenheit, die uns umhüllte, ebenso wichtig, wie die heißen Diskussionen am Frühstückstisch oder beim abendlichen Raclette. Manchmal brauchten wir für ein Frühstück zwei Stunden, in denen wir über alles sprachen, was uns zwischen Himmel und Erde bewegte. Wir kauften ein Cembalo, und Doris und ihre Töchter musizierten mit Cembalo, Flöte und Geige, und Peter und ich brummten Weihnachtslieder dazu.

Auch die Gretchenfrage besprachen wir. Wie wir es mit der Religion hielten, war bei uns nie eine Frage. Wir waren Protestanten, nach Herkunft und Überzeugung. Durchaus auch immer wieder von Glaubenszweifeln befallen, trotzdem aber treu zu unserer Kirche und unserem Glauben stehend. Das war nicht immer einfach in den letzten Jahrzehnten des 20. Jahrhunderts. Die evangelische Kirche ist durch ihre Offenheit, auch durch das lutherische Credo zur Freiheit eines Christenmenschen, anfällig für Zeiterscheinun-

Unser Sohn Peter 1983.

gen. Dies gilt auch für ihre Amtsträger. Im Wortgottesdienst war die Auslegung des biblischen Textes oft verschränkt in Interpretationen, die sich durch Zeitbezogenheit und Vorurteil auszeichneten. Trotzdem: »Aus dieser Kirche lasse ich mich nicht vertreiben.« Mit dieser Trotzhaltung kam ich zurecht. Gestützt von meiner Frau, deren tiefe christliche Überzeugung unserer ganzen Familie immer Halt und Richtung gegeben hat. Als prägende Kraft im Zentrum unserer Kultur konnte ich das Christentum immer begreifen. Für sie gab es immer Glaubensgewissheit.

Unsere Kinder wuchsen heran. Sie waren ganz unterschiedlich geraten.

Nicola machte 1978, mit 18 Jahren, das Abitur am Gymnasium in Gerlingen. Sie hatte die Schule nicht mit Leidenschaft absolviert, aber wenn es darauf ankam, übersprang sie mit Konzentration scheinbar mühelos alle Hürden. Mit 14 oder 15 Jahren warf sie sich, immerfort lesend, der Literatur in die Arme. Das sollte ein ganzes Leben so bleiben.

Was sollte sie studieren? Wir ließen ihr natürlich freie Wahl. Ein Ingenieurstudium kam nicht in Frage, auch Betriebswirtschaft interessierte sie nicht. Also Medizin oder Sprachen? Sie entschied sich für die Literatur. Beginn in Freiburg mit Germanistik und Anglistik. Dort das Vorexamen. Sie war in Freiburg – geprägt von einiger 68er-Unruhe – nicht ganz glücklich und wollte auch noch etwas Besonderes hinzufügen. Japanologie interessierte sie. Das gab es in Freiburg nicht, deshalb Wechsel an die Universität Zürich. Vorher noch ein Semester am Middlebury College in Vermont. Dann das Lizenziat – eine Abschlussprüfung – in Zürich. In der Japanologie war sie die einzige ihres

Semesters, die durchgehalten hat. Sie war eine fleißige, konzentrierte und sehr gute Studentin von Anfang an. Die Promotion in Zürich folgte unmittelbar. Erich Kästner und seine Zeit nach dem Krieg waren das Thema. Abschluss mit summa cum laude. Da war sie schon verheiratet, und wir erlebten in Zürich bei einer sehr eindrucksvollen Veranstaltung die Übergabe der Urkunde an eine hochschwangere Doktorandin. Geheiratet hatte sie Mathias Kammüller, dem sie schon vor dem Abitur begegnet war. Mathias, ein Pfarrerssohn aus Stuttgart, kam bald nach der ersten Begegnung regelmäßig zu uns ins Haus. Er war hochgewachsen, sah sehr gut aus und war höflich, aber immer bereit, sich mit mir auf Diskussionen einzulassen. Häufig ging es um die Frage, wann 18-jährige Töchter denn des Abends wieder zu Hause sein sollten.

Wir lernten seine Eltern bei einem Rilling-Konzert kennen und verstanden uns gleich aufs Beste. Die Mutter von Mathias war eine blitzgescheite, lebendige und wortgewandte Frau, eine Wilhelm-Busch-Expertin, die damit einen damals sehr bekannten Fernsehpreis und darüber hinaus als Schriftstellerin (»Pfarrers Kinder, Müllers Vieh«) Ruhm gewonnen hatte. Der Vater war stiller und schwäbisch zurückhaltender. Auch er hatte literarische Interessen, die sich mit unseren trafen. Thomas Mann war sein Spezialgebiet. Es war eine höchst vergnügliche Begegnung.

Mathias kam bald nach Klosters. Wir fuhren gemeinsam Ski und lernten Spiele aus dem Pfarrhaus kennen. Mathias eröffnete sich durch die Begegnung mit uns eine neue Berufssphäre, was wohl auch dazu führte, dass er an der Universität Stuttgart Maschinenbau studierte und nach der Promotion seine Berufslaufbahn bei Bosch begann. Nicola interessierte sich für Kommunikation und Pressearbeit und begann ihre praktische Tätigkeit in der Werbe- und Presseabteilung bei TRUMPF.

Im Frühjahr 1987 wurde unser erster Enkel Justus geboren. Es war für die ganze Familie ein großes Ereignis. Drei Monate später folgte Nicola ihrem Mann nach Japan. Er baute für Bosch ABS-Systeme, und sie versuchte, unseren japanischen Geschäftsführer stärker in den TRUMPF Stil einzubinden. Kein leichtes Unterfangen. Ihre geschäftliche Aktivität in Japan war sehr engagiert, galt es doch, im größten Markt für unsere Technik unser Geschäft voranzubringen. Sie hatte bei unseren Geschäftspartnern durchaus Vorurteile zu überwinden. Dass sich eine Frau in geschäftliche Belange einmischte, war für die Japaner recht ungewöhnlich. Und dass sie auch noch Japanisch verstand, fast ein Skandal. Alberich fühlte sich seiner Tarnkappe beraubt.

Auch Regine, das sensible, gleichwohl aber kämpferische Mittelkind, durchlief das Gymnasium ohne Probleme. Nach dem Abitur wiederum die Frage nach dem beruflichen Weg. In ihr gibt es eine künstlerische und eine kaufmännische Ader. Dies kommt in unserer Familie immer wieder vor. Architektur schien das richtige Studium zu sein. Beginn an der Universität in Kaiserslautern. Dort gefiel es ihr gar nicht. Sie fand einen Studienplatz an der Technischen Universität in Berlin. Dies wurde auch ihre Wahlheimat. Auch ihr Studium absolvierte sie ohne sichtbare Mühe. Nach dem Diplom sollte noch etwas hinzukommen. Sie bewarb sich für ein Master-Studium in New York an der Columbia Universität und an der Harvard Universität in Cambridge. Doris und ich planten, anlässlich unseres 30-jährigen Hochzeitsjubiläums ein Wochenende in New York zu verbringen. Regine nahmen wir mit. Sie wollte die Schulen – sie hatte von beiden eine Zusage – sehen, bevor sie sich entschied. Wir besichtigten auch die Cooper Union, eine hoch renommierte Architektenschule in New York. Meine Frau und ich waren gegen ein Studium dort – wegen des heruntergekommenen Umfelds. Kein sicherer Schulweg für eine junge Frau. Wir überzeugten sie schließlich, dass Harvard der bessere Platz für sie sei. Dort begegnete sie einem jungen Mann, Frank Barkow, Amerikaner aus Montana, sechs Jahre älter und Architekt wie sie. Schnell entstand eine tiefe Beziehung.

Meine drei Damen in Havard 1991.

Ein großer Teil unserer Familie nahm an dem Commencement, der Verleihung des Master-Hutes, in Harvard teil. Der Rahmen war überwältigend, 20 000 Menschen im Harvard Yard mit dem Einzug der Absolventen in ihren Talaren mit den Farben ihrer vorigen Universitäten. Unter den Absolventen dieses Jahrgangs war übrigens auch Barack Obama, der spätere Präsident der Vereinigten Staaten. Beginn mit einem Gebet, lateinische und englische Ansprachen. Ein Fest der Verbundenheit der ehemaligen und neuen Absolventen dieser großen Universität. Frank Barkow, ebenfalls mit einem Master von Harvard ausgezeichnet, aber ein Jahr früher, ging an die Cornell Universität als Visiting Professor. Regine folgte ihm nach. Kurze Zeit später gingen sie nach Rom. Frank Barkow verbrachte dort mit seinen Studenten ein Jahr. Regine arbeitete in einem römischen Büro. Schließlich gingen beide nach Berlin und gründeten dort ein Architekturbüro. Geheiratet haben sie erst nach ihrer Rückkehr nach Deutschland. Barkow Leibinger ist inzwischen ein Begriff in der Architektenwelt. Regine nahm 2005 zusätzlich einen Ruf als Professorin für Baukonstruktion und Entwerfen an der Universität Berlin an.

Peter war immer der eigenwilligste, auf eine stille, aber nachhaltige Art. So mochte er den Kindergarten nicht sehr. Aber nach einiger Zeit ließ er sich überreden hinzugehen. Scheinbar. Er verließ des Morgens frohgemut das Haus, mit Vesper und mütterlichem Segen. Um die Mittagszeit kam er zurück. Eines Morgens fuhr seine Mutter an dem nahegelegenen Spielplatz vorbei. Ein Kind duckte sich und verschwand im Sandkasten. Doris hielt, weil sie glaubte, Peter erkannt zu haben. Er war es. Seit geraumer Zeit war er nicht mehr im Kindergarten erschienen, wie Nachforschungen ergaben. Wir ließen ihn dann zu Hause.

Sein technisches Interesse war früh und nachhaltig erkennbar. Jedes unserer Kinder produzierte in der

Grundschule ein Büchlein für seine Mutter mit Zeichnungen und kurzen Erläuterungen dazu. Die Mädchen malten ein Blumenbuch und eine Tiergeschichte, Peter einen Vierzylinder-Motor, technisch korrekt mit Kurbelwelle, Ventilen und Leistungsangabe. Meine Werkstatt war sein Lieblingsort. Sein Ordnungssinn freilich war gegenüber seiner sonstigen Entwicklung zurückgeblieben. Es gab heftige Auseinandersetzungen mit mir, die schließlich mit meiner Resignation endeten. Seine Projekte in der Werkstatt wurden immer kühner und erfolgreicher. Modellflugzeuge aller Art entstanden. Ein Hobby, das Leidensfähigkeit verlangt. Denn die Arbeit vieler Stunden kann nach einem kleinen Fehler beim Fernsteuern in einer Sekunde am Boden zerschellen.

Vier Jahre vor dem Abitur nahm er das Angebot an, für ein Jahr an eine amerikanische Privatschule der Oberklasse zu gehen. Er blieb zwei Jahre und machte trotzdem ein (gutes) Abitur mit seiner alten Klasse in Deutschland. Aber eine große Liebe zu Amerika brachte er mit. Sie begleitet ihn ein ganzes Leben lang.

Es folgte das Studium des Maschinenbaus in Aachen. Die RWTH (Rheinisch-Westfälische Technische Hochschule) zog er auf meinen Rat hin Stuttgart vor, denn ihr Ruf im Werkzeugmaschinenbau, der schließlich sein Interesse finden sollte, war hervorragend. Nach erfolgreichem Abschluss dort, die Frage, ob eine Promotion erfolgen sollte. Er folgte dem elterlichen Beispiel, heiratete und ging mit seiner jungen Frau Dorothee, einer studierten Medizinerin, zu einem renommierten amerikanischen Werkzeugmaschinenunternehmen. Ingersoll, geführt von einem kantigen und eigenwilligen Unternehmer, in

Rockford, Illinois, war fast der letzte Leuchtturm der amerikanischen Werkzeugmaschinenindustrie. Anschließend ging Peter auf meine Bitte hin zu unserer amerikanischen Tochtergesellschaft und führte sie vier Jahre lang mit großem Erfolg.

Aus den Familien unserer Kinder gingen im Lauf der Jahre insgesamt zehn Enkelkinder hervor. »Und so wuchert die Geschichte sichtbarlich von Ort zu Ort«, wie Wilhelm Busch meint. Es sind in der Tat »hübsche Früchte« – um ihn noch einmal zu bemühen –, die uns viel Freude machen.

Deutschland vor der Wende

In der zweiten Hälfte der Achtzigerjahre entwickelten sich unsere Geschäfte mit der Ostzone, wie meine Frau hartnäckig zu sagen pflegte, also mit der DDR, überraschend gut. Insbesondere unsere Laser und Lasermaschinen fanden größtes Interesse. Ich war wiederholt in Leipzig bei der Frühjahrsmesse. Wir hatten immer einen viel zu kleinen Stand, aber mehr war für uns Westdeutsche nicht zu bekommen. Gegengeschäfte waren ein großes Thema. Bedingung für die Aufträge an uns war der Bezug eines Prozentsatzes ostdeutscher Werkzeugmaschinen. Ich besuchte verschiedene Betriebe dort, um mir die Produkte anzusehen. Es fehlte an allem. Dass die Organisation der sozialistischen Wirtschaft ein Desaster war, konnte man nicht übersehen. Fehlende Teile, dann wieder ein Übermaß an Lagerteilen, die man bei irgendeiner schlecht geplanten Transaktion auf die Seite bringen konnte. Heruntergekommene Gebäude, veraltete Einrichtungen. Die Ingenieure, mit denen ich sprach, waren bemüht. Sie erklärten, entschuldigten den Mangel und waren trotzdem stolz auf ihre Produkte. Diese waren nicht sehr gut – das konnte man sehen. Und die Menschen, die in diesem Regime leben mussten, taten mir in der Seele leid.

Im frühen März 1989 kam die Nachricht, dass die DDR unsere Laseraggregate kaufen wolle, um mit ihrer Kompetenz im Maschinenbau daraus eigene, auch neuartige Maschinen zu bauen. Die Sache sei »ganz oben aufgehängt«. Es gab Gespräche mit dem Werkzeugmaschinenkombinat »7. Oktober« und dem Landmaschinenkombinat »Fortschritt«. Zwei Wochen vor der Messe erfuhren wir, dass die Staatsspitze der DDR bei ihrem Messerundgang unseren Stand aufsuchen wolle, als einzigen in der Halle mit den westdeutschen Firmen. Wobei das Wort »westdeutsch« nie benützt wurde. Wir waren »BRD«-Firmen. Die Gleichrangigkeit der DDR wurde durch das Nebeneinanderstellen der drei Buchstaben unterstellt.

Ich wurde in die »Ständige Vertretung« der DDR in Bad Godesberg gebeten. Zum Abendessen und zur Vorbesprechung des großen Ereignisses. Noch nie war ein mittelständisches Unternehmen anlässlich des Messerundgangs von Erich Honecker und seiner Entourage besucht worden. Es war Usus, dass auch der westdeutsche Wirtschaftsminister oder ein anderer hochrangiger westdeutscher Politiker die DDR-Staatsspitze zum Gedankenaustausch an dem auserkorenen Messestand traf. Nette Mädchen mit sächsischem Akzent servierten (recht guten) sächsischen Wein. Wir tranken eine Flasche, und das Gespräch lockerte sich ein wenig. Man habe eine eigene Schule für die Familienmitglieder in der »Ständigen Vertretung«. Man sei auch ansonsten ganz autark. Kontakte mit der Bad Godesberger Bevölkerung gebe es so gut wie keine. Armes Deutschland, dachte ich, als mich mein Gesprächspartner beim Abschied auf die Straße begleitete. Dort erst beantwortete er mir irgendeine harmlose Frage, die ich ein paar Minuten vorher noch in Reichweite der Mikrofone gestellt hatte. Das ständige

Gefühl, überwacht zu werden, deformierte die Menschen.

Die Aufregung vor dem großen Ereignis war auch auf unserer Seite groß. Wir hatten auf dem Stand nur zwei kleine Besprechungszimmer. Zu klein, um, wie erforderlich, 12 bis 14 Personen aufzunehmen. Wir nahmen die Zwischenwand heraus. Ich flog am Vortag nach Leipzig, wohnte im Hotel Metropol, an dessen Tür »Valuta« stand. Man konnte also dort nur mit Westgeld bezahlen. Das eigene DDR-Geld war nicht gut genug. Der bei jeder Gelegenheit postulierte Weltmaßstab war hier noch nicht erreicht.

Morgens um halb sechs Uhr erhielt ich einen Anruf. Der baden-württembergische Wirtschaftsminister Martin Herzog meldete, dass nachts an der Mauer geschossen worden sei. Mit welchem Ausgang, wusste er nicht. Allerdings habe Bundeskanzler Helmut Kohl daraufhin die Teilnahme westdeutscher Politiker an dem Treffen auf unserem Messestand untersagt. Nur der ständige Vertreter, also der Quasi-Botschafter, würde anwesend sein. Herzog bat mich, ihn zu einem Frühtermin um acht Uhr zum DDR-Außenhandelsminister Gerhard Beil zu begleiten, um ihm diese Nachricht zu überbringen. Beil wurde blass, als er sie hörte. Dies war natürlich ein diplomatischer Affront. Er fragte mich dann nach einiger Zeit, ob wir denn bereit seien, die Staatsspitze zu empfangen. Ich bejahte dies.

Gegen zehn Uhr traf der Staatsratsvorsitzende Honecker, wie man ihn nennen musste, begleitet von Willi Stoph, Horst Sindermann, Günter Mittag, Gerhard Beil und Dr. Heinz Warzecha, am Messestand ein. Es war – akzentuiert durch den immer totenblei-

März 1989 – sieben Monate vor dem Mauerfall. Besuch der Mitglieder des Politbüros der DDR mit dem Staatsratsvorsitzenden Erich Honecker.

chen Stoph – eine fast gespenstische Riege. An unseren Exponaten bestand nur geringes Interesse. Die Atmosphäre war eher kalt, auch das Gespräch verlief hölzern. Nur Honecker und später Warzecha ergriffen das Wort. Warzecha, der Chef des Werkzeugmaschinenkombinats »7. Oktober«, erläuterte das Projekt des Laserbezugs von uns. Das Kombinat »7. Oktober« (in Erinnerung an das Datum der Staatsgründung der DDR) stellte alle Maschinen mit rotierenden Werkstücken her. Also Dreh- und Schleifmaschinen. Unsere Laser wollte man zum Härten der Werkstücke einsetzen, auch an eine Zweiachsen-Laserschneidmaschine sei gedacht. Wir trauten den Werkzeugmaschinenbauern als Partner deutlich mehr zu als den Landmaschinenherstellern vom Kombinat »Fortschritt«. Ich unterstützte die Aussagen von Warzecha und versuchte, die geschäftlichen Möglichkeiten zu erläutern, die hinter dem Projekt standen. Das klinge gut, meinte Honecker und sagte dann: »So können wir noch zum Abbau der Arbeitslosigkeit in der BRD beitragen.«

Eigentlich hätte ich hier vehement widersprechen müssen. Aber aus diplomatischen Gründen schwieg ich. Er wollte dann wissen, was denn ein Laser sei. Ich sagte: »Der Laser ist ein Werkzeug, mit dem man trennen oder verbinden kann – es kommt nur auf die Einstellung an.« Honecker schluckte diese rein politisch gedachte Bemerkung ohne Kommentar. Physikalisch korrekt war sie allemal. Denn die Einstellung des Lasers – seine Fokuslage – ist für seine Wirkung entscheidend. Nach 25 Minuten gingen die Besucher. Draußen im Messestand warteten 40 oder 50 Journalisten auf mich, meistenteils westdeutsche, dazu zwei Fernsehteams. Man wollte von mir Klagen hören. Wir seien doch von der Politik wieder einmal alleingelassen worden. Mit diesem Argument wollte man mir auf die Sprünge helfen. »Wir haben als Wirtschaft auch in schwierigen Zeiten den Versuch zu unternehmen, Brücken zu bauen. Wir sehen uns aber eingebunden in eine höhere staatliche Ordnung und akzeptieren die Entscheidung der Politik«, sagte ich. Das ließ man mir durchgehen.

Am Abend war mein Rückflug nach Stuttgart. Auf dem Weg zum Flughafen, der ein Stück über die Autobahn führte, wurden wir plötzlich ausgeleitet. Alle Fahrzeuge mussten auf angrenzenden Feldwegen parken. »Ich muss zum Flughafen. Mein Flugzeug fliegt in weniger als einer Stunde«, sagte ich dem Volkspolizisten. »Das wartet«, war seine Antwort. Wir standen, und nach einiger Zeit brauste die Wagenkolonne Honeckers auf der Autobahn vorbei. Soweit man auf der holprigen Autobahn brausen konnte. Wir durften wieder zurücksetzen und weiterfahren. Zum Abschied am Flughafen, wie immer, die entwürdigende Passkontrolle. Abgabe des Passes (man fühlte sich danach unbehaglich), weiter durch einen finsteren, holzverschalten Gang zur zweiten Station. Inzwischen war der Pass durchleuchtet und geprüft. Misstrauisch beäugt durch einen Volkspolizisten, erhielt man das Dokument zurück. Die freundliche Stewardess in der Lufthansa-Maschine, in der hellen Kabine, schien aus einer anderen Welt zu kommen.

Zu Hause hat man die Fernsehbilder vom Honecker-Besuch auf unserem Messestand gesehen. »So freundlich, mit Champagner, hättet ihr die Kerle nicht zu empfangen brauchen«, meinte mein Freund Helmut Eberspächer.

Kammern und Verbände

Im Sommer 1984 erhielt ich einen folgenschweren Telefonanruf. Roland Klett, Gesellschafter des bekannten Schulbuchverlags in Stuttgart, zugleich Präsident der Industrie- und Handelskammer, wollte mich sprechen. Wir waren in unserem Klosterser Domizil, Klett mit seiner Familie in einem Klosterser Hotel. Er kam und bat mich, für sein Amt im kommenden Jahr zu kandidieren. Er sei ernsthaft und leider unheilbar erkrankt und müsse sich zurückziehen. Das Angebot war ehrenhaft, auch verlockend. Denn Einfluss auf die Stellung und das Ansehen der Wirtschaft zu haben und ihre Position im Dialog mit der Landesregierung mitbestimmen zu können reizte mich. Immer war ich der Überzeugung gewesen, dass Wirtschaften ein sinnvolles, ja kulturformendes Vorhaben sei, das dem Menschen zum Nutzen und Glück dienen könne. Just solches könne man als Kammerpräsident überzeugend vermitteln, meinte Roland Klett, und ich sei die geeignete Persönlichkeit dafür. Die Erfolge meines Unternehmens lieferten in den Augen von Klett und dem Kammerpräsidium die Legitimation. Die Zahlen waren in der Tat gut. In den vergangenen zehn Jahren war der Umsatz bei TRUMPF von 37 Millionen D-Mark auf über 100 Millionen D-Mark gestiegen. Das Umsatzwachstum war fast immer zweistellig, die Umsatzrendite auch. Ich war Mehrheitsgesellschafter und

Vorsitzender der Geschäftsführung. Wir hatten eine Reihe von Auslandstöchtern gegründet, unser weltweites Geschäft florierte. So gesehen stimmte das Konzept.

Aber meine Bindung an TRUMPF war enger denn je. Jeder Tag dort machte mir Freude. Ich besprach mich mit meiner Frau – die zögerlich zustimmte. Außerdem mit meinen Geschäftsführern, die keine großen Bedenken hatten, und mit meinem Betriebsratsvorsitzenden Horst Warthon, der fürchtete, dass zu viel meiner Kraft für die Firma verloren gehen könnte.

Dazu kamen ganz persönliche Bedenken. Roland Klett war ein glänzend aussehender, groß gewachsener Mann, ein vorzüglicher Redner, ein Meister der Sprache, begabt mit einem legendären Mutterwitz. Konnte ich ihm wirklich nachfolgen wollen? Ich wagte es und fasste den Vorsatz, nie den Versuch zu unternehmen, Roland Klett zu imitieren. Meine Stärken waren Ernsthaftigkeit und die Erfolge als Unternehmer. Ich hatte mich auch immer bemüht, ein Vorbild für meine Mitarbeiter zu sein. Überdies war ich bereit, für meine Überzeugungen, wie unsere Wirtschaft funktionieren solle, zu kämpfen.

Es gab eine wunderbare Amtsübergabe. Roland Klett hielt eine fulminante Rede, die er mit einem rednerischen Coup einleitete. Er habe, so sagte er, während er in seinem Manuskript kramte, tatsächlich die Liste mit den zu begrüßenden Ehrengästen vergessen und sage deshalb schlicht: »Meine verehrten Damen, meine Herren«. Ich sprach über meine liberalen Grundüberzeugungen zur Wirtschaftsordnung, über das Verhältnis von Staat und Wirtschaft – stark ge-

Verabschiedung des Amtsvorgängers Roland Klett als Präsident der IHK Stuttgart am 17. April 1986.

prägt von Friedrich August von Hayek und Alexander Rüstow.

Der Leiter der Wirtschaftsredaktion der Stuttgarter Zeitung bat mich zu diesem Thema um ein Interview. Das nahm ich zum Anlass, meine Überzeugung zu äußern: Der Staat solle sich aus direkten Vorgaben für das wirtschaftliche Tun heraushalten, insbesondere im technischen Bereich. Es sei eine Vermessenheit, aus politischer Sicht technisch-wissenschaftliche Entwicklungen auszuwählen und die einen als besonders zukunfts- und förderungswürdig zu bezeichnen, andere aber zu verwerfen. Die Wirtschaft werde von vielen betrieben, die vielerorts ihr eigenes Geld einsetzten. Einzelne würden dabei durchaus Fehler machen, aber die Summe der Irrtümer sei kalkulierbar kleiner als bei einsamen Entscheidungen mächtiger Staatslenker.

Der Staat solle gute Bedingungen für gutes Wirtschaften schaffen. Damit habe er genug zu tun.

Das Interview trug mir eine Einladung von Lothar Späth, dem damaligen Ministerpräsidenten, in sein Privathaus ein. Meine Frau war mit eingeladen, dazu ein Stuttgarter Freund mit seiner Frau. Späth, der sich für die Wirtschaft wirklich in der Verantwortung sah, von »seinen« Mittelständlern sprach und durchaus interventionistische Gedanken hatte, sah in dem Interview fast eine Kriegserklärung. Wir stritten den ganzen Abend – er offensiv, ich defensiv –, und meine Frau und ich fuhren missvergnügt nach Hause. »Dass du dir das antust«, meinte Doris.

Mit Lothar Späth kam ich später gut zurecht. Oft gab es konstruktive Gespräche mit ihm. Ich habe ihn auf etlichen Auslandsreisen begleitet und bewunderte seinen Einsatz und sein Werben für unser Land. Quirlig und ideenreich, produzierte er manchmal mehr Gedanken, als seine Umgebung in der Kürze der Zeit aufnehmen konnte. Manches geriet darüber in Vergessenheit. Dass er manchmal zu viel erwartet hat, wohl auch von mir, hat er später selbst gesagt. Aber sein Einsatz und seine Begeisterung, das Land voranzubringen, waren ansteckend. Immer war er bereit, Vorschläge, die ihm einleuchteten, aufzunehmen und sie pragmatisch umzusetzen. So bemühten wir uns gemeinsam, das neu zu gründende Institut für Lasertechnik der Fraunhofer-Gesellschaft nach Stuttgart zu holen – vergeblich, es ging nach Aachen. Dann initiierten wir eben einen Lehrstuhl für Lasertechnik an der Universität Stuttgart und gewannen einen Wissenschaftler als Ordinarius, Professor Helmut Hügel, der unser Laserprojekt mit der DFVLR begleitet hatte.

Es folgten Reisen nach Japan – mit der Geburtsstunde des ersten »Deutschen Hauses« in Fernost bei einem nächtlichen Gespräch, als wir mit dem Auto von Tokio nach Yokohama fuhren und ich Lothar Späth meine Idee vortrug, in Asien Sammelpunkte für die deutsche Wirtschaft zu errichten. Nach China, nach Singapur, aber auch nach Russland, Österreich und Italien reiste ich in Späths Delegation mit. Für mein Unternehmen blieb trotzdem genügend Zeit. Erfahrungen und Erkenntnisse aus meinen Auslandsbesuchen flossen in unser Tun ein. Die Gründungen der TRUMPF Vertriebstöchter in Fernost, in Korea, in China und in Singapur folgten diesen Reisen. Sie wären vielleicht auch ohne diese Reisen erfolgt, aber der Einsatz für das Gemeinwohl ist auch immer mit eigenem Gewinn verbunden.

In meine Amtszeit als IHK-Präsident fielen die Hundert-Jahr-Jubiläen von Daimler und Bosch. Ich wurde bei beiden Gelegenheiten gebeten zu sprechen. Von Bosch wurde ich vier Monate vor der Festveranstaltung angesprochen. Reihenfolge und Redezeit (sechs Minuten) waren exakt geplant. Inhaltlich hatte ich freie Hand, allerdings entstand darüber ein Disput mit meinem Hauptgeschäftsführer bei der Kammer. Denn dieser legte mir dringend nahe, auf die damals anstehende Spendenaffäre (CDU-Förderung durch die Wirtschaft), in die der Bosch-Chef Hans Ludwig Merkle verwickelt war, einzugehen. Dies wollte ich bei dem festlichen Anlass nicht tun.

Von Daimler erhielt ich einen Anruf, als ich schon beim Aufbruch zur morgendlichen Festveranstaltung im Neuen Schloss in Stuttgart war, mit der Bitte, eine kleine Rede bei der Übergabe der Goldenen Kammerplakette zu halten. Ich notierte ein paar Stichworte im Auto und sprach dann mit einigem Herzklopfen vor der Elite der deutschen Wirtschaft. Als ich nach der Rede wieder an meinen Platz zurückging – ich saß zwischen Hans L. Merkle und Hermann Josef Abs –, gratulierte man mir zu meinen Worten, vor allem, weil sie so spontan geklungen hätten. Spontan waren sie ja auch.

In der Kammer gab es interne Probleme: Meinen Vorgängern war es gelungen, die Kammern der angrenzenden Landkreise mit der Stuttgarter Kammer organisatorisch zusammenzufügen. Dadurch waren die Traditionen dieser Kammern und der Lokalstolz in höchstem Maße betroffen. Keineswegs warf man sich Stuttgart in die Arme, man behielt eine regionale Identität mit je einem eigenen Präsidenten, einer eigenen Vollversammlung, und man führte die Tradition eigener Veranstaltungen, Ausflüge und Empfänge mit Lust fort. Man sah die Vorteile der großen Kammer durchaus. Die Gesamtkammer war nach München die zweitgrößte deutsche Industrie- und Handelskammer, aber man wollte weiterhin sein eigenes Süppchen kochen. Schon gar nicht wollten die Bezirkskammern in Esslingen, Böblingen, Ludwigsburg und Waiblingen unter dem Namen Stuttgart firmieren. Man wählte deshalb für die große Kammer die Bezeichnung »Industrie- und Handelskammer Mittlerer Neckar«.

Mir gefiel das überhaupt nicht. Warum nicht Stuttgart? Profitierten doch alle von der Kraft und dem Ruf dieser Stadt. Die Münchner Kammer firmierte ja auch nicht als Kammer Untere Isar. Hannover versteckte sich nicht hinter der Leine, und Pforzheim verzichtete auf den Hinweis, dass es an der oberen Würm liegt.

Ich wollte die Industrie- und Handelskammer Stuttgart, aber besonders Esslingen und sein Präsident kämpften entschlossen gegen mein geschichtsvergessenes Ansinnen. Schließlich war Esslingen im frühen Mittelalter die wesentlich bedeutendere Stadt gewesen. Man erwog in der ehemaligen Freien Reichsstadt sogar eine Klage gegen die Stuttgarter Kammer. Der »Bürgerkrieg« konnte durch den Einfluss nüchtern denkender Esslinger schließlich vermieden werden. Einer meiner Helfer dort, Dr. Günter Baumann, wurde etliche Jahre später Präsident der großen Kammer. »IHK Region Stuttgart« hieß die Kompromissformel, auf die wir uns schließlich einigen konnten.

Hans-Peter Stihl, mein unmittelbarer Nachfolger in der Stuttgarter Kammer und langjähriger Präsident des Deutschen Industrie- und Handelskammertags (DIHT später DIHK), nahm den Begriff »Region Stuttgart« schließlich auf und entwickelte die Region Stuttgart zu einer politischen Institution auch für Fragen, die weit über Wirtschaftsinteressen hinausgehen.

Der VDMA und die Wiedervereinigung

Die Laseraufträge aus der DDR ließen auf sich warten. Planwirtschaft braucht Zeit. Lediglich das Kombinat »Fortschritt« bestellte zwei Laser. Wir verkauften aber unsere Serienmaschinen weiterhin gut.

Von der IHK Region Stuttgart wurde ich für weitere vier Jahre gewählt. Ungetrübte Freude war dies nicht. Nicht alles in der Kammer lief so, wie ich mir dies vorstellte. Das Verhältnis zu einigen Kammern blieb schwierig, auch die Zusammenarbeit mit meinem intelligenten, aber eigenwilligen Hauptgeschäftsführer Peter Kistner war nicht immer einfach. Dies konnte auch der konziliante und kunstsinnige stellvertretende Hauptgeschäftsführer Rainer Wilhelm in den vielen Beziehungen, die die Kammer hatte, nicht ganz ausgleichen.

Der Stuttgarter Präsident war auch ex officio Vorsitzender der Landesvereinigung aller Kammern in Baden-Württemberg. Diese Zusammenarbeit machte mir durchaus Freude. Es entstanden freundschaftliche Beziehungen zu den Präsidenten und den Geschäftsführern in Heilbronn, Heidenheim, Villingen-Schwenningen und in etlichen anderen Standorten. Aber meine Auftritte dort kosteten viel Zeit.

Alle wichtigen Reden verfasste ich selbst. Das habe ich mein ganzes Leben so gehalten. Plötzlich hatte ich doch zunehmend das Gefühl, in meiner Firma zu fehlen.

Im späten Frühjahr 1989 kam Bernhard Kapp, Kollege und Freund, Vorsitzender des VDW und im engeren Vorstand des VDMA, mit der Frage, ob ich nicht bereit wäre, Präsident des VDMA zu werden. Zweimal hatte man mich schon in früheren Jahren gefragt. Beide Male hatte ich aus Zeitgründen abgelehnt. Der VDMA, 98 Jahre alt, suchte für sein Hundert-Jahr-Jubiläum einen »passenden« Präsidenten. Er sollte möglichst ein Eigentümerunternehmer sein, mit einem erfolgreichen Unternehmen im Hintergrund. Reden sollte er auch können. Der VDMA sprach für mehr als 3000 Mitgliedsfirmen – meist mittelständischer Art mit insgesamt mehr als einer Million Beschäftigten – und vertrat die größte deutsche Industriebranche (nach Zahl der Beschäftigten) mit über 200 Milliarden D-Mark Umsatz.

Für einen leidenschaftlichen Maschinenbauer wie mich war diese Präsidentschaft die Krönung der beruflichen Laufbahn. Ich überlegte ernsthaft und lud den Präsidenten zu uns nach Hause ein. Dr. Frank Paetzold, Chef unseres guten Kunden Schlafhorst, kam zu einem Abendessen zusammen mit Dr. Justus Fürstenau, dem Hauptgeschäftsführer, in unser Privathaus. Die Herren waren ebenso sympathisch wie eloquent. Sie überzeugten sogar meine Frau, dass ich in diesem Fall nicht Nein sagen könne. Die Herren versicherten überdies, es werde eine ruhige und schöne Amtszeit werden. Dem Maschinenbau gehe es gut, größere politische Veränderungen seien nicht zu erwarten, lediglich eine weitere Stufe der Öffnung des EU-Binnenmarktes sei geplant. Und dann das Jubiläum zum hundertjährigen Bestehen 1992. Aber da werde man mir entsprechend helfen. Ich sagte zu, und wir vereinbarten, die Sache geheim zu halten. Noch war ich Präsident der IHK Region Stuttgart, und ein Doppelamt kam nicht in Frage. Ich wollte aber die Kammer weiterhin ordentlich führen und die Nachfolge klären, bevor ich meinen Rücktritt kundtat. Im September eröffnete ich dann dem sichtlich überraschten Präsidium der Kammer, dass ich zurücktreten wolle. Ich ließ mich aber überzeugen, das Amt noch sechs Monate weiterzuführen.

Ende Oktober 1989 erfolgte die Wahl zum VDMA-Präsidenten bei der glänzenden Mitgliederversammlung in München. Mit mir wurde ein neuer Hauptgeschäftsführer, Dr. Jürgen Zechlin, gewählt. Mit ihm verband mich von Anfang an eine kongeniale Partnerschaft. Hannelore Kohl warb im Damenprogramm für ihre Stiftung. Das Metier des Maschinenbaus ist durch ernsthafte Männer gekennzeichnet. Dem Damenprogramm kommt deshalb eine besondere Bedeutung zu. Beim Abendessen fragte ich sie, ob ihr Mann wisse, was für eine gute Botschafterin sie für ihn sei? Da sei sie sich nicht sicher, meinte sie. Ich glaube, er wusste es aber doch.

Zwei Wochen später, am 9. November 1989, war ich bei der Verwaltungsratssitzung unserer schweizerischen Tochtergesellschaft in Baar. Am folgenden Morgen um sechs Uhr erhielt ich einen Anruf im Hotel von meinem Geschäftsführerkollegen Fetzer: »Schalten Sie doch den Fernseher ein. In der Nacht ist die Berliner Mauer gefallen!« Die Bilder der jubelnden Menschen waren überwältigend. »Dies ist ein historischer Tag«, sagte ich unseren Schweizern beim Frühstück, »noch vor sechs Monaten, beim Honecker-Besuch in Leipzig, konnte ich mir so etwas nicht einmal in meinen kühnsten Träumen vorstellen.« Ich war tief bewegt. Unsere Schweizer nahmen das Ganze mit der landesüblichen Gelassenheit auf. Für sie war es ein wichtiges Ereignis im Ausland. Freundliche Distanz neben meiner nationalen Aufgewühltheit.

Die VDMA-Präsidentschaft, die so gemächlich auf das Jubiläum zum Hundertsten zuführen sollte, war zwei Wochen nach meiner Wahl plötzlich eine dramatische Angelegenheit. Ich war noch nicht im Amt, als der erste Irak-Krieg begann. Die Iraki drohten, mit Raketen Israel zu beschießen. Deutsche Maschinenbauer wurden beschuldigt, Komponenten – zum Beispiel Flüssigkeitspumpen – an die Iraki geliefert und sie damit in die Lage versetzt zu haben, Mittelstre-

Als neuer VDMA-Präsident 1990.

ckenraketen zu bauen. Ein Sturm der Entrüstung erhob sich in Deutschland. In einer »Brennpunkt«-Sendung im Ersten Programm des Deutschen Fernsehens hatte der neu gewählte Präsident der deutschen Maschinenbauer Rede und Antwort zu stehen. Zuschaueranrufe wurden in die Sendung eingespielt. »Warum helfen Deutsche schon wieder, Juden zu töten?«, fragte eine Frau mit zitternder Stimme. Sie rief aus Dachau an.

Ich versuchte das Problem des »Dual-Use« zu erklären. Mit einem Hammer könne man, so sagte ich, sehr nützlich einen Nagel einschlagen. Man könne aber auch einem Menschen damit den Kopf zertrümmern. Das liege nicht am Hammer, sondern an dem, der ihn führt. Die Teilnehmer in der Runde, die der Chefredakteur Ernst Elitz leitete, waren durch meine Argumente nicht alle zu überzeugen. Ein katholischer Theologieprofessor aus Tübingen mit einem schmalen, furchenreichen Gesicht, das seinen Hang zum Fanatismus verriet, war vom »üblen Charakter der Wirtschaftsbosse« – wie er sich ausdrückte – überzeugt. Wir seien um des Profits Willen zu allem bereit. Wir verdienten an der Not dieser Welt. Ich war wütend und hatte eine ausgekocht scharfe Replik im Kopf formuliert. Bei meinem Schlusswort wollte ich sie vortragen. Dazu kam es nicht mehr. Die Sendung wurde vorzeitig beendet wegen einer besonders wichtigen Meldung aus dem Irak.

Bei Elitz lernte ich eine wichtige Lektion: »Sie müssen im Fernsehen immer sofort und ohne Rücksicht auf die Frage oder das Thema sagen, was Ihnen wichtig ist. Sie wissen nie, ob Sie später noch dazu kommen«, meinte er, als ich ihm mein Missgeschick klagte. Dem Theologieprofessor sagte ich – noch vor dem Abschminken –, dass ich seine Argumentation für perfide halte. Er ging, von Zorn erfüllt, schnell von dannen. Die irakischen Raketen entpuppten sich später als Schimäre. Es gab sie nicht. Aber mir war bewusst geworden, dass der Präsident eines Branchenverbandes auch ein politisches Mandat hat. Zum Zeitpunkt meiner Abschiedsveranstaltung in der Stuttgarter Kammer im Frühjahr 1990 war die DDR in Auflösung begriffen. Lothar de Maizière von der Ost-CDU war Ministerpräsident in der Noch-DDR. Wolfgang Schäuble und Günther Krause verhandelten um einen Beitrittsvertrag, und die Öffentlichkeit in der Bundesrepublik diskutierte, ob man dazu das Grundgesetz ändern müsse. Ich plädierte in meiner Abschiedsrede für den Beitritt nach Artikel 23 des Grundgesetzes. Hans-Peter Stihl hatte meine Nachfolge übernommen. Lothar Späth hielt eine höchst wohlwollende Rede und verlieh mir das Große Bundesverdienstkreuz. Beim VDMA lockte mich manches zu neuen Ufern.

Da war die große Aufgabe, den ostdeutschen Maschinenbau zu integrieren. Außerdem wollte ich das Interesse der deutschen Maschinenbauer stärker auf die ostasiatischen Märkte lenken. Das erste war politische Notwendigkeit und noch dazu eine Herzensangelegenheit. Das zweite, Asien, war mir von Jugend an vertraut, und ich war immer überzeugt, dass die Entwicklung dort für uns von existentieller Bedeutung sein würde.

Am 3. Oktober 1990 traten die Länder der ehemaligen DDR offiziell der Bundesrepublik Deutschland bei. Die D-Mark war die alleinige Währung. Ich hielt als VDMA-Präsident und Aufsichtsratsmitglied der MAHO AG eine Rede in Thüringen, im von MAHO neu erworbenen Werk in Seebach. Dort hatte ein volkseigener Betrieb – der ehemalige Inhaber Thiel war enteignet worden – Fräsmaschinen ähnlicher Konzeption wie MAHO hergestellt. Es war ein strahlender Herbsttag. In meinen Anfangssätzen pries ich Tag und Anlass und sagte dann, wie dankbar wir alle wären, eine solche Stunde erleben zu dürfen. Immer wieder wurde ich von Beifall unterbrochen. Ich sprach aber auch über die notwendigen Veränderungen, die nicht einfach werden würden in einer Welt, geprägt von Wettbewerb und Konjunkturzyklen. Man werde mit der D-Mark, die man so sehr ersehnt hatte, auch in den Ostmärkten (derer man sich so sicher glaube) neu bemühen müssen. Jetzt trete man gegen Hartwährungsländer an. Konkurrenten seien nun überall zu Hause, nicht nur in Europa, sondern auch in Japan und in den USA. Meine Zuhörer waren in Feiertagslaune, sie wollten an eine gute Zukunft glauben.

Mit bedrückten Gedanken flog ich an diesem Abend – trotz des großen Tages für Deutschland – nach Stuttgart zurück. Konnten wir den Erwartungen der ehemaligen DDR-Bürger gerecht werden? Dort 45 Jahre Sozialismus in einem grauen, in vielem erbärmlichen Staat, hier »bei uns«, nach einem vielfach mühsamen Neuanfang nach dem Krieg, ein bewundertes und beneidetes Ergebnis, das man auch haben wollte. Wie sollte das problemlos zusammenfließen? Wie würden die zwei »Welten« zur notwendigen Gemeinsamkeit finden? Wie würde man – in den neuen Bundesländern – mit den unvermeidlichen Rückschlägen fertig werden? Schon im frühen Frühjahr 1990 hatte ich bei einem Besuch in Dresden und einer Fahrt durch Sachsen viele neu gegründete kleine Lebensmittelgeschäfte und Textilläden in Dörfern und Städtchen gesehen. Hoffnungsvolle Neugründungen. Es war unschwer vorauszusehen, dass sie bald durch Supermärkte und große Handelsketten verdrängt werden würden. Wie würden die Menschen damit umgehen?

Den VDMA trieb ich mit allen Kräften an, sich um den ostdeutschen Maschinenbau zu kümmern. Wir veranstalteten schon im April 1990 im Rundkino in Dresden einen Maschinenbautag. Über 1000 Teilnehmer hörten unsere Reden und nahmen an Arbeitsgruppen und Seminarveranstaltungen teil. Wir erfuhren, wie groß und schwierig die Aufgabe war, die Teilnehmer an das Denken einer freien Wirtschaftsordnung heranzuführen. Wir richteten auf der Frühjahrsmesse in Leipzig ein Informationsbüro ein. Noch vor dem Datum der offiziellen Wiedervereinigung ermöglichten wir die Mitgliedschaft in einer gesamtdeutschen Arbeitsgemeinschaft. Wir bildeten zwei Landesgruppen – in Sachsen und Thüringen. Wir boten ein zugeschnittenes Seminarprogramm speziell für ostdeutsche Mitglieder an und hatten schon nach kurzer Zeit mehr als 5000 Teilnehmer. Wir druckten eine Broschüre für den ostdeutschen Maschinenbau, die wir als Visitenkarte für die Aussteller auf der Frühjahrsmesse in Hannover anboten. Wir warben für Patenschaften und Kooperationen. Wir koordinierten alle Anstrengungen in einem gesamtdeutschen Ausschuss, dem ich vorsaß. Aber den Niedergang des ostdeutschen Maschinenbaus konnten wir nicht aufhalten. Dazu kam ein konjunktureller Abschwung für den Maschinenbau in der ganzen Welt in einem Ausmaß, wie es ihn in den letzten Jahrzehnten nicht gegeben hatte.

Im Januar 1990 hatte ich bei meiner Antrittsrede beim VDMA gesagt: »Der ostdeutsche Maschinenbau beschäftigt etwa 500 000 Mitarbeiter. Es gibt keine exakten Zahlen. Der VDMA schätzt den Umsatz auf etwa 20 bis 25 Milliarden D-Mark. Ein Zahlenvergleich macht die Probleme deutlich: 25 Milliarden D-Mark Umsatz mit 500 000 Beschäftigten im

Osten. 215 Milliarden D-Mark Umsatz mit 1,1 Millionen Mitarbeitern im Westen – ein gravierendes Auseinanderklaffen der Produktivität. Wir müssen die ostdeutschen Betriebe in die Lage versetzen, einen deutlichen Mehrausstoß zu erreichen durch eine Verbesserung der technischen Ausstattung, eine Steigerung der Produktivität, aber auch durch eine starke und unvermeidliche Reduzierung der Zahl der Beschäftigten.«

Ein Jahr später sahen die Zahlen schon ganz anders aus. Unsere Befürchtungen hatten sich bestätigt. Trotz 900 Investitionsvorhaben mit einer Gesamtinvestitionssumme von sieben Milliarden D-Mark, vornehmlich durch westdeutsche Firmen, hatte sich die Zahl der Beschäftigten im ostdeutschen Maschinenbau nahezu halbiert (271 000), und der Umsatz betrug nur noch 13 Milliarden D-Mark.

Als VDMA-Präsident war ich Mitglied in der sogenannten Kanzlerrunde. Die Präsidenten der großen Wirtschaftsverbände gehörten dazu und auch etliche Spitzenmanager unserer großen Konzerne. Helmut Kohl dirigierte im NATO-Saal des Bundeskanzleramts das Ganze souverän. Bei den Sitzungen wurde er begleitet von Arbeitsminister Norbert Blüm und Kanzleramtsminister Wolfgang Schäuble. Auch der Wirtschaftsminister war dabei, und dann eine junge, ernste Frau, die für Umweltpolitik zuständige Ministerin Angela Merkel.

Ziel sei, so der Bundeskanzler, die große Aufgabe mit Kraft und Mut anzugehen, die neuen Bürger für das demokratische System zu gewinnen und Fehler, die beim Aufbau der Bundesrepublik gemacht wurden, nicht zu wiederholen. Dazu brauche er unseren

Rat. Ich meldete mich in einer der ersten Runden in Sachen Maschinenbau zu Wort. Ich trug die Entwicklung der Zahlen vor und sagte, dem ostdeutschen Maschinenbau mangele es an weltmarktfähigen Produkten und auch am Zugang zu vielen Märkten in der Welt. Wir, die westdeutschen Maschinenbauer, seien dort die natürlichen Investoren. Einiges sei durchaus schon geschehen – ich erwähnte die großen Anstrengungen des VDMA –, aber das reiche bei weitem nicht aus, um den Niedergang zu verhindern. Wir, die westdeutschen Maschinenbauer, gewännen als Investoren im Osten zunächst nur Kapazität – von der hätten wir allerdings selber meist zu viel. Zumal in der Krise, die wir jetzt durchstehen müssten. Eine Wende für den Maschinenbau in den neuen Ländern könne man deshalb nicht erwarten.

Dem Bundeskanzler gefiel das gar nicht. »Sie reden schon wie ein Banker«, meinte er ärgerlich und bezichtigte mich des Kleinmuts und der Ängstlichkeit. Ich setzte mich – vernichtet. Eberhard von Kuenheim, der damalige BMW-Chef, meldete sich zu Wort und verteidigte mich. »Was mein Kollege Leibinger sagt, Herr Bundeskanzler, ist nicht erfreulich – aber es ist die Wahrheit.« Detlev Karsten Rohwedder, der Vorstandsvorsitzende der Treuhandanstalt, kam nach der Veranstaltung auf mich zu und bat mich, in seinen Verwaltungsrat einzutreten. Ich fühlte mich mehr als ausgelastet und bat um Bedenkzeit. Eine Woche später, am 1. April 1991, wurde Rohwedder von Unbekannten, aber sicher im Zusammenhang mit seiner Tätigkeit in der Treuhandanstalt ermordet. Ich trat in den Verwaltungsrat der Treuhandanstalt ein – aus Staatsräson.

Drei Jahre war ich dort. Elfmal im Jahr tagten wir in Berlin jeweils eineinhalb Tage lang. Birgit Breuel hatte nun den Vorsitz des Vorstands der Treuhandanstalt. Jens Odewald war Verwaltungsratsvorsitzender. Es war eine unglaubliche Aufgabe. Etwa 24 000 Unternehmensverkäufe hat die Treuhand in diesem Zeitraum abgewickelt. Nur die spektakulären Fälle kamen in den Verwaltungsrat. Die Ministerpräsidenten der neuen Länder traten auf und plädierten für den Erhalt der Unternehmen in ihren Ländern. Manfred Stolpe für Brandenburg und der kluge Kurt Biedenkopf für Sachsen. Und andere, manchmal eloquent, aber oft wirtschaftsunkundig oder einfach nur opportunistisch. Im Verwaltungsrat gab es herausragende Persönlichkeiten. Hermann Rappe etwa, der Chef der Gewerkschaft IG Chemie, oder Dr. Horst Köhler, Staatssekretär im Finanzministerium (und späterer Bundespräsident), oder André Leysen aus Belgien, der Agfa-Gevaert geführt hatte. Mit ihnen gab es eine sehr ernsthafte und engagierte Zusammenarbeit.

Einmal war ein Fall zu behandeln, der sich auf ein vormals berühmtes Kombinat im Maschinenbau bezog, wobei ein Teil des Kombinats in ein neues Unternehmen umgewandelt werden sollte. Die Realisierung sollte mit einem Zuschuss von einem hohen zweistelligen Millionenbetrag möglich sein. Ich wies darauf hin, dass das Unternehmen nach dem vorgelegten Konzept die zehnfache Produktionsfläche, die doppelte Mitarbeiterzahl, aber den halben Umsatz meines Unternehmens anstrebe. Das könne nicht gut gehen. Der Antrag wurde abgelehnt. Der immer tapfer kämpfende Horst Köhler – der ja das Geld bringen musste – war mit mir sehr einverstanden.

Bei einer nächtlichen Vorbesprechung im kleinen Kreis ging es um die Restitution von Grundbesitz. Die Meinung der Bonner Ministerien war eindeutig gegen eine Restitution in diesem Fall. Der Grundbesitz sollte verkauft werden. Bei einem Erwerb von Grundstücken wurden verschiedene Kategorien von Interessenten gebildet. »Ortsansässige Wiedereinrichter« – also Bauern, die in der DDR geblieben waren – hatten die besten Bedingungen, ihren ehemaligen Besitz wiederzuerwerben. Dann kamen »ortsansässige Neueinrichter« – hier kamen vor allem ehemalige LPG-Direktoren (Landwirtschaftliche Produktionsgenossenschaft) in Frage, also die Herren der für die DDR so kennzeichnenden Kolchosen. In der Diskussion konnte ich durchsetzen, dass »nicht ortsansässige Wiedereinrichter« – also ehemalige Grundbesitzer – mit den »ortsansässigen Neueinrichtern« gleichgestellt wurden. Das war aber nicht genug. Wie sich später zeigte, war es falsch, beim Grundbesitz keine Restitution, also Rückgabe, verwirklicht zu haben. Die ehemaligen Großgrundbesitzer waren oft bereit, Geld und Mühe aufzuwenden, um den Besitz wieder zu betreiben, den ihre Familien durch Jahrhunderte bewahrt hatten. Den freien Bauernstand freilich hatte man im Sozialismus endgültig vernichtet. Die Söhne und Töchter der vertriebenen Bauern wollten nicht zurück. Sie waren inzwischen auch in anderen Berufen tätig.

Ich habe mich – nach all den Mühen, die wir uns machten – oft gefragt, warum die Treuhand einen so schlechten Ruf hat.

Zunächst: Ein Konkursverwalter geht selten als strahlender Held in die Geschichte ein. Dann aber, und das ist weit grundlegender: In der DDR – oder richtiger, schon in der Sowjetisch Besetzten Zone – wurde die Privatwirtschaft systematisch zerschlagen. Die Eigentümer der Unternehmen wurden vertrieben, eingesperrt oder in den Wirren des Anfangs nach dem Krieg totgeschlagen. Die entstandenen Großkombinate waren in ihrer Struktur nicht schlüssig. Sie waren auch auf dem Weltmarkt nicht konkurrenzfähig. Sie funktionierten nur unter der Glasglocke der sozialistischen Planwirtschaft, die dazu noch am Westrand mit der Mauer abgedichtet werden musste. Dass sie funktionierten, war erkauft mit einer erbärmlichen Lebensqualität der Bevölkerung. Die Substanz an Gebäuden verfiel. Die Maschinenausrüstung veraltete. Die Planwirtschaft verschleierte die Schwächen, und Veränderung war unterblieben.

Und nun sollte das Ganze zurückgedreht werden in ein marktwirtschaftliches Konzept. Aufgeteilt, portioniert, verkaufsfähig gemacht werden, möglichst bei laufendem Betrieb, denn die Menschen sollten beschäftigt bleiben. Investoren mussten gefunden werden. Mit klaren Zielen und anständigem Charakter. Keine Spekulanten.

Dies alles musste geführt und dirigiert werden von einer am 9. November 1989 nicht existierenden Einrichtung, der Treuhandanstalt. Es galt, 24 000-mal eine Entscheidungen zu treffen, ob das Geschäftsmodell tragfähig und der Investor solide sei. Fehler waren unvermeidlich. Aber die Wirtschaft der DDR wurde nicht von der Treuhand zugrunde gerichtet. Das war in 45 Jahren Sozialismus vorher geschehen.

Der VDMA in Asien und die Deutschen Häuser

Wie oft ich in meinem Berufsleben in Asien war, ist kaum zu rekonstruieren. Rund hundert Reisen waren es bestimmt. Durch mein Elternhaus gab es einen besonderen Zugang zur fernöstlichen Kunst – vornehmlich der japanischen, die mir durch ihre Fähigkeit zur Reduktion immer besonders gefiel. Man muss mit der Architektur des japanischen Hauses beginnen, dessen Schlichtheit und Strenge ich nur mit »Vollkommenheit« beschreiben kann. Dazu gehören die Gärten – Sträucher, Bäume, Steine und Wasser symphonisch verbunden. Die kaiserliche Katsura-Villa in Kyoto fasst alles zusammen, was es an Harmonie von Haus und Garten geben kann. Dann die Bildende Kunst mit Bildern, die die Abstraktion lange vor den Europäern realisieren. Dies gilt für die Chinesen wie für die Japaner, die von China vieles – eigentlich fast alles – in der Kunst übernommen oder aber auf ihre Weise fortentwickelt und verdichtet haben. Beide benützen die gleiche Schrift – gemalte Bildzeichen – für zwei ganz verschiedene Sprachen. Die chinesischen Schriftzeichen freilich verlangen von den Japanern – bis heute – mancherlei Anpassungen und Übersetzungen, die Mühe machen. Aber die verdichtete Weise einer Information durch die Schriftzeichen formt die Denk- und Fühlweise der Menschen. »Wenn ich es sehe, kommt es zu meinem Herzen«, sagte einmal ein Japaner zu mir, als er eine Frage mit dem Zeigefinger seiner rechten Hand in die Handfläche der anderen »schrieb«, wie dies viele Japaner tun.

Die Musik Asiens hat mich nie besonders beeindruckt. Europa findet in allen Künsten in anderen Kulturen äquivalente Leistungen, nicht aber in der Musik. Bachs »Matthäus-Passion«. Mozarts »Don Giovanni«, Beethovens »Neunte« oder »Die Winterreise« von Schubert sind ohne Vergleich.

Die Menschen in Asien sind etwas ganz Besonderes. Ihre Bereitschaft, sich zu bemühen, die Ernsthaftigkeit, der Fleiß, die Hingabe haben mich immer wieder fasziniert und tief beeindruckt. Dazu kommt die Bindung – insbesondere der Chinesen – an ihre Familie und der Respekt vor dem Alter. Die konfuzianische Prägung ist überall spürbar. Dass dies – in Japan – in den Jahrzehnten des scheinbar unaufhaltsamen Aufstiegs zur ersten Wirtschaftsmacht der Welt von einigen dort vergessen wurde, ändert nichts an der Aussage über die einfachen Menschen in Asien.

Als VDMA-Präsident wollte ich die Präsenz und vor allem die Marktanteile der deutschen Maschinenbauindustrie in Asien verbessern. In einer Rede vor den Mitgliedern des VDMA im ersten Jahr meiner Präsidentschaft sagte ich: »Unsere Strategie darf sich nicht darauf beschränken, lediglich die führende Position im europäischen Markt zu verteidigen und das übrige Feld den anderen zu überlassen. Neben der Tatsache, dass wir immerhin 30 Prozent unserer Produktion außerhalb der EG absetzen, also offene Märkte für fast ein Drittel unserer Produktion brauchen, ist für mich das entscheidende Argument, dass wir technische Spitzenpositionen im internationalen Konzert nur dann werden halten können, wenn wir uns auch mit den anderen technologisch führenden Ländern im Wettbewerb auseinandersetzen. Ein Abschließen des europäischen Marktes würde zwar zu einer Dominanz der deutschen Maschinenindustrie in Europa, aber gleichzeitig zu einem Rückfall im internationalen Vergleich führen. Wir müssen insbesondere auch jene Märkte im asiatischen Raum ins Visier nehmen, in denen wir bisher noch absolut unzureichend vertreten sind. Wenngleich es viel einfacher ist, eine Maschine nach Lyon oder Bern als nach Osaka, Seoul oder Jakarta zu verkaufen, darf der deutsche Maschinen- und Anlagenbau Japan und Südostasien nicht vernachlässigen.«

In der Tat waren wir gegenüber den Japanern und auch den Amerikanern deutlich im Rückstand. Wir hatten in den jährlich um 5 bis 10 Prozent rasch wachsenden Märkten in Südostasien nur einen Anteil von 9,5 Prozent (nach den Amerikanern, die 15 Prozent hatten, und weit abgeschlagen von den Japanern, die 51 Prozent der Märkte für sich erobert hatten).

Wir veranstalteten im ersten Jahr meiner Präsidentschaft einen Außenwirtschaftstag »Asien-Pazifik«. Ich unternahm zwei Asien-Reisen als VDMA-Emissär, immer begleitet von Zechlin und einigen Kollegen, zunächst nach Singapur und Jakarta, wo Dr. Habibie – in Deutschland ausgebildet und bei Airbus Industrie tätig gewesen – als Minister tätig war. Er empfing uns an einem riesigen Tisch, der mit Flugzeugmodellen aufs dichteste belegt war, nahm unsere Gastgeschenke (fünf Stipendien für indonesische Maschinenbaustudenten für deutsche Hochschulen) huldvoll entgegen und beschimpfte uns eine Stunde lang wegen der unzureichenden Unterstützung durch die deutsche Industrie beim Aufbau einer Flugzeugindustrie in Indonesien. Der sicher recht langsame und teure Service für deutsche Werkzeugmaschinen (durch die Hersteller und ihre Steuerungslieferanten) war gewiss nicht das einzige Hindernis zur Realisierung seiner hochfliegenden Pläne. Indonesien war in fast allen Belangen nicht das richtige Umfeld für den hochkomplexen Flugzeugbau, den er realisieren wollte. Landmaschinen wären vielleicht sinnvoller gewesen. Aber er war nun einmal Flugzeugbauer.

Bei der zweiten Reise besuchten Zechlin und ich die Technogerma in Seoul, die große deutsche Industrieausstellung dort. Bundespräsident Richard von Weizsäcker sollte die Ausstellung eröffnen. Aber es gab diplomatische Probleme. Südkorea stand auf der sogenannten H-Liste. Diese H-Liste umfasste 54 Länder, die als »potenzielle Aggressoren« eingestuft waren (nicht nur Südkorea, sondern auch zum Beispiel Indien und Singapur gehörten dazu). Für sie bestanden besondere Ausfuhrbedingungen, präzis: Restriktionen, bei sogenannten »Dual-Use«-Produkten. Daimler-Benz (damals noch integrierter Technologiekonzern) stellte das Modell eines Jagdflugzeugs auf seinem Stand aus. Das war aus Sicht des Bundespräsidenten eindeutig ein Produkt, das nicht nach Südkorea ausgeführt und deshalb nicht gezeigt werden konnte. Von »Dual-Use« konnte ohnedies in diesem Fall nicht gesprochen werden. Daimler verhielt sich störrisch und wollte keine Änderung auf seinem Messestand. Weizsäcker war ebenso unnachgiebig. Nächtliche Verhandlung vor dem Eröffnungsrundgang. Man fand schließlich einen Kompromiss (wahrscheinlich wurde das Flugzeug während des Weizsäcker-Rundgangs mit einem Tuch abgedeckt). Etwas Gutes war dabei: Das Thema »Dual-Use«, das für den Maschinenbau sehr wichtig ist, wurde von der Politik bemerkt. Danach fanden wir mit unseren Argumenten für eine notwendige Überprüfung der H-Liste und eine einheitliche europäische Lösung mehr Gehör.

VDMA-Mitglieder bestritten einen großen Teil der Ausstellung. Ich sollte deshalb vor einigen Hundert geladenen Gästen eine Rede halten. Ich sprach natürlich über die Vorzüge der deutschen Technik, über unseren möglichen Beitrag zur weiteren positiven Entwicklung der koreanischen Wirtschaft, aber auch über eine mögliche Wiedervereinigung der beiden Koreas. Unsere Erfahrungen, über die ich berichten konnte, waren zwar noch jung, aber dass hohe Kosten für den »westlichen« Teil damit verbunden sind, sei abzusehen. Die Koreaner – das war in den Gesprächen zu hören – hatten vor einer Wiedervereinigung einfach Angst. Das Verhältnis von 20 Millionen Koreanern im Norden und 30 Millionen im Süden war ungünstiger als das bei uns. Und das kommunistische Regime im Norden hatte das Land noch mehr zugrunde gerichtet, als dies in der DDR der Fall war.

Im folgenden Februar war ich wieder in Korea. Die deutschen Außenhandelskammern in den asiatischen Ländern hielten zusammen mit den Botschaften dort eine Asien-Pazifik-Konferenz in Seoul ab. Man hatte mich gebeten, die Konferenz zu leiten. Sie war die dritte ihrer Art – die vorhergehenden waren in Tokio und in Melbourne gewesen. Im Grunde war es ein Frustrationsritual. Die Geschäftsführer und Präsidenten der Auslandskammern, unterstützt von den Handelsattachés der Botschaften und von Unternehmensvertretern, die in Asien stationiert waren, klagten sich gegenseitig ihr Leid über den zu geringen Stellenwert, den man Asien in der deutschen Wirtschaft, in ihren Verbänden und in der Politik zumesse. Die Firmenvertreter klagten, dass sie im Vorstand kaum Gehör fänden. Und wenn doch, dann nur, um zu hören, dass man mit den Investitionen, die sie für die asiatischen Märkte forderten, in Europa deutlich mehr erreichen könne. Mich hatte man wohl eingeladen, weil mein besonderes Interesse an Asien deutlich geworden war. Zwei Tage hörten wir höchst missvergnügliche Vorträge. Übrigens auch eine Analyse des Korrespondenten der Börsenzeitung in Tokio, Dr. Helmut Becker, der das Platzen der »Bubble Economy« in Japan voraussagte.

Bei einem Abendessen beim deutschen Botschafter (wo es eine besonders langweilige Tischrede gab) skizzierte ich auf der Tischkarte einige Gedanken für mein Schlusswort am folgenden Tag. Der wichtigste Gedanke war die Gründung eines Asien-Pazifik-Ausschusses der Deutschen Wirtschaft, der, aus der deutschen Wirtschaft erstklassig besetzt, die Begleitung und Förderung der deutschen Aktivitäten in Asien zum Ziel haben müsse. Dieser Ausschuss solle sich auch um die Belange der deutschen Wirtschaft in Asien bei der deutschen Politik kümmern. Ich trug diesen Gedanken bei meinen Schlussworten vor. Die Teilnehmer waren begeistert, und beim Abschluss-Dinner bat mich der Sprecher der Außenhandelskammern mit bewegten Worten, die Leitung dieses zu gründenden Ausschusses zu übernehmen.

Noch während des Essens gerieten sich die Vertreter der Spitzenverbände BDI (Bundesverband der Deutschen Industrie e.V.) und DIHT (Deutscher Industrie- und Handelskammertag) in die Haare. Wer hatte sozusagen das Erstgeburtsrecht auf die Idee? Wer sollte das Sagen haben? Ich neigte zum BDI. Dort war ich im Präsidium. Der Streit dauerte Monate. Inzwischen hatte ich für den Vorsitz abgesagt. Aber wir gewannen Dr. Heinrich von Pierer, den Vorsitzenden des Vorstandes von Siemens, als Vorsitzenden. Das war eine hervorragende Lösung, durch die Persönlichkeit und auch durch das Gewicht, das er durch sein Unternehmen einbringen konnte.

Es gab ein zweites Anliegen für Asien, das mir wichtig war – die »Deutschen Häuser«. Die Idee war einfach: An strategisch wichtigen Orten wie Tokio oder Peking, Singapur oder Jakarta sollten, durch deutsche Banken finanziert, in guter Lage Gebäude entstehen, in denen deutsche Firmen Büro- und Montageflächen anmieten konnten. In den ausreichend großen Gebäuden sollten 50 bis 100 deutsche Firmen unterkommen können. Dies mit kleinen wie mit größeren Flächen. Infrastruktur sollte gemeinsam genutzt werden können: Vortragsräume oder Büro- und Kommunikationsdienste, aber auch Bankservice, bis hin zur gemeinsam genutzten Cafeteria. Faire, langfristig kalkulierbare Mieten sollten geboten werden, und die Unterstützung der deutschen Präsenzen vor Ort, wie Kammern und Botschaften, sollte den Mietern offensiv angeboten werden. Im Herbst 1984 hatte ich unserem Ministerpräsidenten Lothar Späth in Japan die Idee vorgetragen. Er ging darauf ein und verwirklichte das erste Deutsche Haus in Yokohama (Hauptstadt der Partnerprovinz von Baden-Württemberg, Kanagawa) mit Hilfe der Deutschen Bank. Dann passierte jahrelang nichts mehr. Ich antichambrierte mit der

Das German Centre in Singapur.

Idee beim Wirtschaftsministerium in Bonn. Minister Jürgen Möllemann klopfte mir wohlwollend auf die Schulter, aber es geschah nichts. Erst Ministerpräsident Erwin Teufel, mit dem mich immer ein hervorragendes persönliches Verhältnis verband, ging auf die Idee ein. Zielstrebig und effizient, wie es seine Art war, verwirklichte er das Projekt eines Deutschen Hauses in Singapur in kurzer Zeit. Bei der Eröffnung am 16. September 1996 hatten 108 Firmen 85 Prozent des Gebäudes, das 28 000 qm Bruttofläche hat, angemietet. Die finanzierenden Banken, SüdwestLB und WestLB, boten Bankdienstleistungen im Gebäude an, und auch sonstiger Unterstützung konnten sich diejenigen, die dort den ersten Schritt nach Asien wagten, sicher sein. Der deutsche Botschafter in Singapur, Dr. Karl Spalcke, der das Projekt sehr gefördert hatte, war glücklich. Wir auch. Die VDMA-Mitglieder stellten natürlich das größte Kontingent der Mieter.

Das Projekt war auch deshalb ein sofortiger Erfolg, weil wir bei der Wahl des ersten Geschäftsführers eine sehr glückliche Hand hatten. Joachim Ihrcke, ein erfahrener Asien-Kaufmann, in Singapur ansässig und mit einer Chinesin verheiratet, hatte schon vor

Baubeginn die Sache zu seiner eigenen gemacht. Ich kannte ihn als Geschäftsführer unserer Vertretung in Singapur. Ihm gelang es, alle Bauhürden zu überwinden, Mieter einzuwerben und einen Geist der Zuversicht im ganzen Haus zu verbreiten.

Meine Asien-Beiträge als VDMA-Präsident hatten also nachhaltigen Charakter. Auf Singapur folgten Gründungen von Deutschen Häusern in Jakarta, Peking, Shanghai (Seoul kam trotz großer Mühen nicht zustande). Später folgten Mexiko und Moskau.

Die Krise und das VDMA-Jubiläum zum hundertjährigen Bestehen

Die Bemühungen um die neuen Bundesländer waren mühsam. Der Maschinenbau in den neuen Bundesländern ging durch ein tiefes Tal. Nicht nur, dass die Kombinate aufgelöst werden mussten. Sie waren planwirtschaftlichen Gedanken entsprungen und brauchten, um auch nur einigermaßen funktionieren zu können, große planwirtschaftlich geführte Märkte. Für einen offenen weltweiten Wettbewerb waren sie nicht geeignet. Auch die Strukturen in den Betrieben waren falsch. Ein hoher Anteil der Beschäftigten in den Kombinaten waren Dienstleister, wie »Baubrigaden«, »Kindergärten« oder »Sportgruppen« mit teilweise paramilitärischem Charakter. Dies alles musste geändert werden. Die notwendigen Dienstleistungen mussten die Unternehmen in einer Wettbewerbswirtschaft am freien Markt einkaufen. Dazu kam, dass von 1991 bis 1994 eine große Krise in der Investitionsgüterindustrie herrschte. 14 Quartale hintereinander war der

Auftragseingang im deutschen Maschinenbau rückläufig. Die Lage war schlimm. Das Jubiläum zum hundertjährigen Bestehen kam trotzdem.

Dr. Zechlin und sein Stab bereiteten ein großes Fest vor. Bei aller Bedrückung durch die Lage waren wir entschlossen, die wirtschaftliche und wissenschaftliche Bedeutung des Maschinenbaus deutlich werden zu lassen. Die Festveranstaltung sollte in der Alten Oper in Frankfurt stattfinden. Am Vorabend gab es einen Empfang für die Mitglieder, der mit einem Konzert eingeleitet wurde. Die Gächinger Kantorei und das Bach-Collegium Stuttgart unter Helmuth Rilling musizierten eine Kantate von Johann Sebastian Bach. Ich hatte dies vorgeschlagen. Mit der Bachakademie in Stuttgart und Helmuth Rilling war ich eng verbunden, und die Bach-Kantate gab Gelegenheit, unsere neuen und noch unsicheren Mitglieder aus den neuen Bundesländern besonders anzusprechen. In der Festveranstaltung am folgenden Morgen sprachen der Publizist Alfred Grosser aus Paris und der für die Wirtschaft zuständige Bundesminister Jürgen Möllemann. Er huldigte dem Gedanken einer liberalen Marktwirtschaft. Mit Wettbewerb, offenen Grenzen und einem zurückhaltenden Staat. Nach der Möllemann-Rede sagten viele, die Bundesregierung solle einfach das tun, worüber Möllemann geredet hatte. Ich hatte die Schlussrede zu halten. Ich hatte mir bei der Vorbereitung dieser Rede große Mühe gegeben, denn ich wollte die Krisenstimmung relativieren, in der sich viele VDMA-Mitglieder befanden. Zur ungeteilten Freude gab es in der Tat wenig Anlass. Viele renommierte Firmen steckten in großen Problemen. Etliche waren schon »verkauft«, andere fusioniert worden.

Ich sprach einleitend davon, dass der VDMA mit dem Zeitpunkt seiner Jubiläen wenig Glück habe. Das 25-Jahr-Jubiläum 1917 erfolgte in einer Situation, die gekennzeichnet war durch einen blutigen Krieg, der von Deutschland nicht mehr gewonnen werden konnte. Die Amerikaner waren in den Krieg eingetreten. Die deutsche Heeresleitung hatte den totalen U-Boot-Krieg beschlossen. Deutschland war umzingelt und litt unter Hunger. Was aus der wenige Wochen alten Revolution in Russland werden würde, wusste man nicht. Die Perspektiven waren düster. Aber dass nach einem Jahr die Monarchie in Deutschland zu Ende sein würde, dass die Inflation folgen und Deutschland durch viele Jahre ein innerlich zerrissenes Land bleiben würde, das hätte der damalige Präsident nie voraussehen können.

Das 50-Jahr-Jubiläum 1942 fiel wahrlich in keine bessere Zeit. Hitler-Deutschland lag fast mit der ganzen Welt im Krieg, in West und Ost, in Nord und Süd. Die Sechste Armee in Stalingrad war eingekesselt. Der Wendepunkt dieses Krieges war erreicht. Zuungunsten Deutschlands. Der Präsident sprach gleichwohl von den »Maschinenbauern des Führers« und der unverbrüchlichen Treue zu demselben. Auch von unserem unerschütterlichen Glauben an den Endsieg. Ob er das wahrscheinliche Ende wenigstens einmal bedacht hat? Das Ausmaß der Katastrophe hätte er sich wohl kaum vorstellen können.

Auch 1967, das Jahr des 75-jährigen VDMA-Bestehens, war nicht einfach. Man konnte beim VDMA zwar auf eine imponierende Aufbauleistung zurückblicken. Aber das Wirtschaftswunder lag hinter uns. Ludwig Erhard, Symbol des wirtschaftlichen Aufstiegs, war ein Jahr zuvor als Bundeskanzler gescheitert. Kurt Georg Kiesinger regierte in Bonn. Er war ein »politischer« Kanzler, in anderen Worten: Er hatte mit der Wirtschaft wenig im Sinn. Deutschland hatte zum ersten Mal seit Kriegsende kein Wirtschaftswachstum.

Und nun 100 Jahre VDMA. »Es gibt keinen Grund zu verzweifeln«, sagte ich. Hinter uns lagen 25 Jahre mit einem stetigen Auf und Ab, aber letztlich mit einem kontinuierlichen Aufstieg. Ich wies auf unsere Vorteile und Stärken hin: auf die offenen Grenzen in Europa, auf die internationale Wettbewerbsfähigkeit des deutschen Maschinenbaus, die vielfach unter Beweis gestellt worden war. Ich sprach über die Qualität unserer Ingenieure und unserer Facharbeiter, lobte die günstige Struktur unserer Branche – vorwiegend durch mittelständische Unternehmen gekennzeichnet.

Ich versuchte dann einen philosophischen Schluss. Ich bezog mich auf den Philosophen Karl Popper, der von sich sagt, er sei ein Optimist, der von der Zukunft nichts weiß. Er wisse aber, dass niemand diese – seine – Zukunft *mehr* beeinflussen kann als er selbst. Daraus leitete ich ab, dass wir mit unseren insgesamt guten Voraussetzungen allen guten Grund hatten, mit Zuversicht in die Zukunft zu blicken. Wir bräuchten allerdings den Glauben an uns und unsere Fähigkeiten. Ich schloss mit dem Satz: »Optimismus ist Pflicht«.

Meine Zeit beim VDMA ging wenige Monate später – wie festgesetzt nach drei Jahren – zu Ende. TRUMPF stand wieder ganz im Mittelpunkt meiner Arbeit. Aber wir schrieben rote Zahlen. Die strukturellen Veränderungen auf der Gesellschafterseite sind schon beschrieben worden. Dazu kamen nun wichtige organisatorische und strategische Veränderungen im Unternehmen.

Am wichtigsten war die notwendige Reduzierung der Kosten. Wir hatten weltweit über 3000 Beschäftigte und versuchten auf möglichst schonende Weise, unseren Personalstand den zurückgehenden Umsätzen anzupassen. Die Umsätze waren von 726 Millionen D-Mark im Jahre 1990 auf 636 Millionen D-Mark gesunken. Wir ersetzten im folgenden Jahr Altersabgänge und Fluktuation nicht und sprachen zusätzlich über 60 Kündigungen aus. Unser Personalstand reduzierte sich um 8 Prozent. Ein Banker hatte mir gesagt, dass mindestens 15 Prozent richtig wären, als ich ihm die 8 Prozent als Ziel genannt hatte. Dies ging mir nahe. Denn jede erzwungene Trennung von einem Mitarbeiter tat mir weh. Ich wusste, dass wir jedes Mal in das wirtschaftliche Schicksal dessen eingriffen, der uns eben dieses anvertraut hatte. Unsere Meinung, dass wir einen möglichst hohen Anteil unserer Beschäftigten halten wollten, hatte einen doppelten Grund: Einmal fühlten wir uns für alle unsere Mitarbeiter verantwortlich. Zum anderen wussten wir, dass wir sie bei einem Aufschwung – an den wir glaubten – wieder brauchen würden.

Die Krise lehrte uns auch, dass unsere Möglichkeiten, ihr organisatorisch zu begegnen, unzureichend waren. Der Maschinenbau – insbesondere die Werkzeugmaschinenindustrie – ist durch Konjunkturzyklen gekennzeichnet. Früheren Krisen waren wir immer mit hohen Auftragsbeständen, die wir in der zurückliegenden Konjunkturphase gebildet hatten, begegnet. Die Konjunkturtäler wurden mit Aufträgen aus den Konjunkturspitzen aufgefüllt. Das Wachstum verlangsamte sich – das war alles.

Dieses Modell funktionierte nicht mehr. Im Informationszeitalter waren die Kunden und Interessenten über das weltweite Angebot immer aktuell und im Detail informiert. Einer unserer Konkurrenten konnte immer liefern, und lange Lieferzeiten waren nicht mehr durchsetzbar. Es sei denn, man akzeptierte in guten Konjunkturphasen Verluste von Marktanteilen. Man musste also Wege finden, um den Schwankungen des Marktes auf andere Weise folgen zu können.

Wir verhandelten mit unserem Betriebsrat über die notwendige Flexibilisierung der Arbeitszeit. Wir hatten zwei Grundanliegen: Zum einen wollten wir in guten Zeiten viele Arbeitsstunden, in schlechten weniger haben. Ein Arbeitszeitkonto sollte wie ein Sparkonto für den notwendigen Ausgleich sorgen. In guten Zeiten sparte man Stunden an, in schlechten brauchte man sie auf. Der Lohn sollte konstant, für einen mittleren Stundenwert berechnet, bezahlt werden. Zum anderen wollten wir eine Verlängerung der Arbeitszeit, um den großen Rückstand gegenüber unseren Hauptmitbewerbern in USA, Japan und in der Schweiz wenigstens etwas auszugleichen.

Überall hatten wir eigene Gesellschaften. Wir konnten die Zahlen bei unseren eigenen Beschäftigten unmittelbar vergleichen. Ein Schweizer TRUMPF Mitarbeiter der Lohngruppe TG 9 (das entspricht einem Facharbeiter, der ein komplexes numerisch gesteuertes Bearbeitungszentrum bedient) arbeitete dort über 200 Stunden im Jahr mehr als sein deutscher Kollege, und die Kosten *pro Stunde* betrugen nur 41,40 D-Mark gegenüber 48,80 D-Mark für den Deutschen. Das Jahreseinkommen des Schweizers war trotzdem so hoch wie das des Deutschen, aber der Schweizer tut mehr dafür. Der Vergleich mit der Schweiz beeindruckte unsere deutschen Betriebsräte am meisten. Die Schweizer kannte man, und man kannte auch die Lebensbedingungen dort. Japan und die USA waren weit weg.

Auch der Betriebsrat hatte Wünsche. Einmal eine Arbeitsplatzgarantie für einen bestimmten Zeitraum und dann die Verpflichtung, alle Auszubildenden zu übernehmen. Vor allem sollte die neue, größere Laserfabrik – die wir dringend brauchten – in Ditzingen gebaut werden. Wir hatten auch mit einem Schweizer Standort nahe Zürich geliebäugelt.

Wir einigten uns nach langen Verhandlungen, die aber in sehr konstruktivem Geist geführt wurden, auf den schwäbischen Standort. So hatten wir 1996 ein erstes »Bündnis für Arbeit«, wie wir es nannten. Der Konzernbetriebsratsvorsitzende, Gerd Duffke, und seine Gremien waren ebenso zufrieden wie wir.

Wir verbesserten außerdem die Konzentration auf Entwicklungsprojekte, die unser Serienprogramm betrafen. Unser sehr kreativer und ehrgeiziger Entwicklungschef Hans Klingel hatte zunehmend die Gewohnheit angenommen, der »technischen Herausforderung« zuliebe Aufgaben anzugehen, die aus dem Markt kamen, aber Einmalcharakter hatten. Solche Aufgaben werden an ein Unternehmen mit technischen Qualitäten immer herangetragen. Immer wird von dem, der die besondere Lösung will, behauptet, es gäbe viele, die die Lösung brauchten, und es lohne sich, seinen Wünschen zu folgen. Dem unternehmerischen Geschick ist es überlassen, die Aufgaben auszusuchen, die später tatsächlich zur Serienanwendung führen. Man muss – auch bei technisch interessanten Aufgaben – Nein sagen können.

Ich gewann die Überzeugung, dass bei uns ein zu hoher Prozentsatz unserer Entwicklungskapazität von einem kleinen Umsatzanteil absorbiert wurde. Ich änderte dies (in zwei oder drei Wochenendsitzungen der Geschäftsführung) mit einiger Härte. Dies wurde von einigen als mangelnde Vision verstanden, hatte aber bei dem 1994 einsetzenden Aufschwung positive Folgen. Schon im Geschäftsjahr 1994/95 wuchs unser Gruppenumsatz von 640 auf 800 Millionen D-Mark, und wir verdienten mehr als 7 Prozent vom Umsatz. Dies mit Serienmaschinen von hoher Qualität und mit anspruchsvoller Technik.

Visionen sind wichtig, aber man muss das Gespür dafür haben, wo und wann sie Umsatz bringen. Für unsere rasche Erholung war auch die außerordentlich positive Einstellung unserer Mitarbeiter verantwortlich, die half, den raschen Aufschwung zustande zu bringen. Wir hatten das, was man Firmenkultur nennt, in der Krise nicht nur erhalten, sondern verbessern können.

In den folgenden Jahren stieg der Umsatz wieder Jahr für Jahr. Im Geschäftsjahr 1996/97 überstiegen wir zum ersten Mal deutlich die Milliardengrenze und erzielten 12,8 Prozent Umsatzrendite.

Noch in der Krise wagten wir eine wichtige Akquisition. Es ging um den Ratiobetrieb des Kombinats »Fortschritt«, der von uns – vor der Wende – Laser gekauft hatte. Unter Ratiobetrieb verstand man in der DDR den Teil eines Kombinats, der Werkzeuge, Vorrichtungen und Sondermaschinen für eben dieses Kombinat herstellte. Der Betrieb in Neukirch in Sachsen hatte sich aus dem Kombinat gelöst und war in eine GmbH umgewandelt worden. Inhaber waren die Treuhandanstalt und vier der ehemaligen Angestellten, die zusammen 25 Prozent übernommen hatten. Ihr Sprecher, auch die treibende Kraft, Rainer Strehle, kam an einem heißen Augustnachmittag im Jahr 1991 zu mir und warb für ein Engagement von TRUMPF in der neu gegründeten GmbH. Man wollte dort Lasermaschinen mit unseren Lasern bauen. Die alte Idee. Dies wollten wir nicht, denn wir hatten selbst ein breites Programm, aber Absatzschwierigkeiten. Wir überlegten hin und her und kamen schließlich auf Wasserstrahlschneidmaschinen, die in unserem Angebot fehlten. Im Übrigen war man in Neukirch der Meinung, mit Werkzeugen und Vorrichtungen für die Landmaschinenindustrie einen wesentlichen Teil des notwendigen Umsatzes erreichen zu können. Ein eigenes Produktprogramm gab es nicht.

Die Fabrik war in einem erbärmlichen baulichen Zustand, auch die Ausstattung war schlecht, aber es wurden noch 280 Mitarbeiter dort beschäftigt. Das Ganze war in einer ehemaligen Kofferfabrik untergebracht, die natürlich enteignet worden war. Wir suchten Abkömmlinge der Besitzer und fanden keine. Ich

TRUMPF in Neukirch/Sachsen 2002 – von der DDR-Bausubstanz ist nichts mehr übrig.

sagte schließlich zu, 40 Prozent der Anteile zu kaufen, die Differenz wurde von unserer Hausbank, der Landesgirokasse, übernommen. Wir garantierten 120 Arbeitsplätze dort.

Im folgenden Jahrzehnt bauten wir die Fabrik systematisch um und erweiterten sie. Im Jahr 2004, zwölf Jahre nach unserem Kauf, beschäftigten wir dort über 400 Mitarbeiter in einer außerordentlich schönen neuen Fabrik. Darauf bin ich stolz. Einen der Gründe für unseren Erfolg in Sachsen sehe ich darin, dass wir in die dortige Führung von Anfang an Vertrauen setzten. Nie war ein »Wessi« in die Leitung des Unternehmens abkommandiert. Ich glaubte an das Talent der Sachsen – die Geschichte des deutschen Maschinenbaus lehrt dies.

Kurz nach diesem Kauf im Jahr 1992 hatten wir einen sogenannten Familientag in Ditzingen. An diesem Tag dürfen unsere Mitarbeiter mit ihren Familien und Freunden die Fabrik besichtigen, erleben Vorführungen unserer Produkte und werden bewirtet. Busse mit Mitarbeitern der nahegelegenen Tochtergesellschaften aus Frankreich, aus der Schweiz, aus Österreich und eben auch aus Sachsen kamen. Ich hatte gebeten, dass man mich hole, wenn die Sachsen kämen. Es war mir ein großes Anliegen, unsere neuen Mitarbeiter persönlich zu begrüßen. Der Zufall wollte es, dass fast gleichzeitig ein Bus aus unserem Werk Baar, aus der Schweiz, ankam. Die Schweizer strömten mir entgegen, begrüßten mich mit gutturaler Herzlichkeit und verlangten »Chaffee«. Meine Landsleute, die Sachsen, standen in einer Gruppe bei ihrem Bus, verschüchtert, und harrten auf Anweisungen, was zu tun sei. Nie ist mir so deutlich geworden, welch großes Geschenk es ist, in Freiheit groß geworden zu sein.

Menschliche Begegnungen und Aufsichtsräte

Kurz nach Abschluss meiner Zeit als VDMA-Präsident bat mich mein Kollege Tyll Necker, einer meiner Vorgänger im VDMA und danach BDI-Präsident, um ein Gespräch. Er komme dazu gerne nach Stuttgart. Necker, den ich sehr gut kannte, war als Geschäftsführer der Maschinenfabrik Hako mit sehr ähnlichen Fragestellungen im Unternehmen befasst wie ich. Er war für Heinrich Weiss eingesprungen, der sich mit seinem Hauptgeschäftsführer nicht verstand und nach etwas mehr als einem Jahr als BDI-Chef zurückgetreten war. Necker war vorher schon vier Jahre BDI-Präsident gewesen. Er war ein Mann, der sich um die res publica in hohem Maße verdient gemacht hatte.

Ich traf Necker im Flughafenhotel zu einem Vieraugengespräch. Necker bat mich, für seine Nachfolge beim BDI zur Verfügung zu stehen. Ich sagte sofort – aber schweren Herzens – ab. Entscheidend war die Situation im Unternehmen. Die Krise hatte mir gezeigt, dass TRUMPF eine starke, präsente und durchgängig informierte Führung brauchte. Dies glaubte ich, mit dem Amt des BDI-Präsidenten nicht in Einklang bringen zu können.

Dabei hätte ich das Amt gerne angenommen. Es reizte mich, auf wirtschaftspolitische Entscheidungen auf Bundesebene Einfluss nehmen zu können. Ich war überzeugt, dass praktizierende Unternehmer durch ihr tägliches Handeln besonders glaubwürdig sein können (oder auch nicht). Zugetraut hätte ich mir die Führung des Amtes auch. Aber ich sagte der Firmen-Räson zuliebe ab. Das Nein fiel mir wegen Necker schwer. Ich sehe noch immer den noblen Tyll Necker, zwei schwere Aktentaschen tragend, enttäuscht zum Flugsteig gehen.

Oft habe ich in den Jahren darüber nachgedacht, ob dieser Verzicht auf bundespolitische Präsenz richtig war. Hatte ich im entscheidenden Moment zu wenig Courage, um meiner »Karriere« eine zusätzliche Dimension hinzuzufügen? Heute meine ich, dass die Entscheidung für die »Provinz«, nämlich meine Firma, richtig war. Es war auch nicht Pflicht vor Neigung. Es war notwendige Bescheidung.

Ich besprach das Ganze mit meinem Freund Marcus Bierich, dem Bosch-Chef. Er fand die Gründe für meine Absage honorig und meinte, dass ich für das Gemeinwesen nun nach acht Jahren Kammer und VDMA genug getan hätte. Unsere Freundschaft hatte sich in den Jahren, seit er in Stuttgart war, behutsam und langsam entwickelt, wie es sich für zwei eher vorsichtige und zurückhaltende Männer im vorgerückten Alter auch gehört. Wir trafen uns in der Internationalen Bachakademie – er wurde nach einiger Zeit mein Stellvertreter im Vorstand –, nachdem ich auf sein Zureden hin die Nachfolge von Roland Klett als Vorsitzender dort angetreten hatte.

Wir erdachten uns gemeinsam den Freundeskreis für das Literaturarchiv in Marbach, dessen Vorsitz er dann übernahm. Auf gemeinsamen Spaziergängen im Gerlinger Wald – immer am Samstagmorgen – sprachen wir über alles, was uns bewegte und bedrückte, aber auch über solches, was uns erfreute. Bierich war ein Mann, dem neben dem Sinn für das Geschäft genug Neugierde geblieben war, um sich für die zusätzlichen Dimensionen, die unser Menschsein ausmachen, zu interessieren. Selten habe ich einen Menschen getroffen, mit dem mich ein so weites Spektrum kultureller Interessen unmittelbar verband. Eine besondere Liebe hatte er zur deutschen Sprache.

Er hielt bei meinem 60. Geburtstag eine tiefgründige Rede, neben Lothar Späth und Hans-Peter Stihl. Helmuth Rilling, der Chef der Internationalen Bachakademie, musizierte dann vor unseren Gästen in einer unserer Werkhallen mitten unter Maschinen Bachs »Magnificat«. Bei Bierichs 70. Geburtstag, den er im Deutschen Literaturarchiv in Marbach feierte, überbrachte ich ihm ein Borchardt-Autograph im Namen der Freunde, das er sogleich dem Literaturarchiv weiterschenkte.

Einige Jahre vorher hatte mich Hans L. Merkle, damals schon Aufsichtsratsvorsitzender bei Bosch, in einen kleinen Gesprächskreis von Unternehmern gebeten, der sich einmal im Jahr für zwei Tage treffen sollte. Das erste Treffen fand 1989 in Bad Homburg im Schlosshotel statt; spätere Treffen abwechselnd in den Firmen der Teilnehmer. Anlass zu der Unternehmung war die Sorge von Merkle, dass die Unternehmer – bei aller Intelligenz – sich in der Öffentlichkeit schlecht präsentierten. Heinz Goldmann, ein erfahrener Kommunikationsexperte aus Genf, sollte helfen, Defizite zu vermindern. Wir erfuhren, wie man ein Auditorium persönlich anspricht, wie man auf Unvorhergesehenes in Firmen – wie zum Beispiel einen ungeplant ausgelaufenen Behälter mit Chemikalien – medientechnisch reagiert. Wir präsentierten uns vor einer laufenden Kamera und sahen, wie ungelenk wir waren. Wir lernten, ein vorgegebenes Thema in vorgegebener Zeit abzuhandeln und Ähnliches mehr. Vor allem aber wurden wir ein Freundeskreis, dem es Vergnügen machte, über Politik und Wirtschaft – auch kontrovers – zu diskutieren. Wie ich als Mittelständler in diesen illustren Kreis hineingekommen bin, war mir unklar. Ich traf interessante Menschen dort. Helmut Werner von Mercedes und Wolfgang Reitzle von BMW (ihre Präsenz war für mich aus der Bosch-Sicht erklärbar). Dann auch Hermann Franz, den Aufsichtsratsvorsitzenden von Siemens, oder Hilmar Kopper, damals im Vorstand der Deutschen Bank, und den BASF-Vorstand Jürgen Strube. Die Familienunternehmen wurden durch den charmanten Arend Oetker und später zusätzlich durch Ulrich Scheufelen vertreten.

Dass der Kreis mit Ergänzungen und Wechseln auch nach 20 Jahren noch bestehen sollte, haben wir damals nicht geahnt. Nach einigen Jahren baten wir, inzwischen kommunikationserprobt, den Publizisten und Historiker Joachim Fest, die Moderation unserer Gespräche zu übernehmen. Der kühle, nachdenkliche, grundgebildete Intellektuelle war nach dem quirligen Goldmann geradezu ein Kontrastprogramm. Er war eine faszinierende Persönlichkeit, mit der mich bald ein persönliches, freundschaftliches Verhältnis verband. Sein Urteil über unsere Vergangenheit, in Sonderheit das uns immer beschäftigende Dritte Reich, deckte sich mit meinen Gedanken ganz weitgehend. Wir trafen uns auch im privaten Rahmen. Ich hielt auf seine Bitte hin einmal einen Vortrag vor dem Bundesverband Deutscher Banken im Schloss Niederschönhausen in Berlin und sprach über »Ein neues Bürgerbild – Maßstäbe und Imperative für die Gesellschaft«. Die Begegnung mit Joachim Fest war für mich ein großer Gewinn.

Als mich im Frühjahr 1993 der BMW-Aufsichtsratsvorsitzende Eberhard von Kuenheim bei einem Treffen in Stuttgart bat, in den BMW-Aufsichtsrat einzutreten, war der BMW-Entwicklungsvorstand Wolfgang Reitzle ebenso überrascht wie ich selbst. Ich stellte die Frage, was man denn von einem Schwaben erwartete, der dazu noch einen Mercedes fuhr. Es gehe um unternehmerische Erfahrung, war die Antwort. Kurze Zeit später kaufte ich mir dann einen BWM – ein schönes Auto, mit dem ich gerne fuhr. Aber den Mercedes behielt ich auch.

Aufsichtsräte waren für mich immer reizvoll. Andere Unternehmen von innen kennenzulernen, ist interessant. Dabei eigene Erfahrungen – positiver und negativer Art – einbringen und in gutem Sinne raten zu können, kann und soll für beide Seiten Vorteile bringen.

Schon 20 Jahre vorher hatte ich ein Mandat bei dem Straßenbauer Kirchhoff in Stuttgart angenommen und dort gelernt, dass in einem Familienunternehmen die Präsenz der Familie in der Geschäftsführung wichtig ist (dort war dies nicht der Fall). Später, bei MAHO, lernte ich, dass die Präsenz einer zerstrittenen Familie für ein Unternehmen höchst gefährlich sein kann. Es folgten etliche mittelständische Unternehmen – gut und auch weniger gut geführte – mit mancherlei Erfahrungen. Immer wurde deutlich, dass der persönliche Einsatz der Firmenführung entscheidend ist. Die Aufsichtsratsmandate gab ich aber immer nach einer oder längstens drei Wahlperioden wieder ab.

SEL Alcatel, der skandalgeschädigte Elektronikkonzern, war eine Episode besonderer Art. Dort habe ich den Niedergang eines Unternehmens mit großer Vergangenheit im elektromechanischen Bereich (Drehwähler, Fernschreiber) erlebt und erlitten. Ursache waren technische Veränderungen unter einer den deutschen Standorten gegenüber gleichgültigen französischen Führung.

Bei BMW

BMW, das lernte ich schnell, ist ein sehr großes Familienunternehmen. Die Präsenz der Familie Quandt im Aufsichtsrat und ihr Gewicht in der Hauptversammlung schaffen ein besonderes Klima. In meine Amtszeit von 1994 bis 2001 fiel eine für das Unternehmen sehr schwierige Phase. Die Akquisition der englischen Firma Rover, Hersteller von relativ einfachen Autos der unteren Preiskategorie, erwies sich als eine sehr problematische Investition, die hohe Verluste brachte. Ähnlich war es bei dem berühmteren Schwesterunternehmen Land Rover. Alle Versuche, durch Beeinflussung von Rover, durch Übertragung von BMW-Knowhow und -Erfahrung, Rover auf Kurs zu bringen, erwiesen sich als nutzlos. Der Vorstand in München hielt wohl zu lange an der Formel fest: »Rover muss durch Rover geführt werden«. Als man das Ruder in England selbst in die Hand nehmen wollte, war es zu spät. Krisenstimmung in München. Der Vorstandsvorsitzende Bernd Pischetsrieder und sein möglicher Nachfolger Wolfgang Reitzle schieden – in einer dramatischen Aufsichtsratssitzung, die morgens um zehn Uhr begann und um 22 Uhr endete – am gleichen Tag aus. Uns gelang es, Professor Joachim Milberg, den für die Produktion zuständigen Vorstand, für die Nachfolge zu gewinnen. Ich war inzwischen stellvertretender Vorsitzender des Aufsichtsrats, eine Position bei BMW, die ursprünglich für den Großaktionär Herbert Quandt geschaffen worden war. Er konnte aufgrund seines Augenleidens die Aufsichtsratssitzungen nicht selbst leiten, sollte aber im Präsidium vertreten sein. Die Familie Quandt – zunächst vertreten durch Johanna Quandt, später durch Susanne Klatten und Stefan Quandt – verhielt sich in allen Turbulenzen vorbildlich. Stets ging es ihr um das Wohl des Unternehmens, nicht um den Aktienkurs.

Bei der Trennung von Rover behielt BMW das Eigentum an der Marke »Mini«. Joachim Milberg war überzeugt, dass man aus dem originellen Kleinwagen ein Produkt mit Premium-Charakter machen konnte. Er sollte recht behalten. Die Führung des Aufsichtsrats durch Eberhard von Kuenheim, der in langen Jahren als Vorstandsvorsitzender BMW zu seiner strahlenden Position in der deutschen Automobilindustrie verholfen hatte, war vorbildlich. Diszipliniert und distanziert hatte er seine neue Rolle angenommen. In ethischen Fragen war er unbeirrbar. Die damals in Mode gekommenen Ethik-Seminare waren für ihn entbehrlich. Ihm folgte Volker Doppelfeld, der ehemalige Finanzvorstand, als Aufsichtsratsvorsitzender nach (bei BMW herrscht eine für alle verbindliche Altersgrenze von 70 Jahren, die auch für von Kuenheim galt). Doppelfeld führte das Amt mit Umsicht und sicherer Hand.

Die Zeit im BMW-Aufsichtsrat bescherte mir noch eine höchst erfreuliche menschliche Begegnung. Lo van Wachem, der Aufsichtsratschef von Shell, war mir in den vielen Sitzungen durch knappe und gute Fragen aufgefallen. Er sprach mich eines Tages an und sagte, er habe, ebenso wie wir, ein Domizil in Klosters. Wir trafen uns dort, und daraus entwickelte sich eine echte Freundschaft zwischen unseren Familien.

Die Deutsche Bank

Ein Jahr nach meinem Beginn bei BMW fragte mich Hilmar Kopper, ob ich in Bezug auf Banken ungebunden sei. Er würde mich gerne im Aufsichtsrat der Deutschen Bank sehen. Ich besprach die Anfrage mit Walther Zügel, denn ich war seit sieben Jahren im

Verwaltungsrat der Landesgirokasse, unserer verdienten Hausbank. Zügel – uneigennützig – riet dringend dazu, das Angebot der Deutschen Bank anzunehmen. Ein mittelständischer Familienunternehmer im Aufsichtsrat der renommiertesten deutschen Bank – dies könne ich nicht ausschlagen, und das könne unserer Sache nur nützen, meinte er. Es ging ihm wie mir um die Stellung der mittelständischen Industrie in der Wirtschaft.

Ich schied aus dem Verwaltungsratsgremium der Landesgirokasse nur ungern, verdankte ich doch der Aufgeschlossenheit des dortigen Vorstandes viel, und die Entwicklung der Bank war mir wichtig. Neben Walther Zügel möchte ich in erster Linie Otto Seiter nennen, der im Vorstand unser Unternehmen betreute. Ich war bei der Landesgirokasse auch Mitglied im Kreditausschuss, den der Stuttgarter Oberbürgermeister Manfred Rommel (er war auch Verwaltungsratsvorsitzender) gelassen leitete. Für mich war die Zugehörigkeit zum Kreditausschuss höchst lehrreich. Ich sagte meiner Frau, dass ich die Skepsis und auch den Hochmut mancher Banker jetzt besser verstehe, denn hinter manch stolzer Fassade von Firmen und auch Personen, die Kredite suchten, sei oft wenig zu finden. Namen habe ich allerdings nie genannt.

In der Deutschen Bank ging man mit anderen Zahlen um. Der Aufsichtsrat war imponierend besetzt. Der Vorsitzende, Dr. Friedrich Wilhelm Christians, war leider durch Krankheit zeitweise deutlich beeinträchtigt. Die Arbeitnehmervertreter aus dem Bankkonzern waren ziemlich schwach, die Vertreter der Gewerkschaften deutlich stärker. Hilmar Kopper war als Vorstandsvorsitzender überzeugend. Er argumentierte ernsthaft und geradlinig, war erfahren und weltläufig. Seine Bemühungen um solides, redliches Handeln waren unübersehbar.

Es war die große Zeit des Investment-Bankings. Die Bank hatte in jüngster Zeit Morgan Grenfell in London akquiriert. Manche Vertreter aus London ließen aber den Eindruck aufkommen, es sei umgekehrt. Meine Rolle sah ich darin, immer wieder auf die Notwendigkeit des Firmenkundengeschäfts für die Deutsche Bank im Heimatmarkt hinzuweisen.

Die Akquisition von Bankers Trust in Amerika stand an. Wir beschlossen in einer Sondersitzung in München darüber. Ich meldete mich zu Wort und sagte, man müsse dringend von vorneherein klarstellen, wer wen gekauft habe. Während meiner Amtszeit übernahm Hilmar Kopper den Vorsitz des Aufsichtsrats, Rolf Breuer den Vorsitz des Vorstandes. Breuer kannte ich durch unsere gemeinsame Zeit im Aufsichtsrat von MAHO recht gut. Josef Ackermann kam in den Vorstand. Ruhig und gelassen hörte er den Debatten zu. Wenn er zu einer Stellungnahme gebeten wurde, wurde seine souveräne Analysefähigkeit deutlich.

Es gab Initiativen jeder Art. Etwa die »Bank 24«, die der tapfere und kluge Tessen von Heydebreck aufbauen sollte. Es gab den Versuch, die Dresdner Bank zu übernehmen. Das Vorhaben platzte in letzter Sekunde. Ich erlebte den sonst immer gelassenen und wortgewandten Rolf Breuer dadurch sichtlich erschüttert. Der Deutschen Bank ist aber dadurch viel erspart geblieben.

Nach acht Jahren schied ich aus dem Aufsichtsrat aus. Ob ich Spuren hinterlassen habe, weiß ich nicht. Jedenfalls bin ich glücklich, dass sich die Deutsche

Bank in den folgenden Jahren wieder sehr um das Firmenkundengeschäft in Deutschland bemüht hat. Die Medienschlachten, die Kopper und Ackermann über sich ergehen lassen mussten, sind mir, nachdem ich beide bei der Arbeit über Jahre erlebt habe, immer ganz unverständlich geblieben. Das oft feststellbare schlechte Renommee der Deutschen Bank und insbesondere ihrer Vorstandsvorsitzenden Kopper und Ackermann ist nach meiner Meinung ganz einfach unbegründet. Die Deutsche Bank hat – nicht nur in der Finanzkrise 2008/09 – eine gute Figur gemacht. Sie ist die größte und auch die erfolgreichste aller deutschen Banken. Dies gilt mindestens für die Zeit nach dem Zweiten Weltkrieg. Veränderungen, auch schmerzhafte Anpassungen an veränderte Rahmenbedingungen sind jedoch für jedes Wirtschaftsunternehmen notwendig, nur werden sie bei Banken immer mit besonderem Argwohn betrachtet.

Wir Deutschen haben ein schwieriges Verhältnis zur Wirtschaft, besonders der Finanzwelt stehen viele mit Unverständnis gegenüber. »Was ist das Ausrauben einer Bank gegen die Gründung einer Bank?« – Frei nach Bertolt Brecht. Hat er das wirklich so gesehen? Oder brauchte er die Formulierung nur aus dramaturgischen Gründen?

Die BASF

Die wichtigste aller Aufsichtsratserfahrungen war und blieb die BASF. Anfang 1998 erhielt ich einen Anruf aus Ludwigshafen. Dr. Jürgen Strube fragte, ob ich in den Aufsichtsrat der BASF eintreten wolle. Ich erbat Bedenkzeit, denn ich hatte wahrlich genug zu tun. Wir vereinbarten jedoch, dass ich Strube und den amtierenden Aufsichtsratsvorsitzenden, Dr. Hans Albers, zu einem vertiefenden Gespräch treffen würde. Ich fuhr abendlich nach Mannheim – erfreute mich an der schnellen ICE-Verbindung – und sagte zu. Dr. Albers, der das Gespräch eher als Begutachtung und Prüfung meiner Person verstanden hatte, wiederholte Strubes Wunsch noch während des Gesprächs. Der Gedanke, auch noch ein Unternehmen der Chemie kennenzulernen, reizte mich.

Ich bin damals in Zeiten mit sehr intensiver Beschäftigung von einem »wohlmeinenden« Kollegen gefragt worden, ob ich denn überhaupt noch Zeit für mein Unternehmen habe. Ich habe – recht salopp – gesagt: »Weder Jagd noch Yacht noch Golf – da kann der Mensch viel tun.« Ich wusste, dass er als Vorstand eines Unternehmens allen drei Leidenschaften frönte. Mit einer Fünftagewoche war dies freilich für mich wahrlich nicht zu bewältigen. Aber es gab ja auch noch die Wochenenden. Dazu kam eine Ehefrau, die meine berufliche Abwesenheit stets ohne Murren akzeptiert hat.

Ich traf bei der BASF einen interessant besetzten Aufsichtsrat und einen vorzüglichen Vorstand an. Ein Jahr nach meinem Eintritt starb Dr. Albers ganz unerwartet an einer schweren Erkrankung. Kurze Zeit später besuchte mich Jürgen Strube in meinem Büro in der Firma. Er wolle meinen Rat zur Nachfolge von Dr. Albers hören. Ich war überrascht und ein wenig geschmeichelt, denn ich war ja kaum in der Lage, dazu Wesentliches zu sagen. Strube lenkte das Gespräch subtil und brachte mich schließlich nach einigen kunstreichen Gesprächswindungen dazu, die Frage zu stellen, ob er etwa an mich als Nachfolger von Albers denke? Ja, sagte er, und seine Gremien dächten ebenso. Ich war völlig überrascht. Ich müsse ihn bitten, sagte ich, ins Auto zu steigen und zu Hause vor meiner Frau das Ganze zu besprechen. Dort brachte ich meine Einwände vor. Ich sei doch kein Chemiker, und von Großfirmen verstünde ich auch wenig. Das erste sei für dieses Amt nicht entscheidend, meinte er, und im Aufsichtsrat von guten Firmen hätte ich doch einige Erfahrung gesammelt. Wichtig seien meine langjährige internationale unternehmerische Erfahrung, die Fähigkeit, mit Menschen umzugehen, und die Gelassenheit bei Auftritten vor vielen Menschen. Auf die Persönlichkeit komme es an. Strube überzeugte zuerst meine Frau und schließlich auch mich. »Attempto« – ich wag's –, den Wahlspruch des württembergischen Grafen Eberhard nahm ich als rhetorische Begründung.

Der Aufsichtsratsvorsitz eines Großkonzerns erfordert einigen Einsatz. Man muss über die wesentlichen Ereignisse und Vorhaben des Geschäfts informiert sein. Man muss die firmenpolitisch relevanten Vorgänge in Politik und Gesellschaft kennen. Man muss über die Konkurrenten und sonstigen Spieler im gleichen Segment des Aktienmarkts Bescheid wissen. Und man sollte auch versuchen, die Fähigkeiten und Ziele der Mitglieder des Vorstandes einschätzen zu können. Dies auch im Hinblick auf notwendige Ergänzungen oder Änderungen im Vorstand.

Die Hauptversammlung muss man leiten und dabei fertigbringen, trotz gelegentlich sehr strapazierter Geduld, höflich und, wenn es geht, sogar witzig zu bleiben. Zwanzig und mehr Redner beleuchten die Arbeit und die Leistung der Unternehmensführung. Einige (meistens die bekannten professionellen Aktionärsvertreter), die zuerst drankommen, mit fachlicher Kompetenz. Dann aber auch wohlbekannte Sprecher, die ein gesellschaftspolitisches Thema behandeln oder zu Umweltfragen Stellung nehmen, wobei Engagement und rhetorischer Eifer nichts an der Tatsache ändern, dass sie nicht zum Thema der Hauptversammlung – nämlich dem Geschäftsverlauf – sprechen. Daran muss dann durch den Vorsitzenden erinnert werden. Dabei gilt es, Festigkeit, aber nicht Macht zu zeigen. Wenn die Hauptversammlung meint, arrogantes Machtgehabe feststellen zu können, kann selbst nach einem guten Geschäftsjahr die ganze Geschichte kippen. Die Meinung des »Volkes« ist stets mit den Schwächeren.

Bei allen Hauptversammlungen, die ich zu leiten hatte, gelang es, den richtigen Ton zu treffen, und wir konnten deshalb meist schon gegen 16 Uhr (also nach sechs Stunden) das Ende verkünden. Das lag vor allem an der Qualität des Vorstands. Die Übung des Vorsitzenden, auch seine Kollegen für Antworten auf die vielen Fragen einzusetzen, erwies sich als großer Vorteil.

In den Sitzungen des Aufsichtsrats wurde über Milliardenprojekte entschieden. So wurde der Bau eines

Mit dem Vorstandsvorsitzenden der BASF, Dr. Jürgen Strube.

Crackers – einer Anlage, die Rohöl in seine Bestandteile zerlegt – in der Volksrepublik China genehmigt, der gemeinsam mit dem chinesischen Staatsunternehmen SINOPEC realisiert werden sollte.

Wir stimmten dem Verkauf der Knoll AG zu, die in Deutschland immerhin 8000 Mitarbeiter beschäftigte, weil die BASF im Feld der Pharmazie (wo Knoll tätig war) eher ein zu kleiner Akteur war. Die Verhandlungskunst von Jürgen Strube und Eggert Voscherau, dem zuständigen Vorstand, und die faire Lösung, die gefunden wurde, führten dazu, dass es keine Proteste von den betroffenen Mitarbeitern oder der Industriegewerkschaft Bergbau, Chemie, Energie gab. Die Mitwirkung des Betriebsrats und der IG BCE in allen Sitzungen, die ich zu leiten hatte, war immer außergewöhnlich konstruktiv. Mit dem Vorsitzenden des Konzernbetriebsrats Volker Obenauer und mit seinem Nachfolger Robert Oswald verband mich eine hohe menschliche Übereinstimmung.

Wir bewältigten den Kauf der Pflanzenschutzsparte eines großen Herstellers von Agrarprodukten (American Home Products), und wir einigten uns einstimmig auf einen Nachfolger für Professor Strube, der mit dem Ende meiner Amtszeit aus dem Vorstand ausscheiden wollte.

Jürgen Strube, das war klar, sollte meine Nachfolge als Vorsitzender des Aufsichtsrats antreten. Man traute damals einem sehr erfolgreichen Vorstandsvorsitzenden noch zu, dass er auch dem Aufsichtsrat vorsitzen könne, und dies sogar unmittelbar nach der Beendigung seiner Amtszeit als Vorstandsvorsitzender. Dass wir für Strube einen Nachfolger aus dem Vorstand wählen würden, war ebenso klar. Es gab drei oder vier Kandidaten, die »ministrabel« waren. Wir entschieden uns für Dr. Jürgen Hambrecht, der nach Alter und Persönlichkeit bestens geeignet war, er brachte auch noch beträchtliche Asien-Erfahrung mit. Die Entscheidung *für* Hambrecht war nicht schwierig. Die Entscheidung *gegen* die anderen Aspiranten weit schwieriger. Der Vorstand war – ich wiederhole dies – vorzüglich besetzt.

Das Amt war für mich zeitaufwendig, aber ich habe es mit Begeisterung ausgeübt. Das Zusammenwirken mit Jürgen Strube war ausgezeichnet. Seine offene, schnörkellose Information und sein bedachtes Handeln machten meine Arbeit leicht. Die BASF wurde meine späte Liebe als Unternehmer. Späte Lieben sind, sagt man, besonders tief.

Es wird oft gesagt, dass Familienunternehmen den börsennotierten Aktiengesellschaften mit ihren anonymen Eignern überlegen seien. In den Personengesellschaften entstünden Innovationen und Arbeitsplätze, gehe man mit den Mitarbeitern menschlich um und die wiederum orientierten sich am Vorbild ihrer Eigner.

In den Aktiengesellschaften würde die Kraft und Energie der Vorstände zu einem großen Teil damit verbraucht, an den Stühlen anderer Vorstände zu sägen, und den verbleibenden Rest brauche man zur Verteidigung des eigenen Territoriums. Die Strategie sei häufig durch Maßlosigkeit gekennzeichnet. Die Möglichkeit, sich immer neues Geld an der Börse zu beschaffen, verführe zu unsinnigen Akquisitionen – nur der Größe wegen, von der wiederum das Einkommen der Manager abhänge. Die Mitarbeiter seien eine Rechengröße, ein menschlicher Bezug zu ihnen fehle. Und schließlich verdienten die Manager zu viel, und im Versagensfalle erhielten sie noch hohe Abfindungen.

Allgemeinplätze sind selten richtig. Ich jedenfalls kann sie nicht bestätigen. Weder für die eine, noch für die andere Unternehmensform. Ich kenne tüchtige Familienunternehmer, die gleichwohl nicht als Vorbild dienen können.

Denn Ehr und Reichtum treibt und bläht,
hat mancherlei Gefahren,
und vielen hat's das Herz verdreht,
die weiland wacker waren.

Ich könnte diesen Vers von Matthias Claudius mit etlichen Namen leicht hinterlegen.

In den Aktiengesellschaften fand ich vielfach hochengagierte Führungspersönlichkeiten, die mit großem Einsatz und Weitblick und mit Hingabe für »ihr« Unternehmen arbeiten. Ein Vorteil eines Familienunternehmens ist, dass es in der Regel nicht so sehr im Licht der Öffentlichkeit steht. Auf Fehler, die überall gemacht werden, kann man gelassener reagieren. Die »unangreifbaren« Eigentümer haben in der Regel mehr Zeit, sie zu korrigieren. Kontinuität ist ein großer Vorteil, wenn sie in vernünftigen Händen liegt.

Die Stiftung und unser anderes Leben

Mit dem Wachsen des Unternehmens nahmen auch die finanziellen Möglichkeiten zu. Immer war (und bin) ich der Meinung, dass die erarbeiteten Gewinne zuerst dem Unternehmen zur Verfügung stehen müssen; sein Wissen und seine technischen und organisatorischen Möglichkeiten, seine Produktionskraft zu mehren, ist erste Pflicht. Danach haben wir auch immer gehandelt.

Dann gibt es aber eine Bürgerpflicht, auch für Wirtschaftsbürger. Man muss als Unternehmer begreifen, dass wir ein Teil der Gesellschaft sind und dass wir unser Tun nicht im luftleeren Raum betreiben. Wir sind Teil einer höheren Ordnung – des Gemeinwesens. Wir nehmen an seiner Gestaltung teil. Dabei orientieren wir uns an unseren Neigungen, an dem, was wir für alle – oder wenigstens für viele – für wichtig halten. Im Jahr 1992 gründeten wir deshalb die Berthold Leibinger Stiftung. Wir gaben ihr meinen Namen – meine Frau Doris trug sich damals schon mit dem Gedanken einer eigenen Stiftung. Die gründete sie dann auch, allerdings erst Jahre später.

Ich stattete die Stiftung sukzessive mit Kapital aus. Man kann ja nur einen Teil des Einkommens steuerfrei in eine gemeinnützige Stiftung übertragen. Die Aktivitäten der Stiftung wurden zunächst aus den

Zinsen des in der Firma als Darlehen angelegten Kapitals bestritten. Später übertrug ich dann auch noch 3,8 Prozent meiner verbliebenen Firmenanteile auf die Stiftung, um ihr ein zusätzliches Einkommen zu sichern. Drei Viertel meiner Anteile hatte ich, in verschiedenen Schritten, auf unsere drei Kinder übertragen. Außerdem glaubte ich fest, dass wir das Familienunternehmen erhalten sollten – deshalb die Übertragung zu einem frühen Zeitpunkt, wann immer die Schenkungssteuer zu bewältigen war. Die direkte Beteiligung einer Stiftung am Unternehmen ist nach den gesetzlichen Vorschriften in Deutschland nicht möglich. Es musste deshalb eine Zwischen-GmbH gegründet werden, die die Firmenanteile hält und an der die Stiftung mit 90 Prozent beteiligt ist. Somit können die Gewinnanteile der Zwischen-GmbH der Stiftung zufließen. Allerdings muss vorher die Körperschaftssteuer für diesen Betrag entrichtet werden.

Die Stiftung sollte vier Schwerpunkte haben: Die Förderung von Wissenschaft und von Kultur, die Begleitung der Arbeit der Kirche, vornehmlich natürlich der evangelischen Kirche in Deutschland, und schließlich der Unterstützung sozialer Anliegen. Unsere Tochter Nicola übernahm die Geschäftsführung der Stiftung. Ein Kuratorium aus uns nahestehenden Persönlichkeiten aus Wissenschaft, Kirche und Wirtschaft begleitet die Arbeit der Stiftung und beschließt über die Verwendung der Gelder.

Im Wissenschaftsbereich ist die wichtigste Aktivität die Verleihung eines Preises für herausragende Beiträge im Bereich der Laserphysik. Der Preis soll bei der vielfältigen Anwendung des Lasers vornehmlich in den Feldern vergeben werden, wo TRUMPF nicht

Mit Ministerpräsident Erwin Teufel bei der Verleihung des Berthold Leibinger Innovationspreises am 26. 11. 2000.

tätig ist. Mitarbeiter von TRUMPF können sich für den Preis ohnedies nicht bewerben. Das bedeutet, dass der oder die Preise (es können mehrere vergeben werden) in der Medizintechnik, in der Drucktechnik, in der Kommunikationstechnik oder anderswo vergeben werden. Das Wichtigste bei der Wertung eines Preises, bei seinem Ansehen im interessierten Teil der Öffentlichkeit, ist nicht so sehr das Preisgeld. Die Qualität der Jury ist entscheidend.

Wir besetzten die Jury international. Mit dem amerikanischen Physiker Charles Townes, der den Nobelpreis für die Entwicklung des Lasers erhalten hatte;

dem Präsidenten der Fraunhofer-Gesellschaft, Professor Hans-Jürgen Warnecke; dem Präsidenten der Max-Planck-Gesellschaft, Professor Hubert Markl; dem Vorstandsvorsitzenden der BMW AG, Professor Joachim Milberg; dem Präsidenten des VDI, Professor Hubertus Christ; mit Professor Hans-Joachim Queisser vom Max-Planck-Institut für Festkörperforschung; Professor Akira Matsunawa von der Osaka University und Dr. Reinhard Wollermann-Windgasse, dem Geschäftsführer der TRUMPF Lasertechnik. Das Preisgeld beträgt 60 000 Euro; es kann in drei unterschiedlich dotierte Preise aufgeteilt werden. Der Preis wird alle zwei Jahre vergeben.

Die Resonanz auf unsere Ausschreibung ist jedes Mal sehr groß. Die Preisträger kommen aus aller Welt mit den Schwerpunkten Deutschland, wo der Laser ein großer wissenschaftlicher und industrieller Erfolg ist, und USA. Vor allem der Amerikaner wegen haben wir noch einen zusätzlichen Zukunftspreis für Laserphysik eingeführt. Sie forschen an den Lösungen für übermorgen.

Die Verleihung ist jedes Mal ein großes Fest der Wissenschaft. Alle Preisträger und ihre Arbeiten werden mit einem Film vorgestellt. Für jeden gibt es einen Laudator, der die Bedeutung der Arbeit schildert. Danach verbringt die Lasergemeinde einen glücklichen Abend, wobei der eine oder andere hofft, beim nächsten Mal oben zu stehen.

Die Förderung der Wissenschaft, so kann man das durchaus sehen, ist auch ein egoistisches Anliegen. Denn ihre Ergebnisse sind es, die unsere Arbeit voranbringen. Wir setzen neues Wissen in Produkte um, mit denen wir Wünschenswertes und Notwendiges tun können. Wir brauchen die Wissenschaft. Aus diesem Nährboden ziehen wir unsere Kraft.

Und die Förderung der Kultur? Sie ist nicht nur unser zweiter Lebensinhalt. Sie ist, so glaube ich, für das geistige Klima verantwortlich. Auch für die schöpferische Unruhe, für die Spannung, die aus Widerspruch entsteht, die unsere Gesellschaft braucht, die wir alle brauchen, um im internationalen Vergleich bestehen zu können. Und darüber hinaus sorgt die Kultur dafür, dass unser Leben lebenswert bleibt.

Wir wollen wissen, wo wir herkommen. Deshalb ist die Geschichte für uns wichtig. Wir wollen in einer Welt leben, in der es Theater und Konzerte gibt. In einer Welt, in der wir das gewaltige Erbe unserer literarischen und musikalischen Tradition lebendig erhalten und erleben können; einer Welt, in der wir uns mit den Gedanken unserer Philosophen und Poeten auseinandersetzen und in der uns die Werke der bildenden Kunst erfreuen – oder ärgern. Dazu kann die Stiftung ein Quäntchen beitragen. Sie tut es auch, wobei wir gerade hier immer wieder die Begrenztheit der Mittel schmerzlich empfinden.

Dass wir unsere Kirche unterstützen wollen, bedarf keiner besonderen Begründung. In unserem Glauben finden wir Halt und Orientierung, auch Geborgenheit. Wir leben in einer Welt voller Ersatzreligionen: in der Politik, wo die Ideologie für etliche der Lebenssinn ist, in der Gesellschaft, wo geistige Leere durch Körperkult und das Streben nach Fitness ersetzt wird, in einer Welt, wo der Sport und seine Idole zur Religion erhoben werden, wobei die Funktionäre und Trainer die Rolle der Propheten übernehmen. Fast am schlimmsten aber sind die Religionssurrogate sektie-

Doris – Mittelpunkt unserer Familie.

rerischer Art, wo Gurus, von Kerzen umflackert und von exotischen Düften umschwebt, den Sinn des Lebens verkünden.

Viele Aktivitäten unserer Kirche treffen sich mit dem vierten Anliegen unserer Stiftung, der Unterstützung von Menschen, die in Not sind.

Die Stiftung, die meine Frau eingerichtet hat, ergänzt und erweitert unser Wirken in diesem Feld. Ihre Stiftung kümmert sich um das »geschundene Kind«. Sie sagt: »Kinder sind oft der Willkür der Erwachsenen ausgeliefert. Dem wehrlosen Kind zu helfen ist mein Anliegen.«

Literatur und Musik – Eckpunkte unseres Lebens

Ein Weihnachtsabend in meinem Elternhaus war nach der Bescherung eine stille Angelegenheit. Nicht nur, weil wir alle nicht gut singen konnten. Jeder saß, in ein Buch vertieft, in einer anderen Ecke. Lesen war die große Leidenschaft. Meine Mutter und ihre jüngste Schwester Helene liebten das Theater. Schillers und Shakespeares Dramen wurden erzählt und besprochen. Die Dramen Schillers kannte ich dem Namen nach, lange bevor ich eines gelesen hatte.

Meine politisch interessierte Mutter erzählte häufig gewagte politische Witze, auch vor mir als Buben in den Kriegsjahren. Dies war nicht ganz ungefährlich, des Weiterschwätzens wegen. Einer, der sich auf die Literatur bezog, ist mir im Gedächtnis: »Schiller hat für jedes europäische Land ein Drama geschrieben, sagt einer. Don Carlos für Spanien, Maria Stuart für England, Die Jungfrau von Orléans für Frankreich, und für die Schweiz natürlich den Tell. Und für Deutschland?, wird nachgefragt. Die Räuber, natürlich.« Das muss 1938 oder 1939 gewesen sein.

Wir lasen eigentlich alles – Kriminalromane und Karl May, Wilhelm Busch und Christian Morgenstern,

Schillers Balladen und Rilkes Lyrik, zeitgenössische Literatur und unsere Klassiker. Gedichte waren mir immer wichtig. Das Lieblingsgedicht »An sich« meiner Mutter war von Paul Fleming, einem Barockdichter, und beginnt mit den Zeilen »Sei dennoch unverzagt! Gib dennoch unverloren …« und schließt mit den Worten »Wer sein selbst Meister ist und sich beherrschen kann, dem ist die weite Welt und alles untertan«.

Erich Kästner hatte es mir besonders angetan. Natürlich kannte ich seine Jugendbücher, »Emil und die Detektive« zum Beispiel. Dann aber auch und vor allem seine Gedichte. Die neue Sachlichkeit war nach all der Blut-und-Boden-Tümelei des Dritten Reiches eine Wohltat. Er war auch mein Held nach dem Umsturz. In der »Neuen Zeitung« leitete er das Feuilleton und schrieb – für mich – Prägendes. Später durfte ich die von ihm herausgegebene Jugendzeitschrift »Pinguin« abonnieren. Ich freute mich auf jede neue Ausgabe.

Meine Frau fand kürzlich, im Jahr 2009, einige Aufsatzhefte von mir aus den Nachkriegsjahren. Mein Bemühen, es Kästner nachzutun, ist unverkennbar. Aber es ist nicht schwer es zuzugeben: Kästner konnte es besser.

Die Jahre nach dem Kriegsende brachten die Begegnung mit einer neuen Welt. Autoren, die ich bisher nicht kannte, lasen wir – Thomas Mann, Bertolt Brecht, Carl Zuckmayer, aber auch Tucholsky und Ringelnatz. Dann die Amerikaner – ich habe darüber geschrieben –, die mich tief beeindruckten: John Steinbeck, Thornton Wilder. Und Theateraufführungen im Staatstheater, gespielt von einem glänzend besetzten Stuttgarter Schauspiel, brachten uns das Welttheater näher.

Meine Tante Helene heiratete im Krieg in eine Familie der »württembergischen Ehrbarkeit« hinein. Dort war man entweder Pfarrer oder Lehrer und dann noch Poet. Albrecht Goes war ein Vetter von Onkel Hans Schmälzle, dem Mann meiner Tante Helene. Onkel Hans war Fotokaufmann und hatte schon vor dem Krieg einen Mercedes, was mich tief beeindruckte. Für die Schmälzle-Familie war er fast ein wenig zu diesseitig geraten. Bei der Hochzeit im Krieg (Onkel Hans als Soldat in Uniform) las Albrecht Goes natürlich aus eigenen Werken, was meinen neu gewonnenen Korntaler Tanten manchmal, der Länge wegen, ein wenig zu viel war. Onkel Hans ist in den letzten Tagen des Krieges vor Berlin verschollen. Meine Tante Helene hat viele Jahre, eigentlich bis zu ihrem Tod, auf ihn gewartet.

Seine Schwester, Gretel Gundert, wurde eine enge Freundin meiner Frau. Der Schriftsteller Hermann Hesse wiederum war der Vetter ihres Mannes, Fritz Gundert. Doris erbte von Tante Gretel eine ganze Anzahl von Hesse-Briefen mit schönen Aquarellen. In der Familie schwärmte man von Hesse. Ich fand keinen rechten Zugang zu ihm. Dafür aber zu Thomas Mann. »Unordnung und frühes Leid« lasen wir in der Schule. Dann las ich »Buddenbrooks«, später den »Zauberberg«. Wir entdeckten Thomas Mann als Vorleser seiner eigenen Werke. Ich kenne keinen Autor, der sich so als gekonnter Vortragender mit seinem Werk verbinden und es verdichten und erhöhen kann. Thomas Mann wurde zu einem wirklichen Hausheiligen bei uns. Er, vor allen anderen Schriftstellern, lieferte wichtige Bausteine für unsere Familiensprache. »Ich verzichte darauf, mich ihres Namens zu entsinnen.« (Settembrini im »Zauberberg«) ist ein häufig genutztes Beispiel.

Es fällt mir schwer, mich nicht in der Literatur zu verlieren. Sie bedeutet mir fast zu viel. Immer habe ich Belletristik, Schöne Literatur, den Fachzeitschriften vorgezogen. Wenn ich sagen sollte, was und wer mich im Reich der Literatur beeindruckt und bewegt hat, fände ich kein Ende. Es hat ja auch kein Ende, denn man begegnet immer Neuem, ob es nun jung oder alt sei. Die 26 Buchstaben, die in immer neuer Ordnung die Welt nahebringen, die erschüttern oder erfreuen, Erlebtes und Erfahrenes, Erhabenes oder Gemeines verdichtet beschreiben, bedeuten für mich ein Wunder. Nie kann ich mich der Schönheit, die in der Wortwahl und im Rhythmus liegt, entziehen. Immer habe ich mit Gedichten gelebt. Einzelne Zeilen oder auch ganze Strophen fallen mir in vielen Lebenslagen ein und helfen mir oft, mit Lebensfragen zurechtzukommen.

Das für mich schönste lyrische Gedicht in deutscher Sprache hat mich seit Jahrzehnten begleitet:

Der Mond ist aufgegangen,
Die goldnen Sternlein prangen
Am Himmel hell und klar;
Der Wald steht schwarz und schweiget,
Und aus den Wiesen steiget
Der weiße Nebel wunderbar.

Wie ist die Welt so stille,
Und in der Dämmrung Hülle

So traulich und so hold!
Als eine stille Kammer,
Wo ihr des Tages Jammer
Verschlafen und vergessen sollt.

Und schließlich

Wollst endlich sonder Grämen
Aus dieser Welt uns nehmen
Durch einen sanften Tod!
Und, wenn du uns genommen,
Laß uns in Himmel kommen,
Du unser Herr und unser Gott!

Und die letzte Strophe heißt:

So legt euch denn, ihr Brüder,
In Gottes Namen nieder;
Kalt ist der Abendhauch.
Verschon uns, Gott! mit Strafen,
Und laß uns ruhig schlafen!
Und unsern kranken Nachbar auch!

Matthias Claudius gelingt hier, Naturbild und Gefühlstiefe in wenigen Strophen in einzigartiger Weise zu verbinden. Ein frommer Mann, der gute Werke tut, um Martin Luther zu erwähnen, der auch ein großer Sprachschöpfer war.

Meine Liebe zur Literatur hatte auch im Beruf Konsequenzen. Zu meinen beruflichen Aufgaben gehörte es, Ingenieure einzustellen. Oft habe ich bei den Gesprächen nach der Abiturnote des Bewerbers in Deutsch gefragt. Wenn ich dann – doch relativ oft –

hörte, dass man sich für dieses Fach nicht interessiert habe und ganz in der Technik aufgegangen sei, habe ich manchmal abgesagt. Einfach weil ich meine, dass das Interesse und die Freude an der Muttersprache unentbehrlich sind. Wir suchen Ingenieure, die neugierig sind, und die müssen sich auch für ihre Sprache interessieren.

Für die Musik in unserer Familie ist Doris zuständig. Sie konnte nicht nur singen, sie verstand auch vom Aufbau und der Struktur der Musik unendlich viel mehr als ich. Sie schleppte mich in Konzerte, sie musizierte mit unseren Kindern, sie und Nicola am Klavier, Regine als Geigerin, Peter und ich als dilettierende Sänger bei unseren Weihnachtsfesten.

Durch sie und Gretel Gundert kam es bei einem Hauskonzert mit dem Bach-Collegium Stuttgart und der Gächinger Kantorei zu einer persönlichen und unmittelbaren Begegnung mit Helmuth Rilling, ihrem Leiter. Ich war von dem musikalischen Erlebnis begeistert. Bach war mir noch nie so nahe gegangen. Dazu kam, dass ich von der Hingabe, mit der musiziert wurde, von der spürbaren absoluten Identifikation mit der Aufgabe tief beeindruckt war. Vielleicht kann man solches nur durch die Unmittelbarkeit in einem privaten kleinen Rahmen so stark empfinden.

Ich kam mit Helmuth Rilling ins Gespräch. Über die Jahre entstand eine enge persönliche Verbindung. Die Internationale Bachakademie, seine Schöpfung, musizierte bei meinen runden Geburtstagen in unseren Fabrikhallen und bei vielen anderen Gelegenheiten, die mit meinen Aktivitäten zu tun hatten. Seit vielen Jahren übe ich das Amt des Vorstandsvorsitzenden der Internationalen Bachakademie aus.

Unzählige Konzerte habe ich besucht. Meine intensive Begegnung mit der Musik hat meinem Leben eine unentbehrliche Dimension hinzugefügt. Wieder – wie in der Literatur – gibt es unermesslich vieles, was zu unserem Leben gehört. Bach und Mozart, Beethoven, Schubert und Brahms ragen aus einem Meer von Gipfeln heraus. Aber immer gilt: Die besten Dinge im Leben fallen einem nicht von alleine zu. Man muss sich darum bemühen. Manche Musikstücke muss man mehrfach hören, bis man sie lieben kann. In der Literatur ist es nicht anders.

Großer Erfolg nach langen Mühen

Das Jahr 2000, dieses in unserem Kalender so besondere Jahr, hatten wir wie immer im Kreis der Familie in Klosters begonnen. Das Feuerwerk unter uns im Tal war ein wenig prächtiger als sonst, und unser Nachbar und seine Gäste gaben auf seiner Terrasse – durch Entfernung und Schnee ausreichend gedämpft – ihrem fröhlichen Zukunftsglauben lautstark Ausdruck. Die erwartete Computer- und Datenbankkatastrophe durch den Jahrtausendumschlag war ausgeblieben, und wir begannen das neue Jahr guten Mutes.

Wir hatten zwei Jahre vorher in Serneus, einem Dorf etwas talabwärts von Klosters, ein herrschaftliches Bauernhaus gekauft, das am Zusammenfallen war. Doris hatte es mit Hilfe des hervorragenden Bündner Architekten Vogel renoviert und umgebaut. Alle Möbel, die wir im Haus vorgefunden hatten (es war von dem letzten Besitzer und Bewohner, der ins Altersheim ging, mit fast allem was darin war, verlassen worden), waren bewahrt und aufgearbeitet worden. Einen ganzen Sommer lang restaurierte Mathis Bärtsch, ein gestandener Schreinermeister, in seiner Werkstatt die alten Stücke. Der älteste Fund, ein Holzgefäß, war 300 Jahre alt. Eine Truhe von 1756 – Mozarts Geburtsjahr –, fast ein Dutzend große Kuhglocken, wie sie beim Almabtrieb den Leitkühen umgehängt werden, und vieles andere mehr hatten wir vorgefunden. Was bewahrt werden konnte, wurde bewahrt. Es gibt eine wunderbare Stube im Haus, »Bündner Bauernbarock«, ausgekleidet mit Arven- und Nussbaumholz und mit einem mächtigen, in der Stube stehenden Kachelofen. Wir luden am 1. Januar 2000 um elf Uhr Bündner Freunde und Bekannte und auch mit uns verbundene Klosterser Gäste zur Besichtigung und zum Umtrunk ein. Es war ein schönes Fest. 500 Jahre alt sei das Haus »Jan«, schrieben wir in der Einladung. Es habe ein wenig darunter gelitten. Jetzt sei es aber wiederhergerichtet und schön und für die nächsten 500 Jahre gerüstet. Das Haus dient inzwischen unserer Firma als Schulungszentrum für Führungskräfte.

Im November 2000 feierte ich meinen 70. Geburtstag. Er markierte den Höhepunkt meines beruflichen Tuns. Es folgten zwar noch einige tätige Jahre als Geschäftsführer. Wichtig war aber an diesem Tag, was hinter uns lag. Nach der großen Krise Anfang der Neunzigerjahre war der Umsatz innerhalb von fünf Jahren von 318 Millionen Euro erstmals auf über eine Milliarde Euro gestiegen. Die Zahl der Beschäftigten in unserer Firma war von 2800 auf über 5000 gewachsen, und die Umsatzrendite lag in den zurückliegenden fünf Jahren immer zwischen 11 und 15 Prozent.

Wir konnten also gelassen feiern. Mein Geburtstag wurde mit mehreren hundert Gästen – handverlesen von meiner Frau und meiner Tochter Nicola – in einer gerade fertiggestellten Fabrikhalle in Ditzingen gefeiert zusammen mit der ersten Verleihung des Berthold Leibinger Innovationspreises. Helmuth Rilling und die Gächinger Kantorei und das Bach-Collegium Stuttgart musizierten. Ministerpräsident Erwin Teufel hielt eine sehr persönliche, bewegende Rede und verlieh mir die Staufermedaille in Gold. Professor Hubert Markl, damals Chef der Max-Planck-Gesellschaft, hielt die einführende Rede für die Verleihung des Innovationspreises unserer Stiftung für herausragende Arbeiten im Bereich der Laserphysik. Die Preisverleihung war der Höhepunkt der Geburtstagsveranstaltung. Die Preisträger aus Deutschland und Singapur machten eine glänzende Figur. Ich bedankte mich bei allen und sagte, dass ich froh sei, in dieser Zeit leben und arbeiten zu dürfen, und dass ich mein achtes Lebensjahrzehnt voller Zuversicht begänne.

Dafür hatte ich auch Grund. Meine Gesundheit war gut (trotz einiger Blessuren, die hinter mir lagen), die Familie harmonierte, und die Firma florierte.

Wir konnten wirklich gelassen feiern. Das Unternehmen war weltweit präsent. Wir waren nicht nur in ganz Westeuropa in eigenen Firmen vertreten, sondern auch in Fernost, in Singapur, Malaysia, Korea, China, Taiwan und natürlich in Japan, unserem Ausgangspunkt in Asien. Wir hatten auch Tochtergesellschaften in USA und Kanada und in Brasilien. Und wir hatten bereits die ersten Tochtergesellschaften in dem jetzt zugänglichen Mittel-Osteuropa, in Tschechien, in der Slowakei und in Polen, gegründet.

Die Firma hatte vier Geschäftsbereiche. Das älteste und auch bei weitem größte Feld waren und sind die Werkzeugmaschinen. Zum Stanzen, Biegen und Laserschneiden mit einer breiten Produktpalette. Dann der noch junge Laserbereich. In der Materialbearbeitung mit Lasern waren und sind wir der größte Hersteller von Laserstrahlquellen auf der Welt. Unser Programm reicht von 10 Watt Laserleistung bis 15 000 Watt. Laser unterschiedlicher Konzeption stellen wir her. Sogenannte Festkörperlaser, in denen das Licht in einem Kristall erzeugt wird und über Lichtleiter übertragen werden kann. Dann Gaslaser – CO_2-Laser –, mit denen man Stahlbleche mühelos trennen kann. Auch Verbinden – oder Schweißen, um den Fachausdruck zu benutzen – können wir mit unseren CO_2-Lasern vor allem in dicken Blechen bewerkstelligen. Mit dem CO_2-Laser waren wir so erfolgreich, dass wir mitten in der Krise eine neue Laserfabrik in Ditzingen geplant und dann auch sofort gebaut haben. Unser Weltmarktanteil bei diesen Lasern betrug 25 Prozent. Der Laser ist eine Erfolgsgeschichte für die deutsche Wissenschaft und Industrie. Hier sind wir in einer neuen Technologie die Nummer eins in der Welt.

Alle Laser wandeln elektrische Energie in Lichtenergie um. Lichtenergie einer besonderen Qualität. Die Energie muss dem Laser in geeigneter Form zugeführt werden. Der Laser muss gepumpt werden, wie die Physiker sagen. Mit einem durch Hochfrequenz angeregten elektrischen Feld zum Beispiel. Solche Hochfrequenzgeneratoren stellen wir in unserem dritten Geschäftsbereich »Elektronik« her. Mit Hochfrequenzgeneratoren kann man nicht nur Laser anregen, sondern auch Metalle erhitzen (bis zum Schmelzen) oder Speisen in Sekundenschnelle erwärmen (zum Beispiel im Airbus 380) oder dünne Schichten erzeugen (zum Beispiel auf Sonnenschutzgläsern). Auch kann man mit solchen Generatoren kleiner Leistung in der Medizin operieren und Wunden danach verschorfen. All dies stellte die Firma Hüttinger in Freiburg her – unser Alleinlieferant für Lasergeneratoren. Wir hatten 75 Prozent der Anteile in zwei Schritten von diesem Unternehmen erworben.

Der Erwerb dieser Anteile ist eine Geschichte für sich. Ich wurde 1990 zum 90. Geburtstag der Frau des Gründers und Hauptgesellschafterin der Firma Hüttinger in Freiburg eingeladen. Die Firma Hüttinger war für uns einigermaßen wichtig. Denn die Hochfrequenzgeneratoren waren eine ganz wichtige Baugruppe unserer CO_2-Laser, und Hüttinger war Alleinlieferant. Die Gesellschaftsverhältnisse bei Hüttinger waren etwas verwirrend, und ich fragte den Schwiegersohn und Vertreter von Frau Hüttinger, wie es denn nach Frau Hüttinger weitergehe. Antwort: Damit befasse man sich jetzt. Ich war beunruhigt. Denn eine 90-Jährige hat unter Umständen nicht mehr allzu viel Zeit dazu. Sie hatte sie allerdings, wie sich später zeigte. Sie starb mit 99 Jahren.

Mit Dr. Ruf, dem liebenswürdigen und klugen Schwiegersohn von Frau Hüttinger und ihrem Vertreter, verstand ich mich sofort glänzend. Ob denn eine Beteiligung von uns möglich sei, fragte ich vorsichtig. Das könne er sich vorstellen, war die Antwort. So kamen wir zur Elektronik und auch zur Medizintechnik. Hüttinger stellte – wie gesagt – auch ein Hochfrequenz-Gerät (HF-Gerät) für die Medizin her. Wir entwickelten aus einem Gerät eine ganze Baureihe für eine Tuttlinger Vertriebsfirma, an der wir uns sogar beteiligten. Aber wir wurden nicht glücklich damit, denn das Geld mit den HF-Geräten wurde in Tuttlingen von anderen verdient. Wir verkauften schließlich diesen Teil der Medizintechnik, hatten aber vorher ein Unternehmen in Saalfeld, Thüringen, gekauft, das Operationstische herstellte. Später kamen dann Deckenstative durch eine Akquisition in München und Operationsleuchten hinzu. Die OP-Leuchten entwickelten wir selbst, getreu unserem Grundsatz, immer durch Innovation zu glänzen. Unsere OP-Leuchten basieren auf Lichtdioden (LED) als Lichtelemente. Wir setzen LED unterschiedlicher Farbe ein (weiß, blau, grün), wobei jede Farbe einzeln geregelt werden kann. Unterschiedliche Gewebestrukturen werden so besser sichtbar. Dem Operateur wird damit »warmes« (3000° Kelvin) oder »kaltes« (5500° Kelvin) Licht angeboten. Der Ermüdung der Augen des Operateurs kann so Rechnung getragen werden. Er arbeitet schattenfrei und ohne Wärmebelästigung. Ich war zufrieden, die Anregung dafür gegeben zu haben, und bin sogar in einer der Patentschriften erwähnt.

Auch mit unseren Fabriken und Bürobauten konnten wir glänzen. Überall auf der Welt arbeiten unsere Mitarbeiter in bester Umgebung. Wir geben uns beim Bauen größte Mühe, ästhetisch gute Lösungen zu finden. Meine Überzeugung, dass ein erstklassiges Unternehmen durchgängig erstklassig sein muss, und meine Bauleidenschaft verbinden sich hier. Immer habe ich gebaut, Vorhandenes zunächst verbessert, dann erste neue Projekte unter meiner Verantwortung gestartet. Das große Abenteuer Ditzingen 1968 war ein Ausrufezeichen. Danach entstanden Niederlassungen in immer schnellerer Folge auf der ganzen Welt – in Frankreich und Italien, in der Schweiz und in Österreich, in den USA und in Korea und natürlich überall an unseren Standorten in Deutschland. Wo haben wir die beste Lösung realisiert? Wann immer ich eine Fabrik besuche, meine ich, diese sei die schönste.

TRUTEC Building, Seoul/Korea, 2007.

Wir sind beim Bauen um jedes Detail bemüht. Wir versuchen auch, kostengünstig zu bauen, aber letztlich ist der Quadratmeterpreis nicht entscheidend. Die angestrebte Qualität hat immer Vorrang. Es ist eine einfache Tatsache, dass wir die besten Stunden unseres Lebens in der Arbeitsumwelt verbringen. Jede Anstrengung, diese Umgebung technisch und ästhe-

TRUMPF Kunden- und Technologiezentrum, Farmington/USA, 1999.

Pavillon I von TRUMPF Grüsch/Schweiz, 2002.

tisch gut zu gestalten, ist deshalb gerechtfertigt. Wir verlangen besondere Leistungen von unseren Mitarbeitern. Die fallen in einem guten Umfeld leichter.

Unsere Bauten sollen unser Streben nach guter Architektur vermitteln. Sie sollen aber keineswegs alle

Die preisgekrönte Hauptpforte unseres Stammwerks in Ditzingen – Glas und Stahl, 2008.

gleich aussehen. Wir bauen in verschiedener Umgebung verschieden. Wir variieren die Form und die eingesetzten Materialien entsprechend der Umgebung. So bauen wir in den Schweizer Bergen mit Holz und Beton, in Amerika mit Glas und Ziegelsteinen. Der Ausdruck ist unterschiedlich. Die Grundbotschaft bleibt.

Seit 1993 bauen wir alle großen Vorhaben mit dem Büro Barkow Leibinger in Berlin, dem Büro, das von unserer Tochter Regine und ihrem Mann Frank Barkow gegründet wurde und geführt wird. Ihre Bauten für uns werden mit Architekturpreisen aller Art überhäuft. Den Ruhm unseres Unternehmens mehrt dies – und wir arbeiten in einem schönen Umfeld.

Am Ende des Jahres 2000 war das Unternehmen in bester Verfassung. In allen Geschäftsbereichen waren wir wettbewerbsfähig, gestützt auf hochwertige Produkte. Wir waren weltweit präsent, und unsere

Fabriken waren bestens ausgestattet. Wir hatten eine konstruktive Zusammenarbeit mit unserem Betriebsrat und glaubten auch, für alle denkbaren schlechteren Zeiten gut gewappnet zu sein.

Ehrungen und Auszeichnungen

Der Erfolg des Unternehmens brachte mir vielerlei Ehrungen ein. Ich möchte nicht alle aufzählen, aber ich darf ausdrücklich sagen, dass ich mich jedes Mal sehr gefreut habe. Lob und Anerkennung braucht jeder Mensch, und deshalb gebe ich gerne zu, dass ich allen Laudationes mit Genuss zugehört habe. Diejenigen, die sich die Ehrung ausgedacht haben und sich die Mühe machen, sich mit der Person des zu Ehrenden auseinanderzusetzen, verdienen immer, dass man die Sache ernst nimmt. Es gehört sich, dass man das Lob als Gelobter auch richtig würdigt, sich freut und dankbar ist.

Die Schlüsse, die man dann in der Selbstbeurteilung zieht, stehen auf einem anderen Blatt. Ich habe mich immer bemüht, bescheiden zu bleiben und eingedenk zu sein, dass ich die Ehrung immer auch für die Leistung vieler erhalte. Viele der Ehrungen – letztlich fast alle – beziehen sich auf die Leistung des Unternehmens, das ich vier Jahrzehnte führte. So wurde ich Ehrenbürger von Ditzingen, unserem Hauptsitz, und von Grüsch in Graubünden. In Hettingen wurde eine Straße nach mir benannt. Die Stadt Stuttgart verlieh mir ihre Verdienstmedaille, ebenso die Stadt Gerlingen, wo ich seit fast 50 Jahren wohne. Die Urkunde von Grüsch machte meiner Frau und mir besonderes Vergnügen. Darauf stehen wir beide mit allen Ehrentiteln, und der Text endet dann mit den Worten: »Ansonsten deutsche Staatsbürger«.

Im wissenschaftlichen Bereich wurde ich Ehrendoktor meiner Universität Stuttgart. Die Verleihung fand ganz nahe der Stelle statt, wo ich viele Jahre vorher als Student an einem Ausgabeschalter meine Prüfungsergebnisse abholte. Später wurde ich auch noch zum Professor durch unseren Ministerpräsidenten Erwin Teufel ernannt. Er meinte, dass mir auch eine Karriere in der Wissenschaft möglich gewesen wäre. Dies hat mir besonders gutgetan. Denn immer wieder hatte ich bei meinen technischen Aktivitäten den Wunsch, einer Sache mit wissenschaftlicher Gründlichkeit und Muße auf den Grund gehen zu können. Im Alltag in der Industrie ist dies aber meist nicht möglich.

Einige Ehrungen gingen mir besonders nahe. Im Frühjahr 2003 erhielt ich einen Anruf von Jens Odewald, der der Jury für den »Preis Soziale Marktwirtschaft« der Konrad-Adenauer-Stiftung vorsitzt, ob ich den diesjährigen Preis annehmen würde. Er würde erst zum zweiten Mal verliehen. Ich sei zwar ein typischer Vertreter der Nachkriegsgeneration, deren Leistung man würdigen wolle, allerdings sei ich noch etwas jung für den Preis. Ich war 73 Jahre alt. Es kam nicht mehr oft vor, dass man mich für irgendetwas für zu jung hielt. Schon das nahm mich für den Preis ein. Darüber hinaus für Beiträge zur Sozialen Marktwirtschaft geehrt zu werden, dieser überzeugenden Idee von Walter Eucken und etlichen seiner Freunde in der Freiburger Schule, die Ludwig Erhard in der Regierung Adenauer umgesetzt hatte, das war großartig.

Im Gespräch mit der CDU-Vorsitzenden Angela Merkel anlässlich der Verleihung des »Preises Soziale Marktwirtschaft« der Konrad-Adenauer-Stiftung in der Paulskirche, Frankfurt, am 19. November 2003.

Der Gedanke, *Freiheit* – also Marktgeschehen und Wettbewerb – mit *Bindung* von Eigentum durch soziale Verpflichtung zu verknüpfen, ist für mich die Leitlinie und das Erfolgsfundament der Wirtschaft in Deutschland nach dem Zweiten Weltkrieg. Die Verleihung sollte in der Paulskirche in Frankfurt am Main stattfinden. Das war für mich ein zweiter emotionaler Grund, von diesem Preis begeistert zu sein. Die Paulskirche. Dort hatte 1848 das Parlament der Demokraten in Deutschland getagt, ohne die Österreicher. Dort war der Versuch einer demokratischen Ordnung für Deutschland formuliert worden. Der Versuch ist gescheitert, an Kräften, die Deutschland in der zweiten Hälfte des 19. Jahrhunderts auf keinen guten Weg führten.

Die Verleihung war eine große Sache. Bernhard Vogel, Vorsitzender der Konrad-Adenauer-Stiftung, sprach. Dann Hans Tietmeyer, der frühere Bundesbankpräsident, der die Laudatio hielt. Dazwischen Angela Merkel, als Vorsitzende der CDU Deutschlands. Ich dankte und schilderte in kurzen Worten den Weg eines Nachkriegsdeutschen, auch die Erfolge, die für mich möglich waren, und sagte: »Wenn ich die entscheidenden Merkmale unseres Erfolgs beschreiben sollte, dann würde ich die Verbindung von Innovation und Internationalisierung nennen, aber hinzufügen, dass es gelang, Mitarbeiter in aller Welt – zuerst vornehmlich in Deutschland – zu gewinnen und für unseren Weg zu begeistern. Ihre Loyalität trägt bis heute unser Unternehmen. Und die Rahmenbedingungen stimmten. Wir konnten in Frieden und Freiheit arbeiten wie keine Generation Deutscher vor uns. Kann es um ein Land schlecht stehen, in dem so etwas möglich ist?« Natürlich kam ich dann auch auf die Probleme in Deutschland zu sprechen. Ich erwähnte die Verdrossenheit vieler Landsleute mit unserem marktwirtschaftlichen System, die zu große Ich-Bezogenheit vieler, die Unfähigkeit, mit dem Wohlstand verantwortlich umzugehen, und die Mängel im Bildungssystem. Dann formulierte ich erstmals die Forderung, dass die Eliten in Deutschland erkennen müssten, dass es eine Gemeinwohlpflichtigkeit der Privilegierten gebe. Dies habe ich dann in vielen Reden immer wieder gesagt. Ich leite es ab von der Erkenntnis, dass uns Talente, die wir nützen, von Gott »ohn' all mein Verdienst und Würdigkeit« zugekommen sind und dass so etwas verpflichtet. Ich schloss mit den Worten: »Das deutsche Volk hat viele Talente und eine große

Kraft. Das beweist unser schieres bisheriges Überleben unter widrigen Umständen. Wenn wir die Fesseln lösen, auch im geistigen Sinn, können wir schnell wieder eine führende Position im internationalen Vergleich erreichen. Danach lasst uns alle streben.«

Es waren viele junge Menschen bei der Feier in der Paulskirche. Ich glaube, ich konnte ihnen etwas geben.

Auch die Verleihung des Werner-von-Siemens-Rings in Berlin am 13. Dezember 2006 war eine große Sache. Die Stiftung Werner-von-Siemens-Ring, die den Preis verleiht, besteht seit fast 100 Jahren. Sie wurde 1916 am 100. Geburtstag von Werner von Siemens gegründet. Damals wurde auch erstmals der Ring verliehen an Carl von Linde. Alle drei Jahre erfolgt die Ringverleihung. Sie gilt als die höchste deutsche Auszeichnung für Naturwissenschaftler und Ingenieure. Die Reihe der Ringträger ist in ihrer Qualität furchteinflößend: der Flugzeugbauer Hugo Junkers, der Chemiker Carl Bosch (für das Verfahren der Stickstoffgewinnung aus der Luft), Konrad Zuse (der die erste elektronische Rechenmaschine baute), der Raketenbauer Wernher von Braun und viele andere dieses Kalibers gehören zu den Ringträgern.

Ich ging mit einiger Beklommenheit nach Berlin. Gehört man in einen so illustren Kreis? Ministerpräsident Oettinger hielt eine sehr persönliche Rede voll des Lobs für mich. Um die eigentliche Laudatio hatte ich Heinrich von Pierer gebeten. Ich kannte ihn durch unsere geschäftliche Beziehung zu Siemens, dann aber auch durch seine engagierte Tätigkeit im Asien-Pazifik-Ausschuss. Und ich schätze ihn sehr. Ich habe später sehr mitgelitten, als er für Verfehlungen seines ganzen Konzerns einstehen musste. Die Begrüßungsrede der Ringträger hielt Professor Jörg Schlaich, ein Schwabe, genialer Brückenbauer und Meister leichter Flächentragwerke. Er hielt eine sehr witzige Rede mit Bezügen zu unserer gemeinsamen Vergangenheit an der Universität Stuttgart, aber auch zu unseren persönlichen Lebenswegen. Leider ist seine Idee des Aufwindkraftwerks bisher großtechnisch noch nicht umgesetzt worden.

In meinen Dankesworten sollte ich aus meiner Arbeit berichten. Ich tat dies und verband es mit einigen Anmerkungen zu den Notwendigkeiten und Möglichkeiten der Technik. Mein lebenslanges Thema, dass Technik ein Teil unserer Kultur sei, dass sie geistigen Rang habe und nicht nur Zweckerfüllung sei, versuchte ich zu sagen. Das schöpferische Tun der Ingenieure, die Suche nach neuen, überraschenden Lösungen hat mich immer fasziniert. Ebenso das Verstehen naturwissenschaftlicher Phänomene und deren Verknüpfung zu neuer Wirkung. Was wir tun, ist schöpferisches Tun. Es steht gleichrangig neben der Kunst oder auch anderen Wissenschaften. Wir Ingenieure sind – um es literarisch auszudrücken – vom »Stoff, aus dem die Träume sind«.

Im selben Jahr erhielt ich im Schloss Bellevue das Große Bundesverdienstkreuz mit Stern aus der Hand von Bundespräsident Köhler. Es war ein schöner sonniger Morgen. Meine Tochter Regine begleitete mich, und mit mir erhielten 30 weitere Bürger das Bundesverdienstkreuz. Einfache Menschen, die etwas Besonderes im sozialen Bereich geleistet hatten, verdiente Wissenschaftler, ein großer Musiker und ein von Alter und Krankheit schwer gezeichneter Schriftsteller – Walter Kempowski. Kurze Zeit später starb er. Ich konnte bei der Feier mit ihm sprechen und ihm meine Bewunderung für sein Werk ausdrücken. Bundespräsident Köhler, den ich sehr verehre, gelang es durch eine unprätentiöse und bewegende Ansprache, bei uns allen Bürgerstolz und Sinn für unser Gemeinwesen zu erwecken.

Eine Ehrung ungewöhnlicher Art war die Verleihung des Maecenas-Preises, die auch in Berlin erfolgte. Meine Frau und unsere Tochter Nicola begleiteten mich. Dies war mehr als richtig. Denn beide Frauen sind für die Beiträge, die wir zur Förderung von Musik, Literatur und Kunst leisten, in vollem Umfang mitverantwortlich. Es war besonders schön, dass Lothar Späth die Laudatio hielt. Er war schon als Ministerpräsident in ungewöhnlich engagierter Weise für die Förderung der Kultur eingetreten. Sein Credo lautete: Die Künstler jedweder Art bereichern unser Leben nicht nur, sie lassen durch ihr Tun, durch die Unruhe und Bewegung, die sie schaffen, jenen Nährboden entstehen, den die Gesellschaft so dringend braucht.

Im Frühjahr 2010 kam noch der Theodor Heuss Preis, der in Stuttgart verliehen wird, dazu. Geehrt wurde ich »als zukunftsweisender Unternehmer«, der nicht nur im Unternehmen, sondern auch in Verbänden und grenzüberschreitenden Initiativen dazu beigetragen habe, »good global governance« zu erarbeiten und durchzusetzen. Den Preis habe ich mit Dankbarkeit angenommen. Theodor Heuss war nach Ende des Zweiten Weltkriegs eine Persönlichkeit, die für mich in der neuen Demokratie Vorbild war. Jahre bevor er Bundespräsident wurde, habe ich ihn als Kultminister im Land Nordwürttemberg-Nordbaden erlebt. Aus

Bei der Verleihung des Großen Verdienstkreuzes mit Stern durch Bundespräsident Horst Köhler im Schloss Bellevue in Berlin am 4. Oktober 2006. Rechts unsere Tochter Prof. M. Arch. Regine Leibinger.

der Schülerdistanz natürlich. Reinhold Maier war Ministerpräsident.

Als 1952 der erste restaurierte Bau der Technischen Hochschule Stuttgart in der Keplerstraße eingeweiht wurde, kam Heuss als Bundespräsident zur Übergabe. Er stand mitten unter uns Studenten vor dem Gebäude – ohne von Sicherheitsmenschen umgeben zu sein – und sprach über die Zukunft, die in unseren Händen liege. Wir waren von seiner Natürlichkeit und seiner Eloquenz begeistert. Den Preis, der seinen Namen trägt, in Stuttgart zu erhalten hat mir viel bedeutet.

Viele Ehrungen habe ich nicht erwähnt. Ich weiß auch nicht, ob ich alle verdient habe. Aber gutgetan hat mir jede einzelne.

Die Nachfolge

Die ersten Jahre des neuen Jahrtausends verliefen geschäftlich nicht ganz einfach. Wir erlebten wieder einmal, dass die Investitionsgüterindustrie durch Zyklen geprägt ist.

Nach sechs guten Jahren erlebten wir 2002 wieder einen drastischen Rückgang der Auftragseingänge. Bezogen auf meine aktive Zeit war dies der zwölfte Abschwung, den wir zu bewältigen hatten. Nachdem der Umsatz sich im Jahr 2001 noch über 21 Prozent erhöht hatte, stagnierte er in den folgenden Jahren und ging sogar leicht zurück. Insbesondere die Märkte in Amerika und Japan waren rückläufig, und auch Westeuropa stagnierte. Lediglich die neuen Märkte in Mittel-Osteuropa florierten, vor allem in Tschechien und auch in der Slowakei. Auch unser Gewinn sank. Die Umsatzrendite lag aber selbst im schlechtesten Jahr 2002 noch über 7 Prozent.

Im Jahr 2003 kam unser Sohn Peter mit seiner Frau und zwei kleinen Kindern aus USA zurück. Er hatte als Konstrukteur zwei Jahre bei der Werkzeugmaschinenfabrik Ingersoll in Rockford, Illinois, gearbeitet. Dann übernahm er, auf meine Bitte hin, die Führung unserer amerikanischen Tochtergesellschaft in Farmington, Connecticut.

Ingersoll fertigte Transferstraßen für die Automobilindustrie und Sondermaschinen für die Flugzeugindustrie und war ein Leuchtturm in der amerikanischen Werkzeugmaschinenindustrie.

Kurze Zeit, nachdem Peter bei Ingersoll weggegangen war, starb der knorrige Inhaber und Vorsitzende der Geschäftsführung von Ingersoll, Edson Gaylord, mit dem mich ein persönliches Verhältnis verbunden hatte. Ohne ihn geriet die Firma in der Flaute, die wieder einmal in der amerikanischen Werkzeugmaschinenindustrie herrschte, schnell in Not und musste schließlich liquidiert werden. Ingersoll war auch in Deutschland nachhaltig vertreten. Die Firmen Waldrich in Siegen und Coburg – Urgestein der deutschen Werkzeugmaschinenindustrie – waren von Ingersoll zu wesentlichen Teilen erworben worden. Sie mussten schließlich verkauft werden. Zunächst wollte aber der amerikanische Aufsichtsratsvorsitzende John Doar – den ich durch Peter kennengelernt hatte, der mit seinem Sohn befreundet war – in Deutschland vorhandenes Eigenkapital zur Rettung der amerikanischen Mutter einsetzen. Die deutschen Gläubigerbanken und die noch verbliebenen Altbesitzer sperrten sich aber dagegen. John Doar suchte mich wiederholt in Ditzingen auf. Wir fanden aber keinen Weg, Ingersoll zu retten, obwohl es gelungen war, die 100-prozentige Tochter »Ingersoll Werkzeuge GmbH« an ISCAR zu verkaufen, das unserem alten Freund Stef Wertheimer gehörte. Die dabei erzielten Erlöse reichten aber nicht aus.

Unsere Tochtergesellschaft in USA, in Farmington, hatte eine gute Entwicklung im amerikanischen Markt erfahren. Mein Ziel war immer, in diesem Markt eine autarke, in sich lebensfähige Werkzeugmaschinenfabrik aufzubauen. Dazu ist es notwendig, alle Funk-

Sohn Peter Leibinger 2002 als Leiter unserer amerikanischen Tochtergesellschaft.

tionen eines Unternehmens unserer Industrie dort zu realisieren. Man braucht nicht nur Vertrieb und Produktion, sondern auch eine Entwicklungsabteilung mit eigenem Ehrgeiz und ein selbstständig denkendes Finanzressort. TRUMPF America, wie wir die Firma zunächst nannten, hatte 1968 mit drei Mitarbeitern begonnen. Höhen und Tiefen markierten ihren Weg. Der amerikanische Markt für Investitionsgüter ist noch mehr durch Zyklen gekennzeichnet als jeder andere. Die Amerikaner sind – dies entspricht wohl ihrer Psyche – entweder »at an all time high« oder »at an all time low« – entweder ganz oben oder ganz unten. Deshalb kann dort, nach meiner Meinung, im Investitionsgüterbereich niemand auf Dauer überleben, der nicht auch exportiert. Dies schafft (mindestens meistens) den notwendigen Ausgleich.

Für einen europäischen Hersteller, der auch in Amerika produziert, kommt als Erschwernis noch hinzu, dass eine Abhängigkeit von Importen aus Europa besteht. Man produziert ja nie das gesamte Programm in den USA, bietet es aber gleichwohl an, und man ergänzt auch die US-Produktion durch Zulieferung bestimmter Komponenten aus Deutschland. Es besteht also ein ständiger Einfluss des Wechselkurses auf das Unternehmensgeschehen. Seit der Freigabe der Wechselkurse anfangs der Siebzigerjahre des vorigen Jahrhunderts ist die Entwicklung des Dollars und der Währungen, die unmittelbar an ihn gekoppelt sind, ein ständiges Problem.

All dieses Auf und Ab hatte Peter zu bewältigen, als er 1999 die Führung von TRUMPF in USA übernahm. Zunächst Hochkonjunktur mit steilem Wachstum, dann der Abschwung und zusätzlich Wechselkursprobleme. Es folgte ein kurzer Höhenflug, der alsbald wieder von einem erheblichen Rückgang des Geschäftes abgelöst wurde. All dies hatte er erlebt, erfahren und gut bewältigt, als er in die Zentrale nach Deutschland zurückkam. Er übernahm die Führung der TRUMPF Laser GmbH in Schramberg und folgte dem Gründer und jahrzehntelangen Geschäftsführer Paul Seiler dort. Nach Schramberg ziehen wollten er und seine Familie aber nicht.

Die Rückkehr aus Amerika nach Europa ist für viele, die jahrelang dort gelebt hatten, ein Problem. So war es auch meiner Frau und mir ergangen. Der Wechsel aus der großen Weite Amerikas mit seiner freien und ungebundenen Gesellschaft in die räumliche Enge unseres Landes mit seiner durch Tradition und Formen gebundenen Gesellschaft bedeutet eine große Veränderung. So auch für unseren Sohn Peter und seine Frau. Peter hatte insgesamt acht Jahre seines Lebens in den USA verbracht. Acht besonders prägende Jahre. Er war vom 15. bis zum 17. Lebensjahr in einer amerikanischen Privatschule von hoher Qualität gewesen. Nach dem Abitur und dem folgenden Maschinenbaustudium in Deutschland war er unmittelbar nach der Hochzeit mit seiner Frau, die ihr Medizinstudium gerade beendet hatte, ausgewandert, um erste Berufserfahrungen zu gewinnen. Die letzten vier Jahre als Chef unserer größten Auslandstochter, die er überzeugend geführt hatte, waren wohl besonders erfüllt gewesen. Und nun zurück nach Deutschland. Den Entschluss hatte er selbst gefasst, denn die wichtigsten Entscheidungen fielen unverändert in Deutschland. Natürlich hatte ich durchaus auf diese Tatsache hingewiesen, aber auch angeboten, Amerika weiter auszubauen und zu einem noch größeren Schwerpunkt zu machen. Dies für den Fall, dass er in Amerika bleiben wollte.

Die Entfremdung von Deutschland war unverkennbar, als er zurückgekommen war. Land und Leute waren ihm und seiner Frau fremd geworden. Die Integration gelang aber doch. Ein drittes Kind kam gesund zur Welt, und Peter konnte ein großes Grundstück mit einem – allerdings baufälligen – Haus von unserem Freund Karl Magnus Graf Leutrum erwerben und so sich mindestens aus der räumlichen Enge befreien.

Die Konjunktur erholte sich rasch. Schon am 30. Juni 2004 war unser Umsatz wieder gestiegen, und 2005 erreichten wir knapp 1,4 Milliarden Euro Umsatz mit einer Jahres-Steigerungsrate von mehr als 14 Prozent. Amerika trug zum Wachstum nachdrücklich bei.

In diesem Jahr wurde ich 75 Jahre alt. Die Nachfolge musste geregelt werden. Dies war ich dem Unternehmen, aber auch meinen Überzeugungen schuldig. Zu oft hatte ich erlebt, wie das Festhalten eines Unternehmers an der Führungsposition über die Zeit hinaus dem Unternehmen schwer geschadet hat. Wenn einer mit 80 Jahren die Zügel noch nicht aus der Hand gegeben hat, sie ihm dann aber aus natürlichen Gründen entrissen werden, bedeutet dies für den Nachfolger, plötzlich und zum ersten Mal eine Entscheidung treffen zu müssen, auf die er weder der Zeit noch der Sache nach vorbereitet ist. Oft kann er es dann nicht mehr. Es war also an der Zeit. Ich benutzte die jährliche Bilanzpressekonferenz sechs Wochen vor meinem Geburtstag, um die Nachfolgeregelung anzukündigen. Unsere Tochter Nicola sollte meine Position übernehmen, unser Sohn Peter Stellvertreter werden und gleichzeitig die Lasertechnik führen. Die bisherige Geschäftsführung blieb unverändert im Amt. Peter führte den Bereich Lasertechnik und Elektronik, unser Schwiegersohn Mathias Kammüller den Geschäftsbereich Werkzeugmaschinen. Finanzchef blieb Harald

Völker, Personalchef Gerhard Rübling. Die Entwicklung der Werkzeugmaschinen, unseres größten Bereichs, blieb bei Friedrich Kilian.

Das Unternehmen war in guter Verfassung. Das Wachstum, die Rendite (10 Prozent) und die Eigenkapitalausstattung (45 Prozent) genügten gehobenen Ansprüchen. Und trotzdem waren die Nachfolgeentscheidung und ihre Bewältigung schwierig, für die Beteiligten und auch für mich. Dass eines unserer Kinder meine Position übernehmen sollte, war immer ein großes Ziel gewesen. Ein wesentlicher Antrieb für menschliches Tun ist die Möglichkeit der Weitergabe des Erarbeiteten an die nächste Generation. Das hat der Sozialismus noch nie begriffen. Er meint, die Gesellschaft allein müsste der Nutznießer sein, und verzichtet so auf einen entscheidenden Impuls für Leistung.

Unsere Kinder waren nach Charakter und Ausbildung alle in der Lage, eine Führungsposition wahrzunehmen. Regine hatte außerhalb des Unternehmens ein Architekturbüro mit hohem Ansehen aufgebaut. Sie wollte in die Nachfolgeüberlegung nicht einbezogen werden. Nicola und Peter waren im Unternehmen tätig. Mit beiden arbeitete ich gut zusammen. Beide hatten internationale Erfahrung und sich im Unternehmen bewährt. Peter in Amerika, Nicola in der Unternehmenskommunikation in Japan und mit Nachdruck in den letzten Jahren in der Zentrale in Deutschland. Die Entscheidung war schwierig.

Bei der Art unseres Unternehmens wäre es zunächst naheliegend gewesen, dem Ingenieur den Vorzug zu geben. Denn unsere technischen Leistungen sind für unseren Erfolg entscheidend. Was aber – so

Dr. phil. Nicola Leibinger-Kammüller

meine Überlegung – ist für unsere technischen Leistungen entscheidend? Darüber habe ich oft nachgedacht. Was ist für die Motivation von 600 oder 800 Entwicklungsingenieuren entscheidend? Was begeistert unsere Verkäufer? Was lässt unsere Produktionstechniker zuverlässig Produkte hoher Qualität erzeugen? Wie gewinnen wir die Mitarbeiter dafür, mit den Finanzen sorgsam umzugehen?

Letztlich sind dafür Hingabe, Einsatz, klare Führungsfähigkeit und Gefühl für Menschen verantwortlich. Die Person an der Spitze bestimmt die Art und Weise des Umgangs mit den Mitarbeitern. Sie ist für das verantwortlich, was wir Firmenkultur nennen – und dies glaubte ich bei Nicola, unserer ältesten Tochter, am besten aufgehoben. Auch ihre Fähigkeit, strategisch zu denken und hinter Entscheidungen zu stehen, hatte ich in dem jahrelangen Nebeneinander erlebt. So kamen wir zu der für viele überraschenden Lösung.

Lange hatte ich über die Entscheidung nachgedacht. Sie mit meiner Frau besprochen und mich auch mit meinem langjährigen Begleiter, Walther Zügel, dem damaligen Vorsitzenden unseres Verwaltungsrats, bedacht. Er war von sich aus zur gleichen Lösung gekommen und hat mich in meinem Entschluss bestärkt. Natürlich hatte ich das Ganze mit den Beteiligten besprochen und Zustimmung gefunden. Für meinen Sohn Peter war die Lösung nicht einfach. Er hat die Entscheidung aber einsichtig akzeptiert. Er sollte seine ausgeprägte technische Begabung in erster Linie in unserem Zukunftsfeld Lasertechnik einsetzen. Darüber hinaus wurde er für neue Technologien, mit denen sich das Unternehmen beschäftigen würde, zuständig. Bei einem vernünftigen Miteinander – das haben wir alle festgestellt – bleiben im Unternehmen so viele anspruchsvolle Aufgaben, dass alle davon erfüllt sein müssten.

Für mich war es nicht einfach, den »Ruhestand« anzunehmen. Seit 1950 – also 55 Jahre – war ich mit dem Unternehmen verbunden. Als Lehrling, als Diplomand, als Konstrukteur und als Geschäftsführer. 25 Jahre lang hatte ich das Unternehmen als alleiniger Geschäftsführender Gesellschafter geführt. Ich fühlte mich der Aufgabe noch immer gewachsen. Nun war ich Vorsitzender des Verwaltungsrats und später auch des Aufsichtsrats. Einflussreiche Positionen, aber die geschäftlichen Entscheidungen haben andere zu fällen. Ich hatte mich zurückzuhalten. Darum habe ich mich bemüht, und gelegentlich wurde mir dabei auch geholfen. Ich habe Niederlagen erlebt und auch darunter gelitten.

Meine Kinder besaßen nun zu gleichen Teilen mehr als 66 Prozent des Unternehmens. Meine Frau hielt 7,5 Prozent, und ich war Minderheitsgesellschafter mit 20 Prozent. Der Rest entfällt auf meine Stiftung. Ich hatte meinen Kindern und meiner Frau sehr frühzeitig Anteile übertragen. Einmal, weil ich hinsichtlich der Erbschaftsteuer rechtzeitig Vorsorge treffen wollte, und zum anderen, weil ich wusste, dass wir gute Kinder hatten, die das Unternehmen fortführen würden. Meiner Frau übertrug ich Anteile, weil sie die Mühen, ein Unternehmen aufzubauen, immer mitgetragen hat.

Wir haben zur Übertragung zweimal eine Phase gewählt, in der die Unternehmensgewinne gering waren, um die Schenkungssteuer, die immer bezahlt werden musste, einigermaßen gering zu halten. Ich halte die frühzeitige Übertragung der Anteile für wichtig und für richtig. Ich weiß das Unternehmen in guten Händen und auf einem guten Weg.

Die unbegreifliche Krise

Das Unternehmen entwickelte sich in den Jahren nach meinem Rücktritt glänzend. Vom 30. Juni 2005 bis zum Ende des Geschäftsjahres 2008 – also in drei Jahren – stieg der Umsatz um fast 750 Millionen auf 2,14 Milliarden Euro an. In diesem Jahr wurde ein Gewinn von über 300 Millionen Euro erzielt, und wir beschäftigten rund 8000 Mitarbeiter.

Bei den Lasermaschinen zum Schneiden von Blechen hatten wir weltweit eine tonangebende Position erreicht, mit einem Weltmarktanteil von 20 bis 25 Prozent. In dem relativ kleinen Markt für kombinierte Stanz- und Lasermaschinen hatten wir unbestritten die Führungsrolle im Weltmarkt. Auch das einstige Problemfeld Biegemaschinen hatte sich in dem neuen, modernen Werk im österreichischen Pasching bei Linz glänzend entwickelt. Wir waren hier nach unserem japanischen Wettbewerber weltweit auf den zweiten Platz vorgerückt.

Mathias Kammüller führte eine neue Produktionsphilosophie ein, die er »Synchro« nannte und die eine hocheffiziente und gleichzeitig flexible Fertigung realisierte. Das Synchro-System hatte wesentliche Gedanken der Toyota-Produktionsmethode aufgenommen und Gedanken für die Kleinserienfertigung hinzugefügt.

Unsere CO_2-Laser zum Schneiden und Schweißen – überwiegend in unseren eigenen Produkten eingesetzt – trugen zu unserem Erfolg wesentlich bei. Zehn Jahre nach der Einführung dieser Laser hatten wir bereits mehr als 10 000 Einheiten ausgeliefert. Auch bei den Festkörperlasern konnten wir im Multikilowatt-Bereich eine Sonderstellung erreichen. Unsere Laser wurden bei der Herstellung der »taylored blanks« eingesetzt, das heißt bei durch Laserschweißen zusammengefügten Zuschnitten von Blechen unterschiedlicher Dicke für die Karosserieherstellung. Dadurch werden Gewichtseinsparungen möglich. Auch beim Zusammenbau von Autokarosserien waren wir mit unseren Lasern erfolgreich. Wir rüsteten die VW-Werke in aller Welt mit unseren Lasern aus. Bei Mercedes, BMW, Audi und Peugeot wurden ebenfalls Dutzende unserer Laser eingesetzt.

Auf konjunkturelle Abschwächungen – mit denen wir immer rechnen mussten – fühlten wir uns ausreichend vorbereitet. Wir wussten, dass die frühere Methode, Täler beim Auftragseingang durch große Auftragsbestände aufzufüllen, die in der Hochkonjunktur angesammelt worden waren, nicht mehr möglich war. Die Globalisierung und die damit einhergehenden neuen Möglichkeiten der Information und Kommunikation verhinderten dies. Das Angebot der weltweiten Konkurrenz war jedem Kunden am Bildschirm jederzeit zugänglich, und einer unserer Konkurrenten konnte immer liefern. Durchaus nicht immer derselbe, aber halt irgendeiner.

Wir hatten deshalb neue Methoden entwickelt, um flexibel reagieren zu können. Zunächst waren 6 bis 8 Prozent unserer Mitarbeiter in der Hochkonjunktur sogenannte Leiharbeiter, also solche, mit denen kein festes Arbeitsverhältnis bestand. Von ihnen konnten wir uns jederzeit trennen. Zusammen mit der außerordentlich anpassungsfähigen Fertigungsorganisation glaubten wir, einen Rückgang des Umsatzes von bis zu 20 Prozent verkraften zu können. Mehr hatte es bei keiner früheren Rezession gegeben.

Wir stellten ferner eine ganze Reihe von Vereinbarungen mit unseren Mitarbeitern in einem »Bündnis für Arbeit« zusammen. Verantwortlich war unser bewährter Personalchef, Dr. Gerhard Rübling. Unser Betriebsrat, angeführt vom Konzernbetriebsratsvorsitzenden Gerd Duffke, verhandelte klug im Interesse der Mitarbeiter und loyal im Interesse des Unternehmens. Auch die IG Metall, mit der wir seit vielen

Jahren ein gutes Verhältnis hatten, zog mit. Wir verabredeten flexible Arbeitszeiten für unsere Mitarbeiter. Einfach ausgedrückt: Es wurden in guten Zeiten viel, in schlechten Zeiten weniger Stunden geleistet. Die Bezahlung bezog sich aber durchgehend auf die Normalarbeitszeit bei uns, also mit Sonderregelung auf 39,5 Stunden. Die über diese Zeit zusätzlich geleisteten Stunden wurden auf einem Konto gutgeschrieben und sollten bei geringer Auslastung dann aufgebraucht werden.

Die tariflichen 35 Stunden pro Woche hielten wir immer, im internationalen Vergleich gesehen, für zu wenig. Unsere Sonderregelung, mit Mehrstunden in der normalen Arbeitszeit, brachte uns mehr Kapazität – die wir brauchten – und unseren Mitarbeitern höhere Einkommen. Am Unternehmenserfolg nahmen die Mitarbeiter durch eine fest vereinbarte und errechenbare Gewinnbeteiligung teil. Wir hatten uns ferner verpflichtet, bis zum Jahre 2010 keine betriebsbedingten Kündigungen auszusprechen und alle Auszubildenden zu übernehmen. Dies alles fasste unser »Bündnis für Arbeit« zusammen, das 1994 erstmals entstand und zweimal fortgeschrieben und verbessert wurde.

Für uns gab es am Ende des Geschäftsjahres 2008 kaum mehr »neue« Märkte, wo wir nicht vertreten waren. Die Geschäftsleitung hatte immer wieder neue Tochtergesellschaften gegründet: zum Beispiel in Indien, Vietnam und Russland. Dazu Produktionsgesellschaften in Tschechien – zur Unterstützung unserer sächsischen Produktionsfirma – und in Japan, wo wir dadurch Zugang zu interessanten Automatisierungsgedanken fanden, und schließlich in der Volksrepublik

China, wo wir es für nötig hielten, in diesem großen Markt mit einer eigenen Produktion vertreten zu sein.

All dies erwies sich in der Weltwirtschaftskrise, die im Herbst 2008 über uns und den Rest der Welt hereinbrach, als unzureichend. Ein konjunktureller Abschwung hatte sich schon seit Frühjahr 2008 abgezeichnet, die Auftragseingänge gingen langsam, aber deutlich zurück. Der Oktober 2008 war für uns nochmals ein guter Monat. Auf der für uns wichtigen Messe »Euroblech« in Hannover konnten wir sehr gute Abschlüsse erzielen. Aber dann brach der Auftragseingang zusammen. In allen Geschäftsbereichen außer der Medizintechnik fielen die Auftragseingänge gegenüber dem Vorjahr um teilweise bis zu 30 oder 40 Prozent. Dies betraf alle Produktgruppen. Wir hatten noch nie einen Rückgang ähnlicher Größenordnung erlebt. Noch nie waren die Auftragseingänge so plötzlich, so gleichzeitig auf der ganzen Welt und so tief gesunken. Nach einer kurzen Schockstarre (wir hatten einen guten Auftragsbestand, der aufgearbeitet werden musste) reagierte die Geschäftsleitung. Unsere Mitarbeiter reduzierten Monat für Monat ihre »angesparten« Stunden in ihren Konten. Wir trennten uns weitgehend von den Leiharbeitern. Wir drosselten die Produktion sofort, um keine unnötigen Lagerbestände aufzubauen. Nach etwa sechs Monaten, gerechnet vom Eintritt der Katastrophe im November 2008, führten wir Kurzarbeit ein. In einigen Auslandsgesellschaften kam es auch im bescheidenen Umfang zu Entlassungen. Dort fehlte das Instrument der Kurzarbeit.

In Deutschland konnte ich sogar noch eine Verbesserung der Möglichkeiten der Kurzarbeit initiieren. In einem Brief an die Bundeskanzlerin schlug ich vor, den Betrieben zu ermöglichen, die Kurzarbeitszeit, also die »freie Zeit« während der Kurzarbeit, zur Weiterbildung zu nutzen. So könne man nicht nur den Erhalt der Arbeitsplätze fördern, sondern auch gleichzeitig eine Steigerung der Wettbewerbsfähigkeit durch Verbesserung des Wissens der Mitarbeiter erreichen, schrieb ich, und so würden wir gestärkt aus der Krise hervorgehen können. Bundeskanzlerin Merkel ging darauf ein, und die Bundesanstalt für Arbeit änderte die Vorschriften entsprechend. Wir nutzten die Möglichkeiten im Unternehmen intensiv.

Über die Ursache der Krise ist viel gesagt und geschrieben worden. Für mich ist das Ausmaß nur durch das Zusammenfallen von zwei Entwicklungen erklärbar. Der konjunkturelle Abschwung, der im Gange war, wurde durch den Kollaps des Finanzsystems exponentiell gesteigert. Einem Strauchelnden gab man sozusagen noch einen Tritt in die Beine. Nietzsches Wort »Was da fallen will, das soll man auch noch stoßen« wurde in diesem Sinne realiter erfüllt. Wobei freilich hinzuzufügen ist, dass die Realwirtschaft keineswegs fallen wollte.

Die Finanzkrise, die insbesondere durch amerikanische Immobilienkredite, die fragwürdig waren, ausgelöst wurde, war für mich erahnbar. Bei verschiedenen Besuchen in Connecticut hatte ich, immer wenn ich zu meinem Sohn fuhr, der in einem schönen, aber schlichten Haus mit großem Garten in einer anspruchsvollen Wohnlage lebte, die Paläste gesehen, die sich die Manager der Finanzdienstleister aus Hartford gebaut hatten. Häuser, deren Protz und Größe »hienieden nicht schicklich ist«, um mit Thomas Mann zu reden. Für mich symbolisierten diese Prachtbauten auf dem Deercliff die geistige Ursache des Ganzen. Das verlorene Maß. Besonnenes Maßhalten ist eine der Kardinaltugenden, die schon Platon forderte. Er fügte noch die Weisheit, die Tapferkeit und die Gerechtigkeit als Forderung an die Menschen hinzu.

Der Verlust der »temperantia«, des Maßes, bei vielen in der Wirtschaft Handelnden ist offensichtlich. Vor allem das Wissen um das, was man *nicht* tut, scheint verloren gegangen zu sein.

Dazu kam der törichte Glaube, es gehe immer so weiter wie bisher. Das galt für die persönlichen Einkommen ebenso wie für die Meinung, verbriefte Kredite könnten immer und immer weiter verkauft werden. Dass die Prachtbauten in Connecticut nur die Spitze des Eisbergs waren, nur ein Symbol für die Hybris, die in vielen Lebensbereichen herrschte, steht außer Frage. Überall waren Kredite gegeben und genommen worden (nicht nur in den USA), die auf dem Gedanken des Perpetuum mobile aufbauten. Geldvermehrung durch echte Wertschöpfung war aus der Mode gekommen. Mit zusätzlichen Regeln allein wird man das Problem nicht lösen können. Die Gesellschaft muss sich stärker um ihre Grundüberzeugungen kümmern. Kardinaltugenden, die Gesinnung und Verhalten prägen, sind notwendig.

TRUMPF schloss das erste Krisenjahr noch mit einem Gewinn ab. Die zuvor angesammelten Auftragsreserven trugen dazu bei. Vor allem aber die kluge Führung des Unternehmens durch unsere Tochter Nicola und »ihre Männer«, wie sie die Kollegen in der Gruppengeschäftsführung nennt. Modernisierungen waren überall vorgenommen worden, und teurer Akquisitionen hatte man sich enthalten. Dazu kam die rasche Reaktion auf die Veränderung. Das Unternehmen werde auch diese Krise meistern, ist die Meinung der Gesellschafter, die auf dem Höhepunkt der Krise aus eigenen Mitteln eine Erhöhung des Festkapitals der KG um 75 Millionen Euro vornahmen. Die Eigenkapitalquote stieg dadurch von 48,5 Prozent auf 53 Prozent. Das Signal wurde von unseren Mitarbeitern, aber wohl auch von unseren Banken positiv aufgenommen.

Wir waren immer sicher, dass wir die Krise gut – wenn auch mit anstrengenden Veränderungen – durchstehen würden.

Summe des Lebens

Kann ich mich also in späten Lebensjahren zurücklehnen und auf das Erreichte mit Behagen schauen? Die Zeiten, in denen dieses Buch geschrieben wird, stehen nicht dafür.

Wenn ich an die Schulbuben im Jahr 1945 zurückdenke, an die Unsicherheit, ja beinahe Hoffnungslosigkeit, die wir empfanden, und dann die letzten 65 Jahre bedenke, die dazwischen liegen, dann kann ich nur dankbar sein, 65 Jahre ohne Krieg in Deutschland, 65 Jahre Demokratie – aus mühsamem Anfang entstanden. 65 Jahre Freiheit. Auch die hat sich schrittweise entfaltet. Was für eine Zeit! »Wer wollte eine andere Zeit als diese« – ich habe versucht, den Titel, den ich diesem Buch gab, durch die Geschichte meines Lebens zu begründen. Das Leben hat mich verwöhnt.

Ich habe eine ungewöhnliche Frau gefunden, mit der ich seit 53 Jahren verheiratet bin und die ich seit fast 60 Jahren kenne und die seither meinen Sinn füllt. Temperamentvoll und eigenwillig, unpathetisch und mit absoluter Verlässlichkeit in schwierigen Umständen. Die intensive Bindung durch meinen Beruf hat sie nicht nur akzeptiert, sondern – fast vom ersten Tag an – sich selbst mit Fleiß und sozialem Gespür in unserem Unternehmen eingebracht. Sie ist eine wunderbare Mutter für unsere drei guten Kinder, die ich liebe, aber die ich gleichwohl nicht für Götter halte.

Meinen Eltern konnte ich ein guter Sohn sein, auch dadurch, dass ich ihre Hoffnungen erfüllen konnte. Es war mir immer sehr wichtig, denen, die mir etwas bedeuteten zu entsprechen, ihren Erwartungen zu genügen. Die Meinung derer, die mir unwichtig waren, war mir nie so wichtig, dass ich darüber meinen Weg verloren hätte.

Das Wesen der Diktatur habe ich noch bewusst erfahren. Die Doppelzüngigkeit, die man beherrschen muss, wenn man eine eigene, andere Meinung hat. Die Furcht, die einen wie die Luft umgibt und umhüllt. Den Schrecken eines langen Krieges mit Bombennächten und auch Entbehrung und Hunger haben wir erlebt. Das Versagen und den Sturz der Diktatur, die, volltönend bis zur letzten Sekunde, ein ganzes Volk mit zu erleiden hatte. Die ersten mühsamen Versuche, aus dem Elend herauszukommen – oder nur einfach zu überleben –, prägten meine Jugendjahre.

Das Wunder einer Schulzeit mit erstaunlichen neuen Begegnungen kam. Junge Lehrer und neues Wissen. Das Hochgefühl eines guten Abiturs und gleich anschließend die Begegnung mit der rauen Wirklichkeit eines Lehrlings in einer kleinen Maschinenfabrik. Die autoritären Strukturen in der Fabrikwelt – eingerichtet von den Arbeitern untereinander – waren eine bleibende Erinnerung. Das Maschinenbaustudium – anstrengend, aber nicht anregend. Die deutsche Ingenieurausbildung ist gut, aber es fehlt ihr etwas. Bis heute haben die Ingenieure, die Ingenieure ausbilden, dies nicht begriffen. Die Studenten sollen später Menschen führen – aber über die Kunst, solches zu tun, hören sie nichts. Die Leistungen der Ingenieure verändern die Welt – aber von der Welt und ihrer Befindlichkeit ist in den technischen Universitäten kaum die Rede.

Die Begeisterung für die Möglichkeiten, die einem durch das Studium eröffnet werden, habe ich erst am Ende meiner Zeit an der Universität und dazu auf eigene Faust entdeckt. Das Glück des Erfindens habe ich erfahren dürfen. Lernen musste ich dabei, dass man für seine Ideen auch kämpfen muss.

Eine neue Welt hat sich für mich und meine Frau aufgetan durch unsere Jahre in Amerika. Freunde haben wir gewonnen und Einsichten für unser ganzes Leben.

Der Erfolg im Beruf, das Hineinwachsen in die Unternehmensführung folgte.

Das Glück einer Familie mit drei Kindern. Jahrelang bewegte sich mein Leben ausschließlich zwischen den Polen Familie und Firma.

Der kontinuierliche Aufbau eines immer größer werdenden Unternehmens folgte und die Möglichkeit, es schrittweise zu erwerben. 40 Jahre habe ich gebraucht, um die Firma zu kaufen. Jeder Schritt wurde in dem immer größer werdenden Unternehmen teurer. Die Weitergabe meines Unternehmens an die nächste Generation ist geglückt.

Einmischungen in öffentliche Angelegenheiten kamen dazu. Meinung zu Politik und Gesellschaft habe ich geäußert. Ehrenämter angenommen. Rat gegeben. Persönlichkeiten großen Zuschnitts durfte ich kennenlernen und mit ihnen reden und diskutieren. In der Wissenschaft, in der Politik und in der Kunst. In Deutschland und in aller Welt. Mein Weltbild hat sich dadurch erweitert. Auch durch lebenslanges Reisen. Allein in Japan war ich über 70-mal.

Ich habe gelernt, welch ungeheurer Gewinn es ist, in einer freien, offenen, demokratischen Gesellschaft leben und arbeiten zu können. Den Wert des Eigentums habe ich erfahren und gesehen, welch gewaltiger Vorteil für alle es ist, wenn man Eigentum anerkennt und es schützt und dies mit einer Verpflichtung gegenüber der Gemeinschaft verbindet.

Deutschland bin ich immer verbunden geblieben. Trotz vielem, was mir nicht gefallen hat. Die zunehmende Selbstbezogenheit, der Egoismus, die Wehleidigkeit und die Humorlosigkeit stören mich. Aber dann wieder ein Wunder – von den Deutschen gemacht – die Wiedervereinigung.

Die geistige Welt, die uns offen steht, hat mich immer begleitet. Auge und Ohr für das gewaltige Erbe, das uns gehört, zu haben, ist ein Geschenk. Die Literatur und die Musik waren immer existenzieller Teil unseres Lebens. Geborgenheit im Christentum – in einer, meiner Kirche, die es einem nicht immer leicht macht – war immer ein Fundament, auf das wir bauen konnten.

»Wer wollte eine andere Zeit als diese«. Die Zeile stammt – in abgewandelter Form – aus einem Gedicht der jüdischen Autorin Mascha Kaléko, geboren 1907 im westgalizischen Chrzanów. Gelebt und gelitten in Frankfurt, Berlin, New York, Hollywood und Jerusalem. Ihr Gedicht »In dieser Zeit« beginnt mit dem Vers

Wir haben keine andere Zeit als diese,
Die uns betrügt mit halbgefüllter Schale.
Wir müssen trinken, denn zum zweiten Male
Füllt sie sich nicht – vor unserem Paradiese.

Droht schon das Schwert, für das wir auserlesen,
Verlorener Söhne landvertriebene Erben.
Wir wurden alt, bevor wir jung gewesen,
Und unser Leben ist ein Nochnichtsterben.

Der letzte Vers lautet dann:

Verstohlen träumen wir von Wald und Wiese
Und dem uns zugeworfnen Brocken Glück …
Kein Morgen bringt das Heute uns zurück,
Wir haben keine andere Zeit als diese.

Dieses Gedicht drückt das Elend und die Hoffnungslosigkeit und die Bitterkeit einer Generation des jüdischen Volkes aus, die nur zwei oder drei Jahrzehnte vor meiner Generation geboren wurde. Das Schicksal der Juden in Deutschland und in der gesamten Einflusssphäre Hitler-Deutschlands hat uns nie losgelassen.

Das Leben meiner Generation in Deutschland hätte wahrlich anders verlaufen können. Auch unsere Zeit hätte uns betrügen können mit halbgefüllter Schale. Wie würde unser Leben in einem zerstörten, geschlagenen und schuldbeladenen Land verlaufen? So habe ich am Anfang dieses Berichts gefragt. Es ist gut verlaufen.

Wir konnten uns aus den Zwängen eines verkehrten Denkens befreien. Dank der Offenheit der Freunde in Amerika und in Europa, die uns Freiheit gaben. Wir konnten in Frieden in einem freiheitlichen System arbeiten (allerdings nur in dem Teil Deutschlands, der von den westlichen Alliierten besetzt war). Kluge, weitsichtige Politiker mit festen Grundsätzen bauten ein Staatswesen auf, das den Bürgern Halt und

Mitsprache zugleich gab. Der Fleiß, auch der Gemeinsinn der Deutschen baute aus Trümmern in einem von Flüchtlingen übersäten Land ein blühendes Gemeinwesen auf.

Die Überzeugung, dass ich für meinen Lebensweg in erster Linie selbst verantwortlich bin, habe ich allzeit gehabt. Der Optimismus hat mich dabei immer begleitet. Ich war und bin der Überzeugung, dass wir die Pflicht haben, zu versuchen, die Welt, in der wir leben, zu verbessern. Jeder in dem Rahmen, der ihm gesetzt ist. Aber immer müssen wir auch wissen, dass das uns gegebene Umfeld unsere Möglichkeiten bestimmt.

Mir wurde ein weites Feld geboten. Dafür bin ich dankbar. Wer wollte eine andere Zeit als diese!

Bild- und Quellennachweis

Sofern nicht anders angegeben, entstammen die Bilder dem Familienarchiv Berthold Leibinger sowie dem Unternehmensarchiv von TRUMPF GmbH + Co. KG.

S. 299: © Christian Richters.
S. 300: © Margherita Spiluttini.
S. 301: © David Franck.
S. 304: © Konrad-Adenauer-Stiftung e.V.
S. 309: © Bundesregierung/Sandra Steins.

S.332/S.333: Das Gedicht »In dieser Zeit« wurde mit freundlicher Genehmigung des Verlages dem Band »Mascha Kaléko, In meinen Träumen läutet es Sturm« (Deutscher Taschenbuch Verlag, München 1977) entnommen.

Über den Autor

Berthold Leibinger wurde 1930 in Stuttgart geboren. Nach einer Lehre in der TRUMPF GmbH studierte er 1951–57 Maschinenbau an der Universität Stuttgart und wurde anschließend Konstrukteur bei TRUMPF. Nach einem beruflichen Aufenthalt in den USA wurde er 1961 Leiter der Konstruktionsabteilung bei TRUMPF, 1966 Technischer Geschäftsführer und Gesellschafter, 1978 übernahm er den Vorsitz der Geschäftsführung. 2005 übernahm er den Vorsitz in den Aufsichtsgremien der TRUMPF Gruppe. Heute gehören seiner Familie 96,2 Prozent am Unternehmen und 3,8 Prozent der Berthold Leibinger Stiftung. Er erhielt nicht nur akademische Auszeichnungen, auch die Politik hat sein Engagement gewürdigt. Leibinger hat zahlreiche Ehrenämter inne, unter anderem ist er Vorstandsvorsitzender der Internationalen Bachakademie und Vorsitzender des Freundeskreises des Deutschen Literaturarchivs Marbach e.V.